판 | 문 | 점
프 | 로 | 젝 | 트

판문점 프로젝트

1판 1쇄 인쇄 2026. 1. 14.
1판 1쇄 발행 2026. 1. 21.

지은이 윤건영

발행인 박강휘
편집 박보람 | 디자인 이경희 | 마케팅 이유리 | 홍보 이아연
발행처 김영사
등록 1979년 5월 17일(제406-2003-036호)
주소 경기도 파주시 문발로 197(문발동) 우편번호 10881
전화 마케팅부 031)955-3100, 편집부 031)955-3200 | 팩스 031)955-3111

값은 뒤표지에 있습니다.
ISBN 979-11-7332-466-6 03340

홈페이지 www.gimmyoung.com　　블로그 blog.naver.com/gybook
인스타그램 instagram.com/gimmyoung　이메일 bestbook@gimmyoung.com

좋은 독자가 좋은 책을 만듭니다.
김영사는 독자 여러분의 의견에 항상 귀 기울이고 있습니다.

판문점 프로젝트

윤건영 지음

김영사

차례

5장   가을걷이를 덮친 먹구름
흔들린 약속

6장   충격적 실패, 하노이 회담
대통령의 마지막 승부수

문재인 전 대통령

　문재인 정부가 출범한 2017년 5월부터 2019년까지는 한반도 평화에 있어 결정적 사건들로 점철된 가장 뜨거웠던 시간이었습니다. 윤건영 의원은 이 기간 동안 청와대 국정상황실장으로 모든 남북 간 실무급 협상에 참여했고, 대북 특사단으로 방북했으며, 정상회담에도 배석했습니다. 김정은 위원장과 김여정 부부장도 여러 번 만났습니다. 횟수로만 치면, 김 위원장을 만난 횟수가 나보다 더 많았을 것입니다.

　이 책은 그 뜨거웠던 시간 동안 나와 함께하며 그가 겪은 생생한 대북 접촉 기록입니다. 실록이자 한반도 평화를 위해 전력질주한 그의 진심에 관한 이야기이기도 합니다. 전쟁 위기가 고조됐던 긴장의 순간부터 '평화의 봄'이 손에 잡힐 듯 다가왔던 환희의 순간, 그리고 정상을 눈앞에 두고 9부 능선에서 멈춰 후일을 기약해야 했던 아쉬움의 순간까지를 담아냈습니다.

한반도는 오랫동안 전쟁과 평화의 갈림길에 서 있었습니다. 문재인 정부는 한반도에 더 이상의 전쟁은 안 된다는 확고한 원칙 아래, 북한과 다시금 대화의 문을 열고 다음 세대에게 평화의 한반도를 물려주기 위해, 아무도 가지 않은 새로운 길을 찾고자 했습니다. 전쟁의 위협이 어른거릴 때는 한반도에서 한국 정부가 동의하지 않는 군사행동을 결코 용인할 수 없다는 원칙을 대외적으로 천명했고, 북한과 대화의 문을 열기 위해 한미연합군사훈련을 연기하거나 조정하기도 했습니다.

남북 간에만 이룰 수 없고 미국도 함께해야만 가능한 일이어서, 많은 사람의 지혜와 상상력을 모아야 했습니다. 특히 윤건영 당시 국정상황실장은 누구보다 가까운 곳에서 이 여정을 나와 함께했고, 역지사지하며 북한을 설득해내는 빈틈없는 실무협상으로 정상회담의 성공을 뒷받침해주었습니다. 그렇기에 이 책은 자신과 북측의 대화 파트너들을 포함하여 한 발이라도 더 평화를 향해 나아가고자 했던 많은 이의 노력뿐 아니라, 당시 우리를 둘러싸고 있던 긴장감과 다양한 감정들까지 담담하고 솔직하게 서술하고 있습니다. 또한 당시 남북미 간 외교적 합의의 성공과 실패의 과정들을 숨김없이 있는 그대로 보여주고, 당시 왜 그런 선택이 필요했는지 이유까지 설명함으로써, 그 선택이 오늘 우리에게 어떤 의미를 남겼는지를 차분하게 되짚습니다.

이 책은 회고록으로서의 가치도 크지만, 앞으로 이 길을 다시 걸어갈 또 다른 누군가를 위한 경험담이자 노하우이면서, 과거의 실패를 뛰어넘기를 바라는 징비록이기도 합니다. 또한 평화를 염원하는 한반도의 모든 이에게 당시의 담당 공직자가 내놓는 대국민 보고서이기도 합니다. 우리는 이 기록을 통해 평화를 위한 원칙과 결단을 되새길 수 있을 것입니다.

한반도 문제는 어느 한 정권이 해결할 수 있는 일이 아닙니다. 누가 정권을 맡든 연속성과 일관성을 가지고 북한과 멈춤 없이 대화하며 평화를 만들어가야 합니다. 이 책이 강조하듯이 '이어달리기'가 필요합니다. 남북관계 실패의 가장 큰 원인은 '이어달리기'의 실패에 있습니다. 정권이 바뀔 때마다 전임 정부가 이룬 남북관계의 개선을 뒤엎고, 퇴행시키고, 어렵게 쌓아올린 신뢰를 파탄내버리는 일이 되풀이됐습니다. 지금 이재명 정부가 남북대화에 어려움을 겪고 있는 것도 그 때문입니다.

전임 정부 뒤집기는 미국도 크게 다르지 않았습니다. 북한의 책임도 적지 않습니다. 북한은 말로는 '우리 민족끼리'를 외치면서도, 북미대화가 중단되면 남북대화까지 멈추고 대남 강경책으로 돌아서곤 했습니다. 하지만 과거의 사례를 돌아보더라도 남북관계가 개선될 때에만 북미관계가 뒤따라 개선되는 법입니다. 남북대화가 활발할 때 미국이 한반도 문제에 더 관심을 가지고 북미대화에 적극 나섰다는 사실을 북한은 외면해서는 안 될 것입니다.

평화가 단단해져야 대한민국에 새로운 희망과 미래가 생깁니다. 국제정세가 날로 불안정해질수록 '평화의 힘'이야말로 우리의 안보를 지탱하고 번영을 지속 가능하게 하는 가장 강력한 힘이 됩니다. 지난 윤석열 정부의 거듭된 무인기 도발에도 남북 간 군사적 충돌로 치닫지 않은 것은 선행된 평화의 노력들이 깔려 있었기 때문일 것입니다.

평화는 선언만으로 이루어지지 않습니다. 시간이 필요하고, 신뢰가 필요하고, 무엇보다 준비가 필요합니다. 신념을 가지고 준비하는 사람만이 기회를 잡을 수 있습니다. 이 책이 우리에게 한반도 평화를 구축하는 '벽돌 한 장'이 되기를 희망합니다. 우리는 여전히 한반도의 봄을 준비하고 있습니다. 이 책이 좋은 길잡이가 되리라 생각합니다.

저자의 말

그럼에도 봄은 온다

'한반도 평화'라는 녀석은 참 묘한 구석이 있습니다. 평소에는 그리 중요한지 모르게 조용히 있다가도 갑자기 튀어나와 우리 민족과 나라의 명줄을 쥐고 흔듭니다. 그래서 쉽게 포기할 수도 없는 녀석입니다. 다루기도 참 어렵습니다. 깨지기 쉬운 그릇을 다루듯이 조심스럽게 대해야지, 거칠게 다루면 쉽게 깨져 생채기를 냅니다.

분단 80년 동안 한반도 평화는 여러 우여곡절을 겪어왔습니다. 바람 불고 비가 오는 흐린 날도 있었고, 평화통일이 마치 손에 잡힐 듯 청명하게 맑은 날도 있었습니다. 지난 80여 년간 대체로 평화통일을 향해 나아가고자 했던 것은 분명합니다. 하지만 윤석열 정부 3년, 한반도 평화는 그야말로 천덕꾸러기였습니다.

이러다 정말 큰일이 터질 것 같다는 생각이 든 게 한두 번이 아니었습니다. 분단을 고착화시킬 뿐만 아니라 그동안 어렵게 쌓아 온 평화의 둑을 무너뜨리는 과정이었습니다. 심지어 수십 년 전에 있었던 '총풍 사건'과 유사한 '무인기 도발 사건'을 벌이기도 했습니다. 개인적으로는 기회가 될 때마다 윤석열 정부의 퇴보와 반동에 맞섰지만, 역부족을 느낀 것도 사실입니다. 특히 정권을 내준 정치세력의 일원으로서 이런 상황을 초래한 것에 대해 많이 송구했습니다.

이제 다시 시작해야 할 때입니다. 이재명 정부의 출범과 함께 새롭게 출발해야 합니다. '한반도 평화'는 결코 포기할 수도, 중단할 수도 없는 우리 모두의 과제이기 때문입니다. 지난 3년 동안 천덕꾸러기였다면 이제는 소중한 존재로 보살펴야 합니다. 광화문광장에서 모두가 함께 부른 〈다시 만난 세계〉처럼 우리에겐 '다시 시작해야 할 평화'입니다.

끝나지 않은 '평화'를 위해 한반도 평화의 결정적 시기였고 가장 뜨거웠던 날들인 2017~2019년의 기록과 성찰, 그리고 지금 나누고 싶은 생각과 제언을 담담히 담아보고자 합니다.

2018년 9월 19일 저녁, 가슴이 벅차올랐습니다. 조선민주주의인민공화국 평양 시민 15만 명이 숨죽인 채 대한민국 대통령의 연설에 귀 기울이고 있었습니다. 30만 개의 눈동자가 오직 한 사람을 향해 있었습니다. 서로 총칼을 겨누고 싸웠던 남과 북의 정상이 같은 연단에 서서 '평화'를 이야기한 것입니다.

“우리는 5,000년을 함께 살고 70년을 헤어져 살았습니다. 나는 오늘 이 자리에서 지난 70년 적대를 완전히 청산하고 다시 하나가 되기 위한 평화의 큰 걸음을 내딛자고 제안합니다.”

가장 가깝지만 먼 나라, 남과 북 두 정상의 약속은 그렇게 전 세계 시민의 주목을 받았습니다.

“오늘 김정은 위원장과 나는 한반도에서 전쟁의 공포와 무력 충돌의 위험을 완전히 제거하기 위한 조치들을 구체적으로 합의했습니다. 또한 백두에서 한라까지 아름다운 우리 강산을 영구히 핵무기와 핵 위협이 없는 평화의 터전으로 만들어 후손들에게 물려주자고 확약했습니다.”

그날 밤, ‘나의 정치적 소명은 어쩌면 이것으로 끝났다’는 정말 건방진 생각마저 했습니다. 머지않아 한반도에 진정한 ‘평화의 봄’이 올 것 같았기 때문입니다. 백두산 천지에서 남과 북 두 정상이 손을 맞잡고, 대한민국 가수가 선창하는 〈아리랑〉을 함께 부를 때, 희망은 당장이라도 현실이 될 듯했습니다.

그러나 감동과 환희의 순간은 길지 않았습니다. 2018년 한 해 동안 세 번이나 남북정상회담을 하고서도, 역사상 최초의 김정은 위원장 답방을 성사시키기 위해 동분서주하면서도, 왠지 모를 불안감이 머릿속 한구석에 슬며시 자리를 잡았습니다. 남북 간에 구체적 협의가 서로 오가는 중에도 불안감은 사라지지 않았습니다.

결국 김정은 위원장의 서울 답방은 성사 직전에 무산되었습니다. '아직 시간이 많다, 다시 기회가 있을 것이다'라고 생각했습니다. 하노이 북미정상회담에 기대를 걸고 최선을 다했습니다. 결과는 충격적인 실패였습니다. 가까스로 성사된 2019년 3차 판문점 북미정상회담과 남북미정상회동으로 또 한 번의 기회를 만들었지만, 그 또한 성과를 얻지 못했습니다. 운명의 장난인지 모르겠지만, 엎친 데 덮친 격으로 코로나19가 모든 길을 막았습니다.

2022년 3월, 충격적인 대통령선거 결과는 남북관계를 더욱 대결적으로 몰아갔습니다. 대선 후보 시절부터 '멸공'을 외치던 후보의 당선은 어렵게 쌓아올린 평화의 둑을 무너뜨리기에 충분했습니다. 강대강 대결 국면은 기본이고, 서로에게 던지는 무모한 말폭탄이 끊이지 않았습니다. 결국 9·19 군사합의 파기로까지 이어졌습니다. 9·19 군사합의는 접경지역에서 일체의 적대행위를 금지하는 남북 간 최초의 군축 합의로, 한반도 평화를 위해 꼭 필요한 내용이었습니다.

하루하루가 가시방석이었습니다. 문재인 정부에서 평화의 둑을 제대로 쌓지 못했다는 성찰과 반성에서 시작해, 윤석열 정부의 탄생과 그로 인한 퇴보를 막지 못하는 회한이 쌓여갔습니다. '넓고 밝아 보였던 평화로 가는 길이 왜 이렇게 갑자기 어둡고 험해졌을까?' 오래도록 그 이유를 찾다 문득 떠오른 것이 그 시절 저를 계속 둘러싸고 있던 이유 모를 불안감이었습니다.

이 책은 그 불안감의 근본 원인을 찾기 위해 시작한 일입니다. 남북관계 현장에서 발생하는 여러 층위의 문제와 불안감을 있는 그대로 보여주고 싶었습니다. 그를 통해 진짜 평화를 위해서는 어떤 것을 풀어야 할지 함께 답을 찾고 싶었습니다.

아울러 이 책은 2017~2019년 대통령을 가장 가까이서 보좌했던 참모로서, 남북회담의 당사자로서, 어려서부터 평화체제 실현을 꿈꿨던 사람으로서 국민께 드리는 '대국민 보고'이기도 합니다. 2018년에는 역대 정권에서 한 번도 하기 힘들었던 남북정상회담이 한 해 동안 세 차례나 있었습니다. 뿐만 아니라 1953년 휴전 이후 단 한 번도 없었던 북미정상회담이 두 차례나 이루어졌습니다. 그토록 뜨겁고 화려한 시절이었습니다.

사실 저 혼자만의 기록이 아니어서 책으로 내는 데 조심스러웠습니다. 관계되었던 분들에게 폐가 되는 것은 아닐까, 두렵기도 합니다. 하지만 이재명 정부 출범과 함께 다시 시작해야 할 평화입니다. 마침 북미 간 새로운 시대를 열었던 트럼프 대통령의 시대이기도 합니다. 당시의 기록이 다시 시작하는 평화에 조금이라도 도움이 된다면 양해가 되지 않을까 싶습니다.

최대한 충실히 기록하고자 했습니다. 물론 개인적인 기억이라 때론 정확하지 않을 수 있고, 때론 주관적인 해석에 머물러 있을지도 모릅니다. 하지만 사실에 근거하지 않은 부분은 최대한 배제하고 제 개인적 견해임을 명백히 밝혔습니다. 책 속에서 제 시선은 편파적일 수 있습니다. 제 이야기의 절반 이상은 문재인 대통령의 말과 행동에서 출발한 것이고, 저는 문재인 대통령이 누구보다 성공한 대통령이 되기를 바란 사람 중 하나였기 때문입니다. 그런 한계는 전적으로 저의 문제이니 너른 마음으로 양해해주시기를 부탁드립니다.

이 책은 다시 시작할 평화를 위한 성찰입니다. 흔히 대한민국은 세계사에 유례가 없을 정도로 빠른 경제성장과 민주주의 발전을 이루었다고 합니다. 단적으로 '국민소득 3만 달러, 인구 5,000만 명 이상'을 의미하는 '30-50 클럽'에 이름을 올린 나라는 지금까지 단 7개국(미국, 일본, 영국, 프랑스, 독일, 이탈리아, 한국)뿐입니다.

세계가 부러워할 성장을 이룬 우리지만 다가올 미래는 그다지 밝지 않습니다. 인구절벽과 지방소멸, 성장동력의 상실 등 온통 위험 요인밖에 없습니다. 2025년 성장률은 0.9퍼센트 수준이라고 하니, 이러다 '저성장의 늪'에 갇히는 것은 아닌지 다들 걱정이 태산입니다.

'평화'만이 대한민국의 새로운 성장동력입니다. 한반도 평화를 통해 대한민국 5,000만 명 시장이 북한과 국경지역을 합쳐 1억 명 시장으로 확대될 것이고, 남의 기술과 북의 자원이 융합되어 더할 나위 없는 시너지를 낼 것입니다. 북극항로 개척은 물론 대륙으로 뻗어가는 진정한 선진국이 될 것입니다.

평화를 위한 제대로 된 공론이 필요합니다. 이재명 정부 출범과 함께 시민사회 일각에서 새로운 통일 담론 논의를 제기하고 있습니다. 북측에서 주장하는 '두 국가론'에 대한 해석과 대응도 제각각입니다. 특히 개헌을 둘러싸고 '영토' 조항과 '평화통일' 조항에 대한 논란도 가시권에 들어왔습니다. 이제 제대로 시작할 때입니다.

때로 소소하고 때로 편파적인 기록과 성찰이라 하더라도, 모쪼록 제 이야기가 한반도에 평화를 구축하는 벽돌 한 장은 되어줄 수 있지 않을까 하는 희망을 품고 조심스레 세상에 내놓습니다. 저의 기록이 단단한 평화의 길을 찾는 활발한 토론의 출발점이 된다면 더 바랄 것이 없겠습니다.

남북협상의 경험자로서 이재명 정부와 나누고 싶은 내용도 담았습니다. 학문적 성과를 바탕으로 한 깊이 있는 내용은 아닙니다. 그저 현장에서 보고 느끼고 배운 것이라 뻔한 내용일 수도 있습니다. 하지만 누구보다 치열하게 고민하고 어느 때보다 간절했던 시절의 기록과 성찰입니다.

이재명 정부는 반복돼온 누를 범하지 않았으면 좋겠습니다. 김대중 정부부터 지금의 이재명 정부까지, 민주정부 4기에 이릅니다. 제대로 된 '이어달리기'가 되었으면 하는 바람으로, 3기 민주정부의 기록이 4기 민주정부의 성공으로 이어지길 바라는 간절한 염원으로 썼습니다.

선택은 4기 민주정부의 몫입니다. 지나온 길을 그대로 따르라고 하지 않겠습니다. 그러면 실패할 수밖에 없습니다. 새로운 길을 가십시오. 하지만 3기 민주정부의 실패는 반복하지 않았으면 합니다. 그것이 이 책을 쓴 중요한 이유이기도 합니다.

저는 평화가 단단해져야 대한민국에 새로운 희망과 미래가 열린다고 확신합니다. 세계가 날로 치열하게 경쟁할수록, 대한민국에 무엇보다 강한 힘이 되어줄 것은 '한반도의 평화'라고 믿습니다.

1

2017년, 2022년,
그리고 2025년
이재명 정부

봄을 준비하는 겨울

2025년 이재명 정부의 출범은 많은 국민에게 기시감을 안겨주었다. 인수위원회 없이 곧바로 임기를 시작해야 했던 2017년의 문재인 정부와 마찬가지로, 이재명 정부 역시 준비할 틈도 없이 국정을 떠맡아야 했기 때문이다. 새 대통령이 "대통령실이 무덤 같다"라고 표현할 만큼 텅 비어 있는 공간에서 시작된 이재명 정부의 국정은, 8년 전 청와대 경호동의 작은 사무실에서 첫 회의를 열었던 기억을 떠올리게 했다.

문재인 정부는 준비 없이 출발한 탓에 초기 국정운영에서 큰 어려움을 겪었지만 각고의 노력으로 한반도에 평화의 봄을 불러왔다. 그러나 윤석열 정부는 극단적 사대주의와 대결적 사고로 한반도의 평화로 향하는 운전대를 스스로 놓아버렸다. 그리고 지금, 이재명 정부는 그 무거운 과제를 다시 떠안았다.

겨울이 길수록 봄은 더 간절해진다. 이 장에서는 문재인 정부의 봄, 윤석열 정부의 겨울, 그리고 이재명 정부의 다시 흐르기 시작한 시간들을 함께 돌아보았다. 그 기록이 앞으로 우리가 어떤 길을 선택해야 할지를 비추는 거울이 되기를 바라는 심정으로 쓴다.

한반도의 평화와 민주주의 또한 혹독한 겨울을 거치며 다시 움텄을 것이라고 믿는다. 문재인의 봄, 윤석열의 겨울, 그리고 이제 이재명의 시간은 어떤 길을 걸어갈 것인가? 겨울은 길었지만, 봄은 언제나 준비하는 자의 몫이었다.

슬픈 데자뷔

"지금 용산 사무실로 왔는데, 꼭 무덤 같습니다. 아무도 없어요."
_이재명 대통령

이재명 대통령이 당선된 다음 날 신임 총리, 비서실장 등의 인선을 발표하면서 한 말이다. 대통령이 얼마나 답답했으면 대통령실을 무덤에 비유했을까? 윤석열 정부 사람들도 참 야박하다. 후임 정부가 최소한의 일은 할 수 있도록 해줘야 하는데, 마치 범죄 현장을 정리하듯이 모든 걸 치워버리고 간 것은 어떤 심보였는지 모를 일이다.

어떻게 변명할지 모르겠지만 국정운영 측면에서 보면 야박하다 못해 정말 못된 짓을 한 것이다. 만약 그 시간에 휴전선 일대에서 군사적 충돌이 일어나거나 세월호 참사 같은 국가적 위기 상황이 발생했다면 어떻게 되었을까? 감정의 문제를 떠나 국정운영의 기본을 저버린 것이다.

이 대통령의 메시지를 보면서 순간적으로 8년 전이 떠올랐다. 그날 새벽의 기억이 일종의 데자뷔처럼 스쳐지나갔다.

선거 다음 날인 2017년 5월 10일 새벽 5시, 청와대 55호 면회실(연풍문) 앞에 섰다. 일종의 선발대 개념의 10여 명과 함께였다. 너무 이른 시간이라 청와대 내에서는 인기척을 찾을 수 없었다. 누군가 우리를 임시로 머물 곳으로 안내해줬다. 경호동 구석에 있는 10평 남짓한 작은 사무실이었다. 이 대통령의 언급처럼, 서류 작업을 할 수 있는 컴퓨터도, 볼펜도 없었다. 정말 무덤 같았다. 아직 채 동이 트지 않은 그 새벽에, 10여 명이 마주 앉아 첫 회의를 했다. 공식 회의라고 할 수는 없겠지만, 문재인 정부의 시작을 알리는 첫 회의였다.

문재인 정부도 그렇게 출발했는데, 이재명 대통령의 메시지를 듣고 보니 비슷한 상황인 것 같았다. 사람도 없고, 사무실도 없고, 컴퓨터와 볼펜 하나 없는, 모든 게 전무한 상황이다. 막막하다는 말로도 표현할 수 없는 영역이다. 그런 조건에서 업무를 본다는 것은 현실적으로 불가능하다. 사실 대통령직인수위원회(이하 '인수위') 없이 시작하는 정부는 '무'에서 '유'를 창조하는 것과 같다. 모든 게 생경하며 어떤 것은 신비하기까지 하다.

개인적으로 청와대에서 두 번은 일하기 싫었다. 대통령실에서 일한다는 것이 어떤 후과를 낳는지 너무나 잘 알고 있었고, 그 과정의 고통을 두 번은 겪고 싶지 않았다. 참여정부 청와대에서 꼬박 5년을 일하고 나오던 마지막 퇴근길, '다시는 청와대 방향으로 오줌도 누지 않겠다'고 혼자 다짐을 했었다. 그만큼 쳐다보고 싶지도, 생각하고 싶지도 않았다. 어쩌다 근처를 지나갈 일이 생기더라도 한참을 돌아 피해가곤 했다.

그곳으로 다시 출근을 했다. 9년 만의 청와대 출근이었다. 마지막 나서던 길은 겨울의 끝자락이었는데, 다시 출근하는 길은 완연한 봄이었다.

새로운 정부가 제대로 가동되기 위해선 정말 많은 것이 필요하다. 하지만 인수위 없이 선거 다음 날 바로 임기를 시작하는 정부는 당장 필요한 비품조차 준비할 시간이 없다. 하룻밤 사이에 모든 준비를 마쳐야 한다. 문재인 정부나 이재명 정부 공히 그러했다.

당장 비서실에서 기본적인 일을 할 수 있는 최소 인력이 필요했다. 국정운영의 기본 시스템을 작동시킬 인원이었다. 국정운영은 단 1분 1초도 멈출 수가 없기 때문이다. 2017년 당시에는 대선 캠프에서 함께했던 이들 중 10여 명의 최소 인원을 선발했다. 비서실, 안보실, 정책실의 세 영역별로 대략 3~4명을 우선 추렸다. 그와 별도로 대통령을 수행하는 부속실 개념의 소수 인원을 뽑아 송인배 부속비서관과 함께 일하도록 했고, 또 언론의 취재 지원을 위해서 권혁기 춘추관장(현 이재명 대통령 의전비서관)을 중심으로 인력을 배치했다.

아마 이재명 정부도 비슷한 과정을 거쳤을 것이다. 처음 용산 대통령실로 들어간 분들의 노고에 진심으로 감사를 전한다.

당시에는 하루가 어떻게 지나갔는지 모를 정도로 바쁜 나날이 이어졌다. 새벽 5시 출근에 다음 날 새벽 1시 퇴근하는 날들이었다. 비서실장, 안보실장, 정책실장 3실장이 모두 임명된 것은 정부 출범 후 10여 일이 흐른 5월 21일이었다. 각 수석까지 다 임명된 것은 그로부터 한참 더 지난 후였다.

이재명 대통령이 소장파 강훈식 의원을 비서실장으로 임명하는 것을 보면서 임종석 전 비서실장이 떠올랐다. 2017년 5월 대선 투표일 며칠 전이었다. 문재인 후보와 몇몇이 시내 모처에 모여 초기 인사에 대해 의견을 나눴다. 취임 첫날 국무총리, 국정원장과 함께 가장 먼저 발표할 비서실장 인선을 두고는 작은 논쟁이 있었다. 일부가 초대 대통령비서실장을 시니어 그룹에서 선택하면 국정에 안정감을 줄 수 있어 좋을 것 같다는 의견을 강하게 제시했다. 아무래도 직전 대통령 탄핵 등 격변기 국정운영을 고려할 때 안정감이 우선되어야 한다는 의견이었다.

하지만 당시 문재인 후보의 뜻은 확고했다. 중요한 것은 안정감이 아니라 이제까지 맞춰온 '호흡'이라는 취지였다. 즉, 국정운영에 대한 공감대가 얼마나 형성되어 있는지, 그리고 해당 직에 필요한 능력을 제대로 갖췄는지가 핵심이고, 그다음에 '조화로운 인사'가 중요하다고 말했다.

자세한 내막은 모르겠지만, 이재명 대통령 주변에서도 젊은(?) 비서실장 인선을 두고 이런저런 논란이 있었을 것이다. 결국에는

1. 2017년, 2022년, 그리고 2025년 이재명 정부

이 대통령께서 결심하지 않았을까 추측해본다.

위성락 안보실장도 마찬가지다. 역대 정권에서 안보실장은 주로 군 출신을 중용했다. 국방의 중요성과 군심軍心을 다독일 필요성을 동시에 고려해야 했기 때문이다. 그런데 이재명 대통령은 외교관 출신 안보실장을 선택했다. 왜 그랬을까?

문재인 정부의 초대 안보실장을 보면 비슷하게 유추할 수 있다. 당시 정의용 안보실장 임명에는 숨겨진 사연이 있었다. 애초 염두에 두었던 다른 분에게 사정이 생겨 고심 끝에 임명한 안보실장이었다. 대통령은 그를 임명하며 "과거 정부에서는 안보를 국방의 틀에서만 협소하게 바라본 측면이 있었으나, 안보와 외교는 동전의 양면"이라면서 "북핵 위기에서는 안보에 있어 외교의 역할이 더 중요하다고 생각한다"라고 말했다.

이 대통령께서 위성락 실장을 선임한 것도 비슷한 이유가 아닐까 추측해본다. 기존의 국방 위주 안보 개념에서 확장된 그리고 새로운 국제질서의 변화에 우리의 외교 역량으로 능동적으로 대처하겠다는 의지를 담은 인사가 아닐까?

참고로, 정의용 실장은 내가 본 최고의 안보실장이었다. 외교관 특유의 친화력과 균형감을 바탕으로 남북관계에서 최고의 역할을 해냈다. 대통령 특사로 평양에 갔을 때도 김정은 위원장을 만나 '비핵화'라는 무거운 이야기를 유머와 함께 자연스럽게 건넨 유일무이한 사람이었다. 아울러 미국에 대해서도 할 말은 제대로 하는, 대한민국의 몇 안 되는 외교관이었다. 위성락 실장도 그의 뒤를 이어 대한민국 최고의 안보실장이 되길 기대한다.

문재인 대통령이 청와대 내부 인선을 하면서 특별히 신경을 쓴 부분이 있다. 바로 총무비서관이었다. 총무비서관은 청와대 살림을 책임지는 '곳간지기'다. 당연히 많은 사람이 당시 문 대통령을 잘 알고 오랫동안 모셨던 측근 그룹 중에서 후보를 추천했다. 그러나 대통령은 이를 수용하지 않았다. 일면식도 없었던 이정도 비서관을 총무비서관으로 임명했다. 그는 행정고시도 아닌 기재부 7급 공채 출신의 대표적 '흙수저'였다.

당시 문 대통령은 총무비서관 자리는 '대통령과의 거리'가 중요한 것이 아니라, 원칙을 제대로 지킬 사람이 필요하다고 했다. 그래야 사고(?)를 예방할 수 있다는 의미였다. 아마 국정운영 경험에서 나온 판단이 아니었을까 싶다. 이정도 총무비서관은 재임 중에는 '짠 소금'이라고 욕도 많이 들었지만, 지나고 보니 정말 제대로 일한 분이 틀림없다. 그런 그가 이재명 대통령의 관리비서관이 되었다. 기대하는 이유다.

인수위 없이 시작한 정부

　5년 단임제 대통령제하에서 가장 중요한 시기는 누가 뭐라고 해도 인수위 기간이다. 이전 정부의 공과를 냉정하게 평가하고, 선거 과정에서 제시한 여러 정책을 가다듬고, 임기 중 추진할 핵심 과제의 우선순위를 정하는 시기가 바로 이 기간이기 때문이다. 대통령 임기 5년 국정운영의 나침반이 바로 인수위에서 만들어진다.

　하지만 문재인 정부는 직전 대통령의 탄핵으로 인해 인수위 없이 바로 임기가 시작되었다. 자의가 아닌 타의에 의한 초유의 일이었다. 불행하게도 이재명 정부 또한 똑같은 처지가 되었다. 민주정부 3기와 4기가 모두 인수위가 없었다는 것은 마치 무슨 운명의 장난과도 같은 느낌이다. 출발 환경이 이보다 악조건일 수는 없다. 대통령 임기 5년을 100미터 달리기에 비유한다면, 인수위가 있는 경우 최소 20미터 이상은 앞에서 시작하는 것과 같다.

문재인 정부에서 가장 아쉬웠던 점을 꼽으라면 나는 주저하지 않고 '인수위 부재'라고 대답할 것이다. 그만큼 인수위 없는 출발이 국정운영에 큰 영향을 미쳤다. 이제 와 하는 생각이지만, 만약 국민 께 양해를 구하고 단 한 달만이라도 인수위를 구성해 운영할 수 있 었다면 어땠을까? 일정 기간 박근혜 정부 내각의 일상적 국정운영 과 문재인 당선자의 인수위 운영을 '투트랙two track'으로 구별해 서 했다면 말이다. 이재명 정부 출범 과정에서 이런 나의 문제의식 을 비공식적으로 전달하기도 했다.

주관적 평가일지 모르지만, 문재인 후보와 이재명 후보 모두 준 비된 대통령 후보였다. 경쟁 후보와 비교하면, 상대적으로는 더욱 그러했다. 두 분 모두 국정운영 또는 공직 경험이 풍부했고, 민주정 부를 잇는 조력자 그룹의 '맨파워man power'가 두터웠다. 예를 들 면, 문재인 정부 초기 청와대 비서실에는 '전직 국회의원'이 넘쳐났 다. 심지어 재선 의원 출신도 수석이 아닌 1급 비서관을 맡을 정도 였다. 이재명 정부도 마찬가지다. 당 비대위원장 출신이 정무수석 을, 재선 의원이 정무비서관을 맡았다.

문재인 후보 당시, 대선 기간에 속칭 '집권 100일 프로젝트'를 준비했다. 인수위를 꾸릴 수 없는 현실적 여건에서 어쩌면 꼭 필요 한 조치였다. 이 프로젝트에는 취임 직후 최우선 국정과제로 일자 리위원회 구성, 대통령 집무실의 '일자리 상황판' 설치 등이 미리 검토되고 준비되었다. 아마 이재명 정부도 마찬가지였을 것이다. 취임 초반에 있었던 산업재해에 대한 이 대통령의 특별한 당부도 선거 시기부터 준비된 것이 아닐까 추측해본다.

남북관계를 포함한 외교안보 분야도 다양한 버전의 '집권 100일 프로젝트'가 준비되어 있었다. 당선이 확정된 직후 미국 트럼프 대통령을 비롯한 외국 정상들과의 전화 연결도 당연히 미리 준비되었다. 인도 모디 총리와의 통화는 특별히 기획되었다. 인도를 중심으로 한 신남방정책 추진 의지를 초기부터 확실히 보여주기 위한 대통령의 계획된 일정이었다.

외교안보 분야 집권 프로젝트의 대표적인 사례 중 하나가 특사단 파견이었다. 취임 일주일이 채 안 된 5월 16일, 문 대통령은 특사단장을 한자리에 모았다. 각국의 단장은 미국 홍석현 한반도포럼 이사장, 일본 문희상 전 국회부의장, 중국 이해찬 전 총리, 러시아 송영길 민주당 의원, EU 조윤제 서강대 교수 등이었다.

안보실장이 임명되기 전이었기 때문에, 국정원장 후보자로 지명된 서훈 후보자가 문재인 정부의 외교안보 원칙을 보고했다.

"문재인 대통령 특사단의 첫째 원칙은 당당한 협력외교, 둘째는 국익을 극대화하는 실용외교, 셋째는 한반도 문제 당사자로서의 주도권 확보입니다. 이 세 가지 외교 원칙을 명확히 해주시기 부탁드립니다. 또한 북핵 문제 해결과 관련해서도 4대 원칙과 4대 목표가 있습니다. 북핵 불용, 도발 불용, 협력 강화, 국민 소통이 4대 원칙이며, 그를 통한 4대 목표는 비핵화, 항구적 평화, 남북 하나의 시장, 더불어 민주사회를 만드는 것입니다.”

서훈 국정원장 후보자가 기본 원칙을 보고했다면, 문 대통령의 언급은 보다 구체적이었다. 대통령이 가장 강조한 것은 정권교체의 의미였다. 문재인 정부는 통상적인 정권교체가 아니라 ‘촛불혁명’, 즉 ‘피플파워people power’에 의해 출범한 정부라는 점을 상대국에 강조해달라는 주문이었다.

이 자리에서 대통령은 산적한 외교안보 현안에 관한 자신의 원칙을 분명히 밝혔다. 사드 배치, 방위비 분담금, 위안부 합의 등에 대해 새 정부는 기존 정부의 기조를 이어갈 것이지만, 동시에 무엇보다 절차적 정당성과 투명성을 중요하게 생각한다는 점을 상대국에 잘 설명해달라고 당부했다.

마지막은 북핵 문제의 해결 방향이었다. 대통령은 북핵 문제와 관련한 원칙을 강조했다. 국내적으로는 김대중, 노무현, 이명박, 박근혜 정부 모두를 반면교사로 삼고, 국제적으로는 이란 핵 문제 타결의 사례를 참고해, 어렵더라도 위기를 기회로 전환해야 한다는 점을 힘주어 말했다.

그 와중에 내 귀를 쫑긋하게 한 대목은 따로 있었다. 첫 번째는 “대화를 위한 대화는 하지 않겠다”는 부분이었다. 혹자는 문재인 정부가 북한과의 대화 자체를 목표로 한 것 아니냐는 오해를 하지만, 이는 전혀 사실이 아니다. 문 대통령은 초기부터 우리가 북한에 무조건 끌려다니지 않는다는 원칙을 확고히 했다.

남북관계 개선을 위한 노력은 당연하나 불필요한 오해는 처음

1. 2017년, 2022년, 그리고 2025년 이재명 정부

부터 만들지 않겠다는 대통령의 의지가 느껴졌다. 한편으로는 특사단이 남북관계와 관련해서는 절대로 '오버'해서는 안 된다는 무언의 당부이기도 했다. 문재인 대통령 특유의 균형감각을 확인할 수 있는 장면이었다.

기억에 남는 두 번째 이야기는 "예상보다 빨리 남북화해 국면이 올 수도 있다"는 대통령의 언급이었다. 2017년 5월로 돌아가서 생각해보면, 당시에는 도저히 불가능한 전망이었다. 북한은 매주 미사일을 쏘아댔고, 북미 갈등은 악화 일로를 걷고 있었다. 남북 간에 '대화'라는 말 자체를 입에 담기 힘들던 시기에 대통령은 전혀 다른 미래를 이야기했다.

이제 와 고백하건대, 그 자리에서 나는 그 의미를 선뜻 이해하지 못했다. 우리 예상보다 빨리 화해 국면이 올 수 있으니 다양한 상황을 고려해 주도적으로 준비하라는 당부의 의미를 제대로 이해한 건 시간이 꽤 흐른 후였다.

이재명 대통령 취임 직후 말레이시아 특사단에 내가 포함되었다. 8년 전에는 특사단을 기획했던 위치에서 이제는 특사단의 일원이 된 것이다. 말레이시아 특사단은 안와르 이브라힘 총리를 만나 이재명 정부의 대말레이시아 정책 방향을 소개하며 방산협력 등 양국 간의 현안에 관해 깊이 있는 대화를 나눴다. 그리고 하원의장, 부총리, 외교부 장관 등 말레이시아 주요 지도자들과의 회담을 통해 상당히 많은 성과를 거뒀다.

이재명 대통령의 특사단은 이전(5개국, EU 포함)보다 훨씬 확대되어 14개국에 파견되었다. 아무래도 커져가는 국력에 비례한 것으로 보이는데, 이런 특사단의 확대는 바람직한 방향이라고 생각한다. 다만 특사단 파견 시기를 취임 직후로 앞당기고, 특사단이 이 대통령의 대외 외교 기조 등을 직접 듣고 갔다면 좀 더 풍성한 특사 활동을 전개할 수 있었을 것이라는 아쉬움이 남는다.

1. 2017년, 2022년, 그리고 2025년 이재명 정부

외교안보만큼은 이어달리기로

2017년 문재인 대통령 취임 초기 국무회의 참석자는 모두 박근혜 대통령이 임명한 장관들이었다. 문 대통령이 지명한 장관 후보자들은 아직 인사청문회 절차를 거치는 중이었기 때문에 참석할 수 없었고, 국무회의 의결 정족수는 채워야 해서 박근혜 정부 출신 각료들이 반드시 참석해야 하는 상황이었다. 대통령은 바뀌었는데 각료는 탄핵된 정부 출신들이 그대로 참석하는 이상한 국무회의가 한동안 지속되었다.

이재명 대통령도 마찬가지였다. 윤석열 정부 각료들과 이상한 동거를 한동안 해야 했다. 윤석열 정부에서는 볼 수 없었던 토론 문화에 장관들이 쩔쩔매는 장면도 볼 수 있었고, 시간이 지나면서 나름대로 적응해가는 모습에 신기해하기도 했다. 이 모든 것이 탄핵 제도의 '미비'에서 비롯되었다. 탄핵 이후 인수위 없는 정부 출범의 문제는 반드시 개헌 과정에서 해결되어야 할 것이다.

문 대통령은 마지막까지 국무회의에 참석한 박근혜 정부 각료들에게 고마운 마음을 여러 차례 표현했다. 끝까지 최선을 다하는 그들의 모습(?)에 대해 공식 석상에서 치하하기도 했고, 그들이 더 이상 국무회의에 나오지 않아도 되는 상황이 되었을 때는 청와대로 모셔 식사를 대접하기도 했다. 아마 이재명 대통령도 같은 심정이 아니었을까 싶다. 그게 인지상정이다.

그런 와중에 문 대통령이 나를 불러 '윤병세 외교부 장관과의 일정을 만들라'고 지시했다. 한일 위안부 합의에 관해 윤 장관에게 제대로 듣고 싶다는 것이었다. 대통령의 지시를 듣자마자 걱정스러운 생각이 앞서며 머릿속이 복잡해졌다. 지난 대선 시기, 여야를 막론하고 모든 후보가 박근혜 정부의 위안부 합의에 대해 부정적이었다. 심지어 홍준표 후보도 마찬가지였다.

이런 상황에서 윤병세 장관을 따로 만나면 추후 불필요한 정치적 부담을 지게 되지 않을까 하는 걱정이 앞섰던 것이었다. 잠깐 생각해서 꾀를 낸다고 낸 것이 '간접 보고'였다. 대통령께 "군이 윤병세 장관을 만나시면 나중에 이런저런 말들이 나올 수 있으니, 안보실장을 통해 간접 보고를 받으시는 것이 좋겠다"고 건의를 드렸다. 하지만 대통령의 뜻은 확고했다. 국가의 외교안보 정책은 일종의 '이어달리기'와 같아서 전임 정부에서 한 일이라고 무조건 배척

할 수는 없다는 것이었다. 그리고 우선 구체적인 내용을 들어볼 필요가 있다고 했다.

대통령의 말씀을 듣고 보니 틀린 부분이 하나도 없었다. 토를 달려야 달 수가 없었다. 윤병세 장관에게 연락을 취해 보고 시간을 잡고, 그 자리에 배석했다.

대통령은 윤병세 장관에게 세세한 부분까지 물었다. 왜 한일 위안부 협상이 정상적 외교 채널이 아니라 '이병기(청와대 비서실장)-야치 쇼타로(일본 국가안전보장국장)' 라인을 통해 추진되었는지, 책임 인정 및 사죄 등 명료한 문구가 합의문 또는 일본 발표문에 들어가지 못한 이유가 무엇인지 등 한일 위안부 합의 과정과 핵심 현안에 관해 확인했다. 윤 장관도 나름대로 성의 있게 답변했다.

나는 그런 과정이 문재인 정부의 외교안보 정책 수립에 어떤 형태로든, 크든 작든 도움이 되었을 것이라 확신한다. 외교에 있어서는 어느 국가라도 이전 정부가 맺은 합의를 손바닥 뒤집듯이 바꿀 수는 없다. 아무리 그 합의가 잘못되었다고 할지라도 정부를 대표해서 맺은 것이라면 합의가 이루어진 과정과 의미를 살펴보고 유의미하게 이어나갈 필요가 있다.

상상을 해보자! 2022년 5월, 윤석열 정부 출범 직후 한 달도 되지 않아 한미정상회담이 개최됐다. 정상회담 개최 여부는 문재인 정부 시절에 합의되었지만, 실제 정상회담은 윤석열 대통령의 몫이었다. 윤석열-바이든 회담은 윤석열 정부 5년의 외교를 가름할 수도 있는 매우 중요한 외교 일정이었다.

그 상황에서 윤석열 대통령이 직전 외교부 장관이었고 문재인 정부의 전반부 청와대 안보실장으로 외교안보 총괄 책임자였던 정의용 전 장관을 만났다면 어땠을까? 만나서 문재인 정부 5년의 한미 외교 협상 테이블에서 오갔던 속 깊은 이야기를 들었다면 어땠을까? 정의용 전 장관이 맥매스터 국가안보보좌관의 자택을 찾아가 서너 시간 동안 나눈 대화에 대해 들었다면 어땠을까? 직전 대통령은 소속 당이 다르니 만나기 어렵다 하더라도(개인적으로는 동의할 수 없다) 직전 외교부 장관을 보는 것이 무슨 문제가 되겠는가? 도움이 되면 되었지 결코 손해날 일은 아닐 것이다.

하지만 윤석열 대통령은 만나기는커녕 오히려 '동해 북한 흉악범 추방 사건'을 핑계로 정의용 전 장관을 기소하고 재판에 넘겼다. 감사원을 동원한 정치보복 수사의 희생양으로 삼은 것이다. 윤 대통령은 발밑으로 굴러들어온 복을 제 발로 차버린 것이다.

이 이야기는 이재명 정부에도 마찬가지로 적용된다. 불법 계엄으로 대한민국을 나락으로 끌고 간 윤석열 대통령이지만, 외교안보 영역에서만큼은 '이어달리기'가 필요하다. 미국, 일본 등 주요국과의 외교 협상에 있어서 이전 정권의 외교안보 역량을 충분히 활용해야 한다. 강경화 전 외교부 장관을 주미대사로 임명한 것처럼, 윤석열 정부의 외교안보 역량도 적극적으로 활용할 필요가 있다. 특히 보수 진영의 대미 외교 역량은 때론 진보정부가 갖지 못한 부분을 메워주기도 한다.

한 가지 아쉬운 것은, 지난 8월 첫 번째 한미정상회담을 앞두고 이재명 대통령이 왜 문재인 전 대통령을 찾지 않았을까 하는 부분이다. 트럼프 대통령과 가장 많은 대화를 나누고, 트럼프 대통령을 가장 잘 아는 대한민국 지도자는 누구인가? 바로 문재인 전 대통령이다. 5년 재임 기간 중 3년 이상 호흡을 맞춘 사이다. 그렇다면 만나서 조언을 구하거나 정 바쁘다면 전화상으로 자문을 구할 법도 한데 그러지 않았다.

물론 문재인 정부의 주요 역량(강경화 전 장관 등)과 함께하기에 굳이 그럴 필요가 없다고 볼 수도 있다. 하지만 대통령 레벨에서 하는 고민과 판단은 다른 영역이다. 참모들이 볼 수 없는 부분을 보는 것이 최고지도자이기 때문이다. 참 아쉬운 부분이다.

대한민국 대통령의 첫 전화 상대

"트럼프 대통령이 굉장히 예의 바르네요."

모든 대통령(또는 당선인)은 당선 직후 주요국 정상과 전화 외교를 한다. 각국의 대사들이 찾아와 만나는 경우도 종종 있지만, 그것은 한참 지난 후의 일이고, 대통령이 국제무대에 데뷔하는 첫 시작은 역시 주요국 정상과의 통화다.

대통령이 하는 주요국 정상과의 전화통화는 매우 중요한 국가적 외교 이벤트다. 내용뿐 아니라 어느 국가와 어떤 순서로 하느냐, 또 얼마나 오래 하느냐 등이 모두 관심의 대상이다. 당연히 걸려오는 순서대로 받는 전화가 아니다. 사전에 철저히 모든 게 기획된 고도의 정치행위다.

하지만 대한민국 대통령의 첫 번째 통화 대상 국가는 사실상 정해져 있다. 진보정부든 보수정부든 관계없다. 늘 미국이 첫 번째 통

1. 2017년, 2022년, 그리고 2025년 이재명 정부

화 대상이었다.

우리는 다를 수 없을까? 당시 각국 정상과의 전화통화 일정을 짜기에 앞서, 늘 당연한 것처럼 왜 미국이 첫 번째냐는 문제제기가 내부에서 있었다. 이제 우리도 그런 관례에서 벗어나 새로운 외교의 전형을 만들 때가 되지 않았느냐는 것이 주된 논리였다.

개인적으로는 미국 대통령과 얼마나 빨리, 얼마나 오래 통화했느냐로 동맹의 깊이를 평가하는 이상한 관행을 깨고 싶었다. 하지만 결과는 바뀌지 않았다. 대한민국에 미국이라는 존재는 여전히 관례 그 이상의 의미였고, 어느새 일종의 '넘을 수 없는 벽'이 되어 있었던 것이다. 과연 미래의 어떤 대한민국 대통령이 이 '벽'을 넘을 수 있을까? 지금은 상상조차 힘든 이야기다.

그 정부의 외교 방향을 가늠할 수 있는 것은 사실 그다음 순서부터다. 윤석열 당선인의 두 번째 전화통화 국가는 일본이었다. 문재인 대통령의 두 번째 통화 상대는 중국 시진핑 주석이었다. 일본은 세 번째였다. 중국 국가주석이 대한민국 대통령에게 당선 축하 전화를 한 건 처음이라고 언론에서 평가했다.

이재명 대통령은 두 번째 대상으로 일본을 선택했다. 그리고 원전 계약과 관련된 체코, 아세안의 주요 국가인 베트남, 말레이시아, 인도네시아 등과 비교적 이른 시일에 전화 연결을 했다. 이는 이재명 정부의 외교적 지향을 드러내는 것으로 의미 있는 선택이었다고 생각된다. 즉, 이재명 정부는 신남방정책을 중요시한다는 것을 전화 외교를 통해 보여준 것이다.

판문점 프로젝트

역대 대통령 취임 후 외국 정상 통화 순서

	미국		일본		중국
이재명	도널드 트럼프	▶	이시바 시게루	▶	시진핑
윤석열	조 바이든	▶	기시다 후미오	▶	시진핑
문재인	도널드 트럼프	▶	시진핑	▶	아베 신조
박근혜	버락 오바마	▶	아베 신조	▶	시진핑

한미 정상의 첫 번째 전화 연결을 앞두고는 대통령실이 초긴장 상태가 된다. 양 정상의 첫인상을 만드는 주요 계기이고, 또 이를 통해 미국 대통령과 한국 대통령의 케미스트리를 확인할 수 있기 때문이다.

정상 간의 전화 외교는 실무진에서 사전에 준비한 협의 내용을 기반으로 하지만, 결국은 두 정상의 호흡, 일종의 '케미'에 따라 결과가 크게 달라진다. 대한민국 입장에서는 미국 대통령과 호흡이 맞지 않으면 한미동맹은 물론이고 북핵 문제 해결도 쉽지 않기 때문에 상당한 부담이 되는 것이다.

1. 2017년, 2022년, 그리고 2025년 이재명 정부

문재인과 트럼프, 두 정상의 첫 번째 통화 전에 많은 사람이 이런저런 우려를 표했다. 두 사람의 스타일이 달라도 너무 다르다는 것이 가장 큰 이유였다. 문재인 대통령이 온건한 선비 스타일이라면, 트럼프 대통령은 거친 장사꾼 스타일로 보였다.

특히 트럼프 대통령은 기존의 정상들과는 다른 독특한 스타일을 갖고 있다는 게 양국 전문가와 외교 라인의 공통된 보고였다. 우리로서는 트럼프 대통령이 혹시라도 첫 통화에서부터 난감한 주제를 제기한다면, 그건 그야말로 '사고'였기 때문에 모든 참모가 노심초사했다. 더군다나 당시 한미 간에는 사드 배치, 방위비 분담금 협상, 한미 FTA 재협상 등 수많은 현안이 쌓여 있는 상황이었다.

첫 한미 정상 통화를 앞두고 걱정이 큰 것은 참모들만이 아니었다. 문재인 대통령도 겉으로 표현하지 않았을 뿐 마찬가지 걱정을 하고 있었다. 정상 통화가 끝난 직후 문재인 대통령의 반응을 주의 깊게 살폈다.

대통령의 한 줄 평은 이랬다. "트럼프 대통령이 굉장히 예의 바르네요." 무슨 말인지 선뜻 이해가 가지 않았다. 아리송해하는 참모들의 표정을 본 대통령이 다시 설명해주었다.

"트럼프 대통령이 선임 보좌관의 이름까지 거론하면서 한번 보낼 테니 만나보라고 했습니다. 우리와 통화 전에 준비도 많이 했고… 예상보다 차분한 태도였어요."

조마조마했던 첫 통화 후에도 한동안 외교안보 라인의 긴장감은 여전했다. 트럼프 대통령에 대한 여러 차원의 분석도 있었다. 그 중 하나가 트럼프 대통령은 부동산 개발로 돈을 벌었던 사람이기 때문에 '환경'이라는 단어에 매우 민감하다는 조언이었다. '환경'은 곧 '귀찮고 성가신 규제'라고 받아들인다는 이야기였다. 당시 호주 총리와의 통화 도중에 본인 기분이 나쁘다며 일방적으로 전화를 끊어버린 일화도 거론될 정도였다.

그런데 당시 한미 양국 사이에는 경북 성주에 임시 배치된 사드를 어떻게 할 것인지가 중요한 현안이었다. 정식 배치를 위해서는 국내법에 따라 환경영향평가가 필요하다는 것이 우리 측 검토 결과였다. 이런저런 논의 끝에 청와대 참모들은 트럼프 대통령과의 통화에서 가급적 '환경'이라는 단어는 말씀하지 않는 게 좋겠다는 의견을 보고했다.

그러나 문재인 대통령은 돌아가는 길을 선택하지 않았다. 트럼프 대통령과 사드 배치 관련 통화를 하면서 '환경'이라는 단어는 물론 '환경영향평가'의 필요성까지 언급했다. 결과는? 다행히 두 정상의 대화가 일방적으로 중단되는 일은 일어나지 않았다.

호주 총리와 다른 결과는 어쩌면 신뢰의 차이일지 모르겠다. 문재인 대통령과 트럼프 대통령의 호흡, 속칭 '케미'는 잘 맞았다. 어떤 순간에는 '찰떡궁합'처럼 보일 정도로 환상적이었다. 아무리 국가 간의 외교라 해도 결국은 사람이 하는 일이다. 특히 각국 정상 사이에 쌓인 신뢰는 생각보다 많은 것을 바꾼다.

1. 2017년, 2022년, 그리고 2025년 이재명 정부

트럼프 대통령을 경험해본 이재명 대통령의 평가는 어떨까? 2025년 8월에 있었던 한미정상회담을 보면 '케미'가 어느 정도 좋아 보인다. 특히 이 대통령이 사전에 준비를 많이 한 티가 났다. 예를 들어, 북한에 '트럼프월드'를 건설하자, 골프를 치고 싶다 등은 트럼프 대통령이 매우 좋아하는 표현이다. 사실 트럼프월드 건설과 관련해서는 2018년에도 언급된 바가 있다. 북미정상회담을 앞두고 문 대통령이 트럼프 대통령에게 여의도에 있는 트럼프월드를 예로 들며 북한의 개혁개방을 언급했다.

다만 트럼프 대통령이 싫어하는 '특별검사'라는 단어가 나왔을 때 이에 대한 적절한 대응이 없었던 것이 다소 아쉬웠다. 트럼프 대통령은 특별검사가 수십 명의 수사관을 이끌고 마러라고 별장을 쑥대밭으로 만든 사건을 절대 잊지 못하며 평생의 수치로 기억할 것이다. 그런 상황에서 대한민국에서 특별검사가 교회 등에 나타났다는 이야기는 이상하게 생각할 수 있는 소재였다. 만약 '특검'이라는 말이 나왔을 때 이 대통령의 참모들이 이재명 대통령이야말로 검찰정권의 피해자로서 수백 차례 압수수색을 당한 사람이라고 설명했더라면 현장 분위기는 더 달라졌을 것이다.

외교 역량의 승부처, 한미정상회담

권위주의 정권이 무너지고 문민정부가 들어선 이후 역대 정부 초기에 가장 심혈을 기울이는 것이 바로 취임 후 첫 번째 한미정상회담이다. 범정부적 준비뿐만 아니라, 경제사절단을 포함해 대한민국의 모든 역량을 쏟아붓는다고 해도 과언이 아니다. 사실 다소 과한 측면이 없는 것은 아니지만, 만약 실패한다면 그 후과는 상상 이상일 것이다.

특히 최근 상황은 더욱 심각하다. 미국과의 관세 협상, 중국의 부상, 북한의 핵 위협 등 세계질서가 급변하는 상황에서 한미동맹은 한 치의 틈도 없어야 한다. 지금의 대한민국에서는 도저히 피할 수 없는 과제다. 그렇기에 이재명 정부도 동원할 수 있는 모든 자원을 총동원해서 첫 번째 한미정상회담을 준비했을 것이다.

1. 2017년, 2022년, 그리고 2025년 이재명 정부

이재명 대통령의 선택은 한일정상회담을 먼저 하는 것이었다. 그 선택은 나름대로 성공적이었다고 본다. 성공적인 한일정상회담은 미국을 안심시키는 데 큰 역할을 하기 때문이다. 미국의 대외전략은 일종의 '대리점 전략'으로 봐도 무방하다. 예를 들어 동북아시아에서는 일본을 중심축(대리점)으로 내세워 자신들의 대외전략을 관철하는 것이다.

따라서 예전부터 미국은 한국과 일본이 사이좋게 지내는 것을 누구보다 반기고 환영했다. 이런 상황에서 이재명 대통령이 미국 방문 직전에 일본을 방문해서 셔틀외교를 복원하고 미래지향적 한일관계를 천명한 것은 미국을 안심시키는 데 아주 실효적인 시그널이었다고 본다.

이재명 대통령의 미국 도착 직후, 트럼프 대통령의 협상용 흔들기인지 아니면 마가MAGA 세력에 대한 립서비스인지 모를 SNS 메시지로 인해 그야말로 '난리'가 났었다. 하지만 정작 회담 직전에는 트럼프 대통령 자신이 이 대통령에게 '가짜 뉴스'라고 하기도 했다. 정상회담이 끝나고 보수언론을 포함한 대다수 국내 언론은 회담을 성공적이라고 평가했다. 이렇게 성공하기까지 일선 외교관부터 이재명 대통령까지 모두 힘을 모은 결과다. 정말 고생했다.

기억을 되돌려 8년 전으로 돌아가보자.

문재인 대통령 취임 4일 만인 2017년 5월 14일 일요일 새벽, 김정은 위원장의 '선물'이 도착했다. 북한이 화성 12형 미사일을

2017년 북한의 미사일 도발

날짜	발사 미사일	위치	탄착 지점	김정은 참관 여부
2월 12일	북극성-2 1발	구성시	동해상	O
3월 6일	SCUD-ER 4발	철산군	동해상	O
3월 22일	화성-10 1발	원산시	지상 폭발	미상
4월 5일	화성-12 1발	신포시	공중 폭발	O
4월 16일				O
4월 28일		덕천시		O
5월 14일		구성시	동해상	O
5월 21일	북극성-2 1발	안주시	동해상	O
5월 29일	KN-18 1발	원산시	동해상	O
6월 8일	KN-19 4발	원산시	목표 함선	O
7월 4일	화성-14 1발	방현동	동해상	O
7월 28일	화성-14 1발	전천군	동해상	O
8월 26일	KN-21 3발	강원도 동해안	동해상	미상
8월 29일	화성-12 1발	평양시	북태평양상	O
9월 15일	화성-12 1발	평양시	북태평양상	O
11월 29일	화성-15 1발	평성시	동해상	O

발사한 것이다. 탄핵과 대선 그리고 새 정부 출범 등으로 정신없는 가운데 북한은 미사일 도발을 감행했다. 청와대는 곧바로 NSC 긴급상임위를 소집했고, 다음 날(15일) 북한 미사일 발사를 강력히

1. 2017년, 2022년, 그리고 2025년 이재명 정부

규탄하는 유엔 안보리 성명이 발표되었다. 16일에는 유엔 안보리 긴급회의가 개최되었다.

일주일 후인 21일 새벽에도 북한은 북극성 2호를 발사했다. 이후에도 북한의 도발은 계속되었다. 특이하게도 당시 북한의 미사일 도발은 주로 주말에 집중되었다. 청와대에서 일하는 사람들 사이에는, 그렇지 않아도 주 7일 근무하는 상황에서 그나마 조금이라도 늦잠을 잘 수 있는 주말마다 도발이 이어지자, 일종의 의도가 있는 것 아니냐는 농담이 오가기도 했다.

북한의 도발이 심각한 상황에 이르자 미국의 움직임도 심상치 않았다. 한반도가 일촉즉발의 상황으로 흘러가고 있었다. 일각에서는 미국의 무력조치 계획이 흘러나오기도 했다. 미국의 속칭 '코피작전bloody-nose strike'은 북한의 핵시설에 대한 원점타격 작전으로, 이는 곧바로 한반도 전쟁으로 이어지는 것과 같았다. 우리로서는 도저히 감당할 수 없는 일이었다.

그리고 당시 미국의 자국민 소개작전 계획이 우리 측에 입수되었다. 미국 측은 가상 시나리오에 기반한 단순 훈련이라고 했지만, 그렇다고 하더라도 만약 이런 사실조차 외부로 알려질 경우, 대한민국 신인도는 물론 국내 여론의 악화가 불 보듯 뻔한 일이었다. 다양한 외교 경로를 통해 훈련에 대해 강력하게 문제제기를 했고, 이후 일정하게 반영되기도 했다.

이런 상황에서 문 대통령은 한반도 문제의 평화적 해법을 찾기 위한 노력에 집중했다. 가장 중요한 것은 취임 후 첫 한미정상회담이었다. 한미정상회담에서 어떤 결론을 내느냐가 초미의 관심사였다. 치열하고 세심하게 준비했다. 정상회담 의제부터 장진호전투 기념비 헌화까지, 단 하나도 허투루 넘기지 않았다. 시쳇말로 혼을 갈아넣어 준비했다.

대통령을 비롯한 모두의 노력의 결과로 정상회담 합의는 성공적으로 이루어졌다. 무엇보다 대통령 탄핵과 대선이라는 어수선한 정국과 날로 긴장이 격화되는 한반도 상황에서 한미동맹의 굳건함을 재확인한 것이 가장 큰 성과였다.

한미 정상 공동발표문의 몇몇 부분이 마지막까지 쟁점이었다. 특히 '한반도 문제의 평화적 해결'이라는 표현에 대해 미국은 완강하게 반대했다. '평화적 해결'을 공동발표문에 적시할 경우 일종의 대북 군사적 옵션이 사라진다는 의미이기 때문에 절대 수용할 수 없다는 것이었다. 반면 우리로서는 한반도에서 군사적 문제 해결은 결국 전쟁을 뜻하며, 이는 모두의 공멸을 의미하기 때문에 도저히 수용할 수 없는 것이었다. 결국 문 대통령의 설득이 통했다. 트럼프 대통령도 이에 동의해 '평화적 해결'이라는 내용을 담아낼 수 있었다.

'한반도 문제의 평화적 해결'이라는 무척이나 단순해 보이는 이 문구의 의미를 잘 알아야 한다. 대한민국 국민이라면 당연히 평화적 해결 외에 무슨 방안이 있냐고 묻겠지만, 미국이나 일본은 다를 수 있다. 예를 들어 일본은 한반도 비핵화 문제 해결에 있어 '평화'

보다는 '해결'에 방점이 있을 수 있다. 즉, 어떤 방법을 사용하더라도 해결하는 데만 집중한다면 그로 인한 후과는 온전히 우리 대한민국이 감당해야 한다. '한반도 문제의 평화적 해결'이 중요한 이유가 여기에 있다.

노벨평화상 vs 피스메이커

"노벨상은 트럼프 대통령이 받고, 우리는 평화만 받으면 된다."
_ 문재인 전 대통령

"트럼프 대통령은 피스메이커가 되고, 나는 페이스메이커가 되겠다."
_ 이재명 대통령

2018년 봄의 일이다. 당시 문재인 대통령의 속마음을 알 수 있는 일화가 있다. 고 김대중 전 대통령의 부인 이희호 여사께서 판문점 회담을 성공적으로 끝낸 데 대해, 문 대통령에게 '수고하셨다, 큰일을 해내셨다'는 말씀과 함께 '노벨평화상을 받으시라'는 덕담을 담은 축전을 보내왔다. 이에 대해 문 대통령은 수석보좌관회의에서 "노벨상은 도널드 트럼프 미국 대통령이 받고, 우리는 평화만 가져오면 된다"고 말했다. 대통령께서 그 말을 하는 순간 회의에 참석한 참모들은 자신도 모르게 "아~" 하는 작은 탄성을 뱉었다.

비슷한 이야기가 최근에도 있었다. 지난 8월 한미정상회담에서 이재명 대통령이 트럼프 대통령에게 김정은 위원장을 만나달라고 부탁한 것은 '신의 한 수'였다. 그러면서 대비한 '피스메이커peace maker'와 '페이스메이커pace maker'라는 말은 트럼프 대통령의 마음을 움직일 수 있는 정말 멋진 단어였다.

그렇다. 한반도 평화의 주인공이 꼭 대한민국의 대통령일 필요는 없다. 운전대를 잡자는 것과 주인공이 되겠다는 것은 다른 차원의 이야기다. 최소한 지금 한반도 평화에 대해서만큼은 그렇다. 중국의 덩샤오핑이 개혁개방 정책을 추진하면서 '흑묘백묘黑猫白猫'라는 표현을 사용했다. '검은 고양이든 흰 고양이든 쥐만 잘 잡으면 된다'는 의미다. 트럼프 시대에 딱 맞는 기조가 아닌가 싶다.

그동안 미국 조야는 한반도 비핵화 문제를 제대로 풀지 못했다. 민주당 행정부조차 '전략적 인내'라는 그럴듯한 표현만 내세웠을 뿐 실제적 진전을 이루지 못했다. 그나마 해결의 근처라도 가본 사람이 트럼프 대통령이다. '꿩 잡는 게 매'라는 말이 있듯이, 한반도 평화를 진전시킬 수 있다면 누구라도 적극 활용해야 한다.

지금으로서는 트럼프 대통령이야말로 한반도 평화, 나아가 세계 평화를 가져올 현존하는 유일한 사람이다. 그래서 김정은 위원장을 만나 한반도 비핵화를 이루고 북한을 개혁개방으로 이끌어달라고 부탁할 수밖에 없는 것이다. 그렇게 부탁한다고 해서 대한민국이 손해 볼 건 하나도 없지 않은가.

문 대통령의 '노벨평화상', 이 대통령의 '피스메이커'와 같은 훌륭한 메시지를 보면, 직업의식 때문인지 궁금해진다. 과연 누가 저런 기막힌 아이디어를 내놓았을까? 메시지 초안은 누가 작성했을까? 하지만 이내 스스로 고개를 끄덕인다. 청와대 근무 경험상 참모진은 대통령의 고민 수준을 도저히 못 따라간다. 따라서 저렇게 멋진 메시지들은 대개 지도자의 깊은 고민과 준비에서 나오거나, 아니면 전혀 반대로 즉흥적인 애드리브인 경우가 많다.

내가 아는 한 문재인 대통령은 당신의 메시지에 대해선 상당히 눈이 높은 편이었다. 이재명 대통령도 마찬가지일 것이다. 성공한 지도자들은 다들 메시지에 대한 눈이 높다.

문 대통령은 참모들이 작성한 메시지가 맘에 들지 않으면 밤새 본인이 직접 손을 보았다. 이는 국회의원 시절에도 마찬가지였다. 국정감사나 국회 상임위 현안질의서를 준비해 드려도 성에 차지 않으면 처음부터 다시 작성하는 스타일이었다. 당 대표 시절 공개회의 메시지 역시 그러했다.

문 대통령은 메시지가 마음에 들지 않아도 참모들을 타박하지 않았다. 그런데 사실 그게 더 무섭다. 보고드린 메시지가 성에 차지 않거나 잘못된 부분이 있으면 수정하라고 지시하면 되는데, "윤 실장, 자료를 다 주시게" 하고는 직접 손을 봤다. 그럴 때마다 참모로서는 몸 둘 바를 몰라 쩔쩔매게 된다. 아예 혼나는 것이 훨씬 낫다.

참모들은 보고한 메시지 초안과 실제 말씀에 인용되는 부분을 일종의 '타율'로 표현하기도 한다. 야구에서 타자가 안타와 홈런 등을 치고 살아나가는 비율처럼 참모들이 올린 메시지가 인용되는 비율에 따라 오늘의 타율이 결정되곤 했다. 지금에야 솔직히 고백하건대, 대통령 당선 전까지 인용 타율은 5할도 되지 않았다. 3할

1. 2017년, 2022년, 그리고 2025년 이재명 정부

만 되어도 그날은 밥값을 한 셈이었다. 대통령 당선 이후의 타율에 대해선 따로 언급하지 않겠다.

다시 2025년의 일이다. 에이펙APEC을 계기로 방한한 트럼프 대통령과의 정상회담에서 이재명 대통령은 핵 잠수함 이야기를 꺼냈다. 그것도 정상 간의 공개 모두발언을 통해서였다. 그 순간 내 귀를 의심했다. '아니, 핵 잠수함 이야기를 여기서 한다고?' 정말 생경한 광경이었다. 통상적으로 정상회담에 앞선 공개 모두발언은 상당 부분 의전용 멘트거나 양국 간에 조율된 내용을 발신한다. 그런데 미국 대통령에게 우리도 핵 잠수함을 보유할 수 있도록 연료를 공급해달라는 이야기를 한미정상회담 공개 발언을 통해서 하다니, 상상을 뛰어넘는 일이었다. 사전에 치밀하게 조율된 것인지 아니면 이 대통령의 승부수였는지 모르겠지만, 어느 경우든 간에 대통령의 메시지는 훌륭했다. 결과로 입증되었으니 말이다. 메시지를 준비한 참모가 볼 때는 홈런을 친 것이다. 그것도 만루홈런을 쳤다.

한반도 운전대는 우리가 잡자

버스나 택시를 탔는데 운전하는 사람이 아주 초보거나, 길을 잘 모를뿐더러 내비게이션 작동도 제대로 못한다면 어떨까? 승객 대부분은 불안에 떨며 당장 내리고 싶어 할 것이다. 지난 3년 동안 대한민국의 모습이었다. 윤석열 정부는 한반도 평화 정책에 있어 초보운전이었다. 그들은 한반도의 평화에 관해서만큼은 미국과 일본에 몽땅 맡기고 운전할 생각조차 없었다. 심지어 조수석에도 앉지 않고 아예 차에서 내리려고 했다.

윤석열 정부는 왜 이런 모습을 보였을까? 그들의 인식 근간, 즉 철학적 바탕에는 일종의 극단적 사대주의가 자리 잡고 있었던 것 같다. '사대事大'의 사전적 의미는 '약자가 강자를 섬김'이다. 나라로 치면 강대국에게 자국의 운명을 맡기는 게 훨씬 낫다고 생각하는 것이다. 즉, 한반도 평화 정책을 미국과 일본에 맡기는 게 우리 국익에 훨씬 낫다는 확신을 갖고 있는 것이다. 그래서 나는 국회 대정부질문을 통해 윤석열 정부를 '사대주의의 확신범'이라고 불렀다. 그런 그릇된 생각이 없다면 대한민국의 운전대를 왜 놓으려고 했을까? 놓을 이유가 전혀 없다.

아울러 윤석열 정부는 북한을 적으로 규정했다. 적으로 간주하고 상종도 못할 사람들, 믿을 수 없는 존재로 규정했다. 물론 그간 북한이 보여준 행태가 신뢰를 가질 수 없도록 한 것은 맞다. 하지만 믿을 수 없는 북한을 그대로 두면 한반도 평화는 더욱 요원해질 뿐이다. 전쟁으로 승복시킬 수 없다면, 그런 북한을 견인해 평화를 정착시킬 수 있는 비전과 계획을 가지고 있어야 한다. 그 모든 것을 미국과 일본에 맡긴다는 것은 마치 주권을 포기하는 것과도 같다. 우리가 한반도 운전대를 놓겠다고 하는 순간, 일본과 중국은 속으로 쾌재를 부를 것이다. 그리고 우리가 내놓은 운전대를 서로 잡겠다고 나설 것이 분명하다.

불행하게도 우리 역사 속에서 이런 일은 반복되고 있다. 제2차 세계대전 직후인 1945년 12월 모스크바삼상회의가 있었다. 미국, 소련, 영국 등 세 나라의 외상이 모여 한반도를 남과 북으로 나눠 신탁통치하겠다는 결정을 내린 회의다. 일본 제국주의에 맞서 싸운 우리의 의사와는 전혀 상관없이 주변 강대국들이 우리 민족의 운명을 결정했던 것이다.

한반도 평화만큼은 우리 손으로 풀어야 한다. 우리의 영향력이 관철되어야 한다. 그렇지 않으면 모스크바 삼상회의 때처럼 우리 문제가 주변 강대국에 의해 결정될 수도 있다. 오바마 대통령 시절, 대북 전략은 '전략적 인내'로 포장되었다. 하지만 '빛 좋은 개살구'에 불과할 뿐이었다. 전략적 인내는 아무 일도 하지 않은 채 상대가 변할 때까지 기다리겠다는 것 이상도 이하도 아니었다. 그런 정책에 대한민국의 운명을 맡겨서야 되겠는가?

'한반도 운전자론'은 민주정부 1기(김대중 정부) 시절에 제안되었다. 이어진 민주정부 2기(노무현 정부)에는 '균형자론'으로 진화했는데, 민주정부 3기(문재인 정부) 들어 '운전자론'이 완성되었다. 이는 대한민국 국력 신장과 결을 같이한다. 균형자론이 동북아 지역에서 균형을 유지하는 데 대한민국이 역할을 하자는 것이었다면, 운전자론은 대한민국의 국력 신장과 함께 한발 더 나아가 직접 운전을 하자는 것이다. 능동성이 더욱 강화된 것이다.

북핵 이슈의 기본 구조는 북한과 미국의 문제다. 그렇기 때문에 그냥 놔두면 대한민국의 역할은 줄어들 수밖에 없다. 우리가 일상에서 거래할 때도 마찬가지다. 중간거래상을 두면 이문이 줄어드는 것은 불문가지다. 따라서 핵 문제에 있어 북미 양국은 직접 해결하고자 하는 경향이 강하다. 반대 논리로 중국, 일본, 러시아 등 주변 강대국은 한반도 비핵화 국면에 끼어들고 싶어 하는 경향이 강하다.

이와 유사한 사례가 있다. 1990년대 중반 북미 양국은 북핵 문

1. 2017년, 2022년, 그리고 2025년 이재명 정부

제 해결을 위해 소위 '제네바 합의'를 성사시켰다. 북한은 핵을 포기하고, 이에 대한 반대급부로 미국이 경수로를 지원하는 것이었다. 하지만 합의서 도장은 북미 양국이 찍었는데, 합의 이행을 위한 재정적 지원은 사실상 우리가 책임지는 구조였다. 운전대를 제대로 잡지 못한 결과였다. 운전대를 놓치면, 결정은 주변 강대국의 입맛대로 되고, 그에 따른 부담은 온전히 우리가 져야 한다. 윤석열 정부의 운전대를 놓겠다는 생각은 참으로 어리석은 짓이었다. 운전대를 놓고 곁에서 구경만 해서는 절대 우리의 운명을 우리 뜻대로 개척할 수 없다.

한반도 운전자론이 상징적으로 드러난 사건이 있었다. 2018년 5월 26일, 판문점 통일각에서 개최된 2차 남북정상회담이다. 20여 일 앞(6월 12일)으로 북미정상회담이 예정된 상황에서, 5월 24일 갑자기 미국 트럼프 대통령이 일방적으로 정상회담 취소를 발표했다. 바로 다음 날인 25일, 북측은 급하게 우리에게 남북정상회담을 요청해왔다. 난항을 겪고 있는 북미정상회담에 대한 일종의 중재를 요청한 것이었다. 우리가 줄곧 이야기한 대한민국의 중재자 역할(운전자론)이 빛을 발하는 순간이었다.

반면 최근 상황은 전혀 다른 방향으로 가는 듯하다. 2025년 8월 미러정상회담을 앞두고 푸틴 대통령이 김정은 위원장과 전화 통화를 했다. 누가 먼저 요청했는지, 어떤 대화가 오고 갔는지에 대해서는 아직 확인된 바가 없다. 다만 언론은 북미관계 또는 러우전쟁에 관한 내용일 것이라고 해석했다. 분명한 것은 김정은 위원장의 중재자 또는 뒷배로 푸틴 대통령이 등장했다는 사실이다. 2018년 그 자리에는 대한민국 대통령이 있었다.

러우전쟁을 계기로 북한과 러시아의 관계가 급속하게 가까워지고 있다. 북의 혈맹이라고 하는 중국이 오히려 뒷전일 정도다. 그만큼 한반도 평화를 둘러싼 국제지형이 더욱 복잡해졌다. 이런 때일수록 정신을 바짝 차려야 한다. 눈 뜨고 코 베이는 시절이 온 것이다.

2018년 6월 싱가포르에서 열린 1차 북미정상회담에서 눈여겨봐야 할 지점이 있다. 북미 양국의 합의 내용 중에 이제껏 한 번도 보지 못한 내용이 포함돼 있었다. 바로 싱가포르선언 3항에 있는 '판문점선언을 재확인한다'는 부분이다. 대단히 이례적이며 매우 중요한 지점이다. 북미 양국이 남북 간에 합의한 판문점선언을 재확인한다는 것은 당시 문재인 대통령이 주도한 한반도 운전자론, 즉 한반도 평화 프로세스를 북미 양국이 인정하겠다는 의미이기 때문이다.

오랜 남북 평화협상의 역사 속에서도 몇몇 불문율이 있다. 그중 하나가 '남북이 버티고 있어야 북미가 깨지지 않는다'는 것이다. 남북이 버티는 힘이 약해질 때 한반도 주변 상황의 예측 불가능성은 더욱 심화될 뿐이었다. 이재명 정부는 이 점을 명심해야 한다. 한반도 운전대를 절대 놓쳐서는 안 되는 이유다.

1. 2017년, 2022년, 그리고 2025년 이재명 정부

2

전쟁 위기를 뚫은
첫 결단

평창에서 빚은 한반도의 봄

✳

지난 21대 대선(2025년 6월)은 대통령 탄핵 직후에 치러진 선거라 여야 갈등과 대립이 극에 달했다. 그 가운데 외교안보 이슈는 트럼피즘, 러우전쟁 등 변화된 국제질서와 남북의 오랜 대결적 국면으로 인해 역대 유례없이 강한 보수적 흐름에서 진행되었다. 그에 따른 영향인지는 모르겠으나 국민의힘 후보들은 대부분 소위 '핵 무장론'을 아무런 여과 없이 마구 쏟아내듯이 공약했다.

김문수 후보는 나토식 핵 공유를 제시하며 주한미군 기지에 전술핵 배치 가능성과 핵무기 구매 및 자체 개발까지도 언급했다. 홍준표 후보 또한 유사한 입장을 견지했으며, 나경원 후보는 대통령 당선 시 1년 안에 핵 무장을 최종 결단하고 실행 준비를 완료하겠다면서 이를 위해 '국가핵전략사령부' 신설 계획까지 발표했다.

이는 역대 대선에서는 좀처럼 볼 수 없었던 광경이었다. 마치 고삐 풀린 망아지처럼 보수 진영의 주요 대선 후보들이 핵 무장론을 스스럼없이 제기했다. 물론 남북관계를 제대로 풀지 못한 역대 정권의 한계와 끊임없는 도발로 긴장을 격화시킨 북한 당국의 탓도 있겠지만, 분명 상식적인 흐름은 아니었다.

마치 한반도 이슈만큼은 대한민국 전체가 보수의 큰 물결에 휩싸인 느낌이었다. 평화를 이야기하면 철없는 이상주의자가 되는 묘한 세상이었다. 진보 진영의 대선 후보들도 예전 같지 않았다. 평화의 가치를 언급하지만, 일정한 선을 정해두는 듯했다. 개인적으로는 참 막막했다. 도대체 어디서부터 시작할 수 있을지 앞이 보이지 않는 심정이었다. 그래서 생각한 것이 이 책의 집필이다. 뭐라도 시작해야 한다는 심정에서 가장 뜨거웠던 시기의 기록을 정리했다.

이 장부터 2017년 이후의 사건과 기록이 본격적으로 시작된다. 특히 얼어붙은 남북관계를 풀기 위해 문재인 정부가 어떤 시도를 했는지, 그 내용을 소상히 담았다. 어쩌면 지금 시기에 참고할 만한 사안이 꽤 있을 것이다. 지나온 과거를 알면 미래가 보인다는 말이 있듯이, 남북이 만든 뜨거웠던 시간을 기억하고 성찰하면서 미래를 이야기하고자 한다.

어디서 시작할 것인가?

"우리가 추구하는 것은 오직 평화입니다. 우리는 북한의 붕괴를 바라지 않으며,
어떤 형태의 흡수통일도 추진하지 않을 것입니다. 우리는 인위적인 통일을
추구하지도 않을 것입니다."
_ 문재인 전 대통령, 2017년 7월 6일 베를린구상

"현재 북측의 체제를 존중하고, 어떠한 형태의 흡수통일도 추구하지 않을
것이며, 일체의 적대행위를 할 뜻도 없음을 분명히 밝힙니다."
_ 이재명 대통령, 2025년 8월 15일 광복절 경축사

이재명 대통령의 8·15 광복절 경축사를 듣는 순간 안심이 되
었다. 8년이라는 시간이 흘렀지만, 두 대통령의 메시지는 매우 흡
사했다. 쉽게 말해 '흡수통일'을 반대하고 먼저 공격하지(북한 붕괴
등을 도모하지) 않겠다는 너무나 간명한 원칙이었다. 이재명 정부가
방향을 제대로 잡았다는 생각이 들었다.

이재명 정부 출범 후 약 두 달 만의 메시지였다. 모르긴 몰라도
2개월 동안 정권 내부에서는 치열한 논쟁이 있었을 것이다. 변화된
상황에서 '힘에 의한 강한 평화'를 주장하는 사람도 적지 않았을 것
이다. 서로가 다시는 보지 않을 듯이 격한 논쟁도 했을 것이다. 직

접 보지는 못했지만, 그 모습이 눈에 훤하다.

2017년 문재인 대통령 취임 초, 그때도 마찬가지였다. 어렵고 힘든 과정을 거쳐 '베를린구상'이 만들어졌다.

취임 직후 각국 특사단을 통해 한반도 평화 정책의 핵심 기조를 밝힌 문 대통령은 곧바로 청와대 참모들에게 대북 구상(일명 '베를린구상')을 준비할 것을 지시했다. 취임하고 채 20일이 되지 않은 시점(5월 28일)이었다. 즉, 7월 G20 정상회의를 위해 방문하는 독일 베를린에서 대북 구상을 발표할 수 있도록 준비하라는 지시였다. 주요 내용은 한반도 평화 정착을 위한 핵심 원칙과 기본 방안을 제시하는 것이었다.

대통령의 '베를린구상'에 대해 참모 중 상당수는 적잖은 우려를 제기했다. 북한의 미사일 도발이 한층 가중되는 상황에서 우리의 일방적인 평화 선언은 무의미하며, 특히 대통령의 제안에 대해 북한이 아무런 반응도 하지 않는다면 우리만 낭패를 볼 수 있다는 것이었다.

사실 대통령도 이와 같은 우려는 갖고 있었다. 독일로 떠나기 직전 7월 초에 있었던 총리와의 주례회동 때 일이다. 독일 방문에 대해 이런저런 말씀을 나누다가 불쑥 베를린구상에 대해 다음과 같은 취지의 말씀을 했다.

"북과 일체의 교감이 없는 상황에서 대북 제안은 상당한 부담이며, 과거 정부에서는 없었던 방식입니다. 특히 대북 제안 이후 북측이 미사일 등을 발사한다면 운신의 폭이 좁아질 수밖에 없습니다."

사실상 베를린구상의 부담을 토로한 셈이다.

이런 부담에도 불구하고 문 대통령은 베를린구상을 발표했다. 7개월 앞으로 다가온 평창 동계올림픽을 계기로 남북화해 국면을 열기 위한 선제적 조치가 필요하다고 판단한 것이었다. 곁에서 볼 때는 아마도 이 시기를 놓치면 임기 내에 다시는 기회가 오지 않을 수도 있다고 생각한 것 같았다.

문 대통령은 만일의 상황에도 대비했다. 만약 북한이 선을 넘는 대응을 할 경우를 대비해두라고 지시한 것이다. 독일로 떠나기 직전인 7월 3일, 문 대통령은 '그렇게 되지 않으면 좋겠지만, 만약 그런 상황이 온다면 북한의 대응에 대해 우리도 가만있지 말고 적시에 강하게 맞받아칠 준비를 해둘 것'을 참모회의에서 지시했다. 다행스럽게도 예상 밖의 북측 반응은 없었다.

베를린구상은 한반도 평화 정착의 5대 원칙과 4대 제안으로 이루어져 있다. 이는 문재인 정부 5년의 대북 기조를 천명한 것으로, 이후 한반도 평화 프로세스의 뼈대가 되었다.

베를린구상의 5대 원칙은 다음과 같다.

▲ 한반도 평화 추구(북한 붕괴 불원, 흡수통일 불추진, 인위적 통일 불추구)

▲ 한반도 비핵화 추구(완전한 북핵 폐기, 평화체제 구축, 북한의 안보·경제 우려 해소, 북미관계 개선)

▲ 항구적 평화체제 구축(남북합의 법제화를 통한 평화의 제도화, 완전

한 비핵화와 평화협정 체결 병행 추진)

▲ 한반도 신경제구상 추진(북핵 문제 진전 및 여건 조성 시 공동 번영의 경제공동체 형성)

▲ 비정치적 교류협력 지속(이산가족 문제 해결, 재해 공동 대응, 민간 지역 간 교류 지원, 북한 인권 개선 노력, 인도적 협력 확대)

실천 계획으로 베를린구상의 4대 제안은 다음과 같다. (참고로, 이 4대 제안은 이후 1년 내에 모두 실행되었다.)

▲ 북한의 평창 동계올림픽 참가
▲ 이산가족 상봉
▲ 군사분계선에서 남북 적대행위 중단
▲ 남북대화 재개 촉구

대한민국 언론은 예상대로 박했다. 문 대통령의 베를린구상에 대해 코웃음을 치며 비난 일색이었다. 특히 보수언론을 중심으로 북한의 미사일 도발 와중에 뜬금없는 제안이라고 폄훼하기에 급급했다. 하지만 나는 베를린구상이야말로 북한의 평창 동계올림픽 참가 등 2018년 평화의 봄을 열 수 있었던 매우 중요한 단초가 되었다고 확신한다. 특히 5대 원칙 중에서 첫 번째 '인위적인 흡수통일 배제'와 두 번째 '한반도 비핵화 및 북 체제 보장' 부분은 북측이 갖는 일종의 불안감을 제거하고 평화의 봄에 참여하는 데 결정적인 계기가 되었다고 믿는다.

이후 남북협상 과정에서 만난 북측 관계자들의 반응을 봐도 그러했다. 그들은 베를린구상을 중요한 계기로 인식했다. 물론 제안 직후 북한 당국은 베를린구상에 대해 비판하기도 했다. 하지만 〈로동신문〉 개인 필명 형식의 반응을 채택함으로써 비판의 수위를 최대한 낮추는 모습이었다. 참고로, 통상 북한 당국의 반응 수위는 〈로동신문〉, 중앙통신, 외국 선전매체 등 매체의 종류와 누구 이름으로 게재하는가 등에 따라 다르게 평가된다. 북측은 베를린구상의 일부 내용에 대해서는 이전과 달리 긍정적으로 반응했다. 분명한 것은 베를린구상이 북측에는 확실한 시그널이 되었다는 점이다.

이런 측면에서 이재명 대통령의 광복절 경축사도 의미 있게 평가한다. 표면적인 북측의 반응은 부정적이었지만, 이 대통령의 평화 정책에 대한 확고한 원칙 표명은 이후 남북관계를 위한 든든한 '거름'이 될 것이다. 비가 오기 전에 거름을 뿌려둬야 씨앗이 싹을 제대로 틔우고 잘 자라듯이, 이번 80주년 광복절 경축사는 아주 적절한 시점에 뿌린 '훌륭한 거름'이 되리라 생각한다.

평창올림픽과 경주 APEC

"평창올림픽 관련 준비를 빨리 시작해주세요."
_ 문재인 전 대통령, 2017년 5월 총리 주례보고

이재명 정부는 출범 직후부터 경주 에이펙(아시아태평양경제협력체Asia-Pacific Economic Cooperation, 이하 APEC) 정상회의에 많은 신경을 썼다고 한다. 취임 후 맞는 첫 번째 대규모 국제행사이기도 하고, 대한민국의 외교력·문화력·경제력을 세계에 과시할 수 있는 전략적 기회였기 때문일 것이다. 특히 트럼프 대통령과 시진핑 주석의 방한이 갖는 의미는 그 어느 때보다 컸다.

문재인 정부도 출범 직후 평창 동계올림픽이라는 대규모 국제행사가 있었다. 당시에는 얼어붙은 남북관계의 돌파구로, 탄핵으로 분열된 정국에서 국민 통합의 장으로, 촛불 민주주의를 세계에 과시하는 기회로 생각했었다. 결과적으로 평창올림픽은 평화, 통합, 민주주의 세 영역에서 성공적으로 치러졌다.

2017년 어느 날 모 수석이 큰일이 났다면서 나를 급히 찾았다. "방금 대통령께 보고를 드렸는데, 평창올림픽 준비가 만만치 않다"는 것이었다. 재수도 아닌 삼수 끝에 어렵게 동계올림픽을 유치했지만, 개·폐막식 공연과 스타디움 등 어느 것 하나 제대로 준비된 게 없다고 했다. 해당 수석은 관련 내용을 대통령께 보고했으니 앞으로 국정상황실에서도 챙겨보라는 당부를 하고 갔다.

국정상황실 차원에서 급하게 점검해보니 말문이 막힐 정도였다. 그동안 강원도와 조직위원회가 나름대로 준비했지만, 초유의 대통령 탄핵 과정을 거치면서 대단히 허술한 상황이었다. 대통령도 그런 상황을 인지하고 긴급 처방을 내렸다. 총리에게 관련 지시를 내리고, 청와대에는 사회수석을 단장으로 한 '평창올림픽 대응 TF'를 구성해, 정부 차원에서 전면적으로 결합할 것을 지시했다. 나도 해당 TF의 팀원으로 참가했다.

청와대 TF 구성 직후, 현장답사를 갔을 때였다. 말로만 듣던 우려를 피부로 실감했다. 특히 개·폐막식이 열리는 장소는 예전에 황태덕장으로 사용하던 곳으로, 소위 '바람길'이었다. 예부터 겨울에 황태를 잘 말리기 위해 바람이 많이 부는 곳에 덕장을 설치했다고 한다. 대관령에서 불어오는 바람을 정면으로 받으며 말려야 맛있는 황태가 만들어지기 때문이다.

그런데 바람이 많이 부는 곳이란 그만큼 춥다는 의미다. 개·폐막식이 열리는 기간의 예상 기온을 살펴보니, 영하 5~10도는 기본이었다. 그런 데다 바람까지 강하게 분다면 체감온도는 영하 20도를 밑돌 것이었다. 그런 곳에서 서너 시간 이상 걸리는 개·폐막식을 해야 했다. 올림픽 개최 시기와 비슷한 기온 및 바람이 부는 날을 택해 현장답사를 온 사람들 모두 눈앞이 깜깜해졌다.

당장 대책을 마련해야 했다. 혹독한 추위와 함께 개·폐막식 공연 콘텐츠, 선수단 숙소 및 자원봉사자 이용 시설 등 하나부터 열까지 챙겨야 했다. 돌이켜 생각해보면 청와대 TF를 비롯해서, 각 부처와 강원도 공무원 그리고 조직위원회 관계자들과 자원봉사자들 모두가 고생했다. 시간도 넉넉하지 않은 상황에서, 예측 불가능한 기상 조건을 염두에 두고 대비해야 한다는 것이 무엇보다 힘들었지만, 하늘이 도왔는지 올림픽은 무탈하게 성공적으로 치러졌다.

당시 문 대통령은 정부 출범 초기라 챙길 일이 엄청 많은데도 올림픽 준비를 몇 번이나 짚고 또 짚었다. 기회가 될 때마다 평창 올림픽의 중요성을 강조하며 점검했다. 국내적으로는 탄핵 이후 국민 통합에 크게 기여하는 것은 물론 얼어붙은 남북문제를 풀 수 있는 계기가 될 것으로 봤으며, 국외적으로는 촛불혁명의 위대함을 과시하고 떨어진 국격을 회복할 수 있는 계기가 될 것으로 판단한 것이다. 정말 집요하게 챙겼다고 해도 과언이 아니었다. 이제 와 돌이켜보면 국정과제의 성공은 대통령이 얼마나 집요하게, 철저하게 챙기느냐에 따라 좌우되는 것 같다.

행사 준비와는 별도로 북한의 올림픽 참가를 점검하는 이런저런 회의가 있었다. 나도 그중 하나에 참여하게 되었다. 조직위원회,

문체부, 통일부 등 관련 부처 장차관이 모여 관련 정보를 공유하고 아이디어도 얻는 회의였다. 초기에는 북한 올림픽위원회의 활동 상황을 유심히 살폈다. 예를 들어, 장웅 북한 IOC 위원과 연결된 공식·비공식 라인을 통해 북한의 평창올림픽 참가 여부를 스크린하고 필요한 내용을 점검했다.

평창올림픽 남북 공동 개최의 걸림돌 중 하나가 북한의 예선 탈락이었다. 북한은 아이스하키 등 주요 종목에서 예선 탈락했기 때문에 참가하고 싶어도 할 수가 없는 상황이었다. 다만 일부 종목은 와일드카드 출전이 가능했다. 간접적으로 확인한 결과, 북한은 아이스하키 단일팀을 구성할 경우 일정 규모 이상의 출전 선수 보장을 요구하고 있었다. 하지만 이는 국제연맹에서 수용할 수 있는 범위를 넘어섰고, 우리 국민과 선수들도 수용하기 어려운 수준이었다. 이와 별도로 아이디어 차원에서 전북 무주 또는 서울에서 남북이 함께하는 공동 전지훈련을 검토하기도 했다.

이후 남북관계가 진전되면서 우여곡절 끝에 남북 단일팀이 구성됐는데, 국내 여론이 좋지 않았다. 우리가 놓친 부분이 있었다. 바로 '공정'이라는 화두였다. 젊은 세대는 촛불혁명을 통해 집권한 세력이, 어쩌면 가장 공정해야 할 스포츠에서 '공정'을 무너뜨렸다고 생각한 것이다. 나부터도 생각지 못했던 부분이다. 변화된 세상을 제대로 보지 못한 것이다. 평창올림픽에서의 남북 단일팀 사례는 이후 청와대 근무에 많은 도움이 되었다.

평창올림픽(2018년 2월) 사례를 정리하다 보니 새만금 잼버리 대회(2023년 8월)가 떠오른다. 둘 다 정부 출범 직후 벌어진 국가적 행사라는 공통점이 있었지만, 결과는 너무나 달랐다. 평창올림픽이 세계가 함께하는, 남북을 열어주는 축제의 한마당이 되었다면, 새만금 잼버리대회는 세계적 비웃음거리가 되고 말았다.

국정운영 측면에서 볼 때, 집권 이후 첫 번째 대규모 국제행사는 반드시 성공시켜야 한다. 그래야 이후 국정 추진 동력을 제대로 형성할 수 있다. 고기도 먹어본 사람이 먹는다고, 성공 사례가 쌓여야 효율적인 국정운영의 선순환 체계가 구축된다.

평창올림픽 관람객이 추위에 견딜 수 있는 환경을 조성하기 위해, 기상 조건이 올림픽 시기와 비슷한 날을 택해 청와대 참모들이 현장에 가서 강원도 황태덕장의 바람을 직접 맞아보기도 했다. 지난 윤석열 정부처럼 백번을 점검해도 책상머리에 앉아 형식적으로 한다면 성공은 어림도 없다. 국정운영은 현장에 답이 있다.

2018년 평창과 2025년 경주는 너무도 흡사하다. 대통령 탄핵 직후라는 상황적 공통점에 한반도 평화를 풀어가야 한다는 시대적 과제까지도 마치 공간이동을 한 느낌이다. 특히 2018년 평창을 경험한 나로서는 2025년 경주 APEC 정상회의를 앞두고 걱정이 많았다. 잘되면 홈런을 치는 거지만, 잘못되면 쪽박을 차는 것이었다. 게다가 윤석열 정권이 비상계엄에 눈이 팔려, APEC 준비는 제대로 한 게 하나도 없었다. 이재명 정부가 대처할 시간도 너무나 부족했다.

하지만 막상 뚜껑을 열어보니 괜한 기우였다. 이재명 정부는 APEC을 통해 두 번째 탄핵이라는 상처를 깨끗하게 씻어냈다. 빛의 혁명을 이룬 민주주의 국가로서 대한민국의 저력을 세계에 유감없이 보여주었다. 정말 짧은 시간에 제대로 준비해서 멋진 성공을 일군 것이다. 준비한 분들에게 아낌없는 찬사를 보낸다.

경제적 파급효과는 차치하고, APEC은 '경주선언'을 통해 아시아 태평양 지역이 직면한 여러 도전과제를 공동으로 대응하겠다는 의지를 재확인했다. 이는 트럼프 시대에 의미 있는 다자외교 성과라고 할 수 있다. 특히 'AI 이니셔티브'를 출범시킴으로써 APEC 차원의 인공지능 시대 대응을 천명했다. 이는 이제까지의 단순한 역내 경제협력을 넘어선 미래 기술 변화에 대한 APEC 차원의 공동 대응 의지를 밝힌 것이다.

경주 APEC은 남북관계에도 여러 가능성을 보여줬다. 우선 트럼프 대통령이 북미대화를 적극적으로 제안했다. 북핵에 대한 이전과 다른 접근 방법으로, 2019년 6월 30일 3차 북미정상회담과 마찬가지로 판문점 회동을 제안한 것이다. 물론 김정은 위원장이 반응하지 않아 정상회담까지 이르지는 못했지만, 트럼프 대통령의 제안은 꽉 막혀 있던 한반도 평화에 돌파구가 되기에 충분했다. 물론 그 제안의 의미와 실현 가능성에 대해선 여러 해석이 가능하다. 이에 대해서는 7장에서 자세하게 다루겠다. 중요한 건 이재명 정부가 탄핵 직후라는 어려운 여건을 극복하고 경주 APEC을 성공으로 이끌었다는 사실이다.

판문점 프로젝트

오랜 얼음을 녹인 결정적 한 방

"평창올림픽 동안 예정된 한미연합군사훈련을 연기하는 문제를
검토할 수 있습니다."
_ 문재인 전 대통령, 2017년 12월 미국 NBC 인터뷰

남북관계에서 지금처럼 꽉 막힌 상황을 돌파할 수 있는 방법은
무엇일까? 대통령실의 많은 참모와 통일부, 국정원 등 관련 부처의
주요 인사들이 고민에 고민을 거듭하고 있을 것이다.

얼어붙은 한반도 평화를 녹일 수 있는 결정적 한 방이 필요하
다. 이재명 정부의 평화를 위한 전환의 불씨는 과연 무엇일까? 그
것은 기다린다고 그냥 생기지 않는다. 지도자가 결단할 때 어느 순
간 만들어진다.

지금도 마찬가지지만, 2017년 겨울 한반도는 차가운 얼음과도
같았다. 남북의 대화는 단절되었고, 북미는 연일 말폭탄을 쏟아냈
다. 양국 정상은 서로 핵미사일 버튼의 크기를 자랑했다. 심지어 북

한의 6차 핵실험으로 국제사회의 대북 제재는 더욱 강화되었고, 문재인 대통령이 애써 마련했던 베를린구상과 평창올림픽을 통한 대화 국면 조성은 도저히 실현할 수 없는 꿈이 된 느낌이었다.

결정적 한 방이 필요했다. 북한을 대화의 장으로 견인하고, 북미 핵 협상의 문을 열 수 있는, 한반도의 차가운 얼음을 깨고 따뜻한 봄을 여는 전환의 불씨가 필요했다. 문 대통령으로서는 승부수를 던질 타이밍이었다. 그가 늘 이야기했듯이 평창올림픽을 제대로 활용하고, 집권 초반에 한반도 평화에 대한 승부를 볼 수 있는 계기를 마련해야 했다.

당시 그 카드가 무엇일지, 나 스스로 고민을 많이 했다. 미국의 동의를 얻을 수 있고, 북한을 끌어낼 수 있는, 한반도 평화의 문을 여는 열쇠로 무엇이 있을까? 여러 상황을 가정하고 고민하고 또 고민했다. 핵심은 대한민국 정부가 책임질 수 있는 범위여야 한다는 것, 그리고 북미 모두 수용할 수 있어야 한다는 것이었다. 그야말로 정치적 상상력이 필요한 상황이었다.

문재인 대통령이 준비한 결정적 한 방은 바로 '한미연합군사훈련 연기'였다.

2017년 초겨울이었다. 청와대 내에서도 극소수만 참여하는 회의가 열렸다. 그 회의에서 처음으로 '쌍중단(북한의 상응 조치와 한미연합군사훈련 동시 중단)' 이야기가 나왔다. 회의는 논란을 거듭했다. 찬성과 반대 모두 충분한 근거가 있었고, 나름대로 합리적이었다.

회의에 참석한 참모 중 상당수는 쌍중단 제안에 적지 않은 우려를 표명했다. 한반도 비핵화 프로세스에서 미국과의 마찰은 득보다 실이 많다는 논리였다. 만약 미국이 우리 제안에 동의하지 않고 반대할 경우 위험부담이 너무 크다는 것이었다. 모든 일에는 때가 있는데 지금은 그 때가 아니며, 무엇보다 국내 여론이 뒷받침되지 않을 수 있다는 의견이었다.

쉽게 결정할 수 없는 상황이었지만 대통령이 결심했다. 그의 의지는 확고해 보였다. 어쩌면 대통령의 결심은 이미 오래전에 이뤄진 것처럼 보였다. 대통령은 "정전협정을 보더라도 (올림픽 기간에) 상대를 자극하는 행위는 중단하는 것이 사리에 맞으며, 이를 통해 대화 분위기를 조성할 필요가 있다"고 설명했다.

대통령의 최종 결정이 내려졌다. '한미연합군사훈련 연기' 방침을 12월 중 발표하기로 했다. 대통령은 회의에 참석한 참모에게 한미연합군사훈련 연기 메시지를 던지기 전에 관련 명분과 논리를 차곡차곡 찾아놓을 것을 당부했다. 우리의 제안으로 인해 상당한 논란이 벌어질 수 있으니, '역대 올림픽 기간 중 전쟁 중단 사례' 등 주변 국가들을 설득할 풍부한 사례와 논리를 준비해두라는 것이었다. 이제 남은 것은 언제 어떻게 발표할 것인가의 문제였다.

마침 2017년 12월 13~16일 대통령의 중국 국빈방문이 예정돼 있었다. 결행 시기는 어쩔 수 없이 그 후로 미룰 수밖에 없었다. 그런데 공교롭게도 12월 19일 대통령의 평창올림픽 현장 방문이 계획되었다. 이동은 '트레인원Train One(대통령 전용 기차)'으로 하는데, 오고 가는 길에 국내 언론 및 외신 인터뷰가 예정돼 있었다. 논의 결과, 트레인원에서 진행되는 국내 언론 인터뷰에서 '한미연합군사훈련 연기' 메시지를 내기로 했다. 회의 중 일부 참모들은 결행 시기를 조금 늦추자는 의견을 개진했지만, 문 대통령은 '더 이상 미룰 수 없다'며 상황을 정리했다.

트레인원을 택한 이유는, 평창올림픽 관련 국내 언론 기자회견인 만큼 오가는 중에 관련 질문이 자연스럽게 나올 것으로 예상되었기 때문이다. 그럴 경우, 우리 정부가 갖는 부담을 일정 정도 상쇄시킬 수 있다고 보았다. 즉, 최악의 경우 '언론의 질문이 있어 어쩔 수 없이 자연스럽게 답변했다'는 나름대로의 대응 논리가 가능했다.

그런데 예상치 못한 상황이 벌어졌다. 한국 기자들이 대통령에게 한미연합군사훈련 관련 질문을 아예 하지 않은 것이다.

난리가 났다. 당연히 나올 줄 알았던 질문이 왜 없었는지 사정을 파악해보니, 동승한 기자들이 대부분 스포츠 담당이었다. 외교 또는 정치 담당 기자가 아니라 스포츠 분야를 주로 다루다 보니 질문들이 '진짜 스포츠'에 집중된 것이다. 어쩔 수 없었다. 그들은 그들대로 자신의 일을 충실하게 수행한 것이었다.

난감했다. 대통령이 트레인원에서 약식 회의를 소집했다. "더 이상 미룰 수 없다." 오늘 해야 한다는 결론이었다. 방법은 곧이어 예정돼 있는 외신 기자 인터뷰 외에는 다른 선택지가 없었다.

그래서 어쩔 수 없이 미국 NBC 인터뷰에서 한미연합군사훈련 연기 메시지를 내게 된 것이다.

"북한이 평창올림픽 기간까지 도발을 멈추면 올림픽의 안전한 개최에 큰 도움이 될 것이며, 그렇게 되면 한미 양국도 올림픽 기간에 예정돼 있는 연합군사훈련을 연기하는 문제를 검토할 수 있습니다. 이미 나는 미국 측에 그런 제안을 했고 미국 측도 검토하고 있습니다. 이것은 오로지 북한에 달려 있는 문제라고 봅니다."

대통령의 메시지가 기사화되자 국내 언론에서 난리가 났다. 왜 이렇게 중요한 메시지를 외신 인터뷰를 통해 냈냐는 것이었다. 우리는 억울했지만 달리 설명할 방법이 없었다.

미국 측에서도 난리가 났다. 이런저런 경로를 통해 미국 측의 반발 흐름이 확인되었다. 물론 미국에 사전 통보는 했지만, 완전한 동의를 받은 상황이 아니었다. 안보실장이 걱정스러운 얼굴로 미국 측 관련 내용을 대통령께 보고했다. 보고를 받은 대통령은 단호하게 이야기했다.

"이제 발을 내디뎠다. 만약 미국이 다른 소리를 하면 내가 다른 입장을 가질 수밖에 없다. 추가적인 북한 도발이 없는데도 미국이 반발한다면 내가 나설 수밖에 없다."

대통령의 결연한 의지를 확인한 참모들의 얼굴이 환해졌다. 이제 우리에게 다른 선택은 없다. 한반도 평화를 위한 첫걸음이 시작된 것이다.

2018년과 비교해보면 트럼프 대통령의 존재로 다소 나아진 부분도 있지만, 반면 푸틴 대통령의 등장으로 상황이 악화된 부분도 있다. 선택지는 여전히 많지 않다. 그러나 결단은 대통령의 몫이다. 만약 치고 나가야 할 때가 닥친다면 머뭇거리지 말고 전광석화처럼 나가야 한다.

물밑 대화를 시작하다

"북과 남은 군사적 긴장을 완화하고 평화적 환경을 마련하기 위해
공동으로 노력하여야 합니다."
_ 김정은 위원장, 2018년 신년사

남북관계는 어느 순간 변한다. 겉으로 볼 때는 아무런 변화가 없는 것 같다가도 어느 지점에 이르러 급진전하기도 한다. 마치 '순간이동'처럼 보일 때도 있다. 그게 남북관계의 특징 중 하나다. 왜 그럴까? 남북관계 대부분은 물밑 대화를 전제하기 때문이다. 즉, 보이지 않는 곳에서 치열한 토론과 협상을 거쳐 비로소 양측이 합의 가능한 수위에 도달했을 때 공개되는 경우가 많다.

그리고 특정한 사건에 의해 흐름이 급변하는 경우가 종종 있다. 앞서 언급한 '한미연합군사훈련 연기' 같은 이벤트가 발생하면 남북관계는 급물살을 타고 흐른다. 어떤 경우에는 진행 속도를 도저히 감당하기 힘들 때도 있다. 따라서 남북관계를 변화·발전시키기 위해서는 평소 철저한 준비가 기본이다. 지금처럼 어려운 국면에서도 치밀하게 흐름을 지켜보다 적시에 기회를 만들어야 한다.

기회는 저절로 만들어지지 않으며, 어떤 때는 아주 작은 계기를 통해, 또 어떤 때는 중요한 사건을 계기로 형성된다. 기회다 싶으면 확실하게 잡아야 한다. 기회는 자주 오지 않기 때문이다. 그리고 한 번 기회를 놓치면 꽤 오랜 시간을 기다려야 되는 게 남북관계의 특징이다. 2018년 평화의 봄을 여는 데에는 문재인 대통령의 '한미 연합군사훈련 연기' 발표와 이에 맞닿은 김정은 위원장의 '신년사'가 결정적인 계기가 되었다.

2017년 가을쯤이었다. 누군가 청와대 인근 효자동으로 나를 찾아왔다. 당시 나는 언론에서 대통령 측근이네, 복심이네 하며 일거수일투족을 주목하는 상황이라 아예 외부 사람을 만나지 않던 시절이었다. 식사도 가급적 구내식당에서 하거나 가끔 밖에서 먹더라도 사무실 동료와 하곤 했다. 그런 상황에서 신뢰하는 분의 소개가 있었기에 그분을 만났다. 정보기관에 계신 분이었다. 오랫동안 현장에 있었고, 누구보다 탁월한 대북 정보 분석 능력을 갖추고 있었다. 내가 여태껏 만나본 사람 중에서 가장 북한을 제대로, 잘 아는 사람이었다. 그 말을 거꾸로 해석하면 북한이 가장 무서워하는 사람 중 한 명이라는 의미가 될 것이다.

그분이 내게 건넨 이야기의 요지는 '한반도 평화 정책을 추진하는 데 있어 청와대에서 믿을 만한 사람을 수소문하던 중이었다. 물론 안보실 라인 등 정상적인 업무체계를 무시하는 것은 결코 아니라는 점을 분명히 한다. 그것은 기본으로 삼고 존중하면서 업무를 추진하되, 일종의 보완재로서 인물을 찾고 있다. 이런 일에 있어 중요한 것은 사심이 없고 오직 대통령만을 생각해야 한다는 것인데, 당신이 적합하다는 판단에서 만남을 청했다'는 것이었다.

나는 그 자리에서 흔쾌히 함께하기로 했다. 우선 그분의 태도가 좋았다. 일에 대한 열정, 한반도 평화 정책에 대한 비전과 대통령에 대한 충성심 등 무엇 하나 흠잡을 게 없었다. 오랜만에 제대로 된 공직자를 만난 느낌이었다. 내가 조금이라도 도움이 된다면, 청와대 체계 내에서 나름의 역할을 하겠다고 답했다. 물론 그분과 만나고 나서 대통령께 관련 내용을 보고했다.

다시 남북관계 이야기다. 대통령의 '한미연합군사훈련 연기' 메시지 이후, 얼음장같이 차갑던 북한 당국의 변화 흐름이 감지되었다. 우리 정보 당국은 무엇인가 변화가 발생했다는 것을 분명하게 짚어냈다. 곧이어 2018년 1월 1일 발표된 김정은 위원장의 신년사는 이전과 확연히 달랐다. 그동안 꾸준히 보여준 문 대통령의 일련의 메시지가 주효했던 것이다. 베를린구상에서 한미연합군사훈련 연기 발표까지, 차분하지만 치밀하게 준비해온 노력의 결과였다.

2018년 김정은 위원장의 신년사 주요 내용은 다음과 같다.

▲ 국가 핵 무력 완성 선포
▲ 핵 개발과 경제건설의 병진 노선 확인

▲ 군사적 긴장 완화하고 평화적 환경을 마련하기 위한 남북 공동
　노력 추진
▲ 평창올림픽 대표단 파견 및 북남 실무회담 개최

김 위원장의 신년사 직후 긴급하게 회의가 소집되었다. 변화된 북측의 태도에 대한 정밀 분석과 그에 따른 우리의 대응 방안을 논의했다. 우선 그동안 일절 가동되지 않았던 남북 간의 비공식 채널을 다시 움직여보기로 했다. 아울러 문 대통령의 뜻을 북측에 분명하게 전달했다. 그러자 북측으로부터 긍정적인 반응이 왔다. 비로소 남북 간의 물밑 대화가 가동되면서 채널이 복원되었다.

처음에는 여러 현안에 대해 탐색전에 돌입했다. 나쁘지 않았다. 느낌이 좋았다. 단순히 '블러핑bluffing'인지 '진짜'인지 느낌이 올 때가 있다. 지금은 '진짜'였다. 이어 평창올림픽에 관한 협의로 들어갔다. 북측은 평창올림픽 참가와 남북대화 복원에 관해 긍정적인 태도를 보였다. 더 이상 머뭇거릴 이유가 없었다. 우리는 고위급 회담을 제안했고, 북측은 곧바로 응답했다.

남북고위급회담이 2018년 1월 9일 판문점에서 진행되었다. 회담에서 쌍방은 북측 대표단의 평창 동계올림픽대회 및 동계패럴림픽대회 참가 문제와 온 거레의 염원과 기대에 맞게 남북관계를 개선해나가기 위한 문제들을 진지하게 협의하고 다음과 같이 합의했다.

1. 남과 북은 남측 지역에서 개최되는 평창 동계올림픽대회 및 동계패럴림픽대회가 성공적으로 진행되어 민족의 위상을 높이는 계기로 될 수 있도록 하기 위해 적극 협력하기로 하였다. 이와 관련하여 북측은 평창 동계올림픽대회에 고위급 대표단과 함께 민족올림픽위원회 대표단, 선수단, 응원단, 예술단, 참관단, 태권도시범단, 기자단을 파견하기로 하고, 남측은 필요한 편의를 보장하기로 하였다. 쌍방은 북측의 사전 현장답사를 위한 선발대 파견 문제와 북측의 평창 동계올림픽 참가와 관련한 실무회담을 개최하기로 하고, 일정은 차후 문서 교환 방식으로 협의하기로 하였다.

2. 남과 북은 군사적 긴장 상태를 완화하고 한반도의 평화적 환경을 마련하며 민족적 화해와 단합을 도모하기 위해 공동으로 노력하기로 하였다. 남과 북은 현 군사적 긴장 상태를 해소해나가야 한다는 데 견해를 같이하고 이를 해결하기 위해 군사당국회담을 개최하기로 하였다. 남과 북은 다양한 분야에서 접촉과 왕래, 교류와 협력을 활성화하며 민족적 화해와 단합을 도모하기로 하였다.

3. 남과 북은 남북선언들을 존중하며, 남북관계에서 제기되는 모든 문제를 우리 민족이 한반도 문제의 당사자로서 대화와 협상을 통하여 해결해나가기로 하였다. 이를 위해 쌍방은 남북관계 개선을 위한 남북고위급회담과 함께 각 분야의 회담들도 개최하기로 하였다.

2018년 1월 9일, 판문점

청와대를 찾은 김일성의 손녀딸

평창올림픽 개막식을 준비하던 어느 날, 북측이 고위급 대표단 명단을 보내왔다. (남북은 합의에 따라 2018년 2월 7일 명단을 발표했다.) 북측의 명단을 보는 순간, 머리를 한 대 세게 맞은 것 같았다. '김여정 부부장'이 포함된 것이다. 김여정이 누군가? 소위 '백두혈통'으로, 김일성의 손녀이고 김정은 위원장의 하나밖에 없는 여동생이다. 그런 인물이 서울을 방문한다는 것이었다.

급하게 몇몇 분과 북측의 숨은 의도가 무엇인지 논의했다. 결론은 '나쁘지 않다, 좋다'였다. 일종의 '분명한 시그널'이라는 데 의견의 일치를 보았다. 당시까지 좀처럼 외부로 드러내지 않던 백두혈통을 공개 석상에, 그것도 대한민국 수도 서울로 보내는 걸 보면, 김정은 위원장을 비롯해 북측 지도부가 최소한 뭔가를 도모하고자 한다는, 일종의 의지를 읽을 수 있었다.

북한 대표단의 면면을 살펴보면, 김영남 최고인민회의 상임위원회 위원장을 단장으로 김여정 조선노동당 중앙위원회 제1부부장, 최휘 국가체육지도위원회 위원장, 리선권 조국평화통일위원회 위원장으로 구성되어 있었다. 이들 외에도 북한 노동당 대남조직(통일전선부)의 핵심인 리택건, 김성혜 등이 함께 왔다.

대표단 구성으로 보더라도 북측은 전과는 다른 접근을 하는 듯했다. 이전까지 남북회담을 진행할 경우 북측은 통상 대남조직(통일전선부, 조국평화통일위원회 등)을 중심으로 대표단을 파견해왔다. 하지만 평창올림픽은 달랐다. 북한 정부를 공식 대표하는 수반으로 김영남 위원장을, 체육계를 대표해서 최휘 위원장을, 그리고 축하사절단의 취지를 살리기 위해 김정은 위원장의 친동생인 김여정 부부장을 특사로 포함하는 등 균형감 있게 대표단을 구성한 것이었다.

북측 대표단을 맞이하기 위한 회의가 소집되었다. 우선 쟁점이 된 것은 북한 대표단에 대한 의전 부분이었다. 대표단이 인천공항에 도착할 때 누가 맞이할 것이냐, 청와대에서 나갈 것인지 아니면 통일부에서 나갈 것인지, 그리고 의전의 '격'은 어떻게 할 것인지 등에 대해 의견을 나눴다. 명목상이기는 하지만 김영남 위원장은 북한을 대표하는 정부 수반이기 때문에 장관급 인사가 나가는 것이 타당하다고 보았다. 따라서 통일부 장관이 나가기로 했다. 다만 장관은 공항 의전실에서 맞이하고, 기내 영접은 차관급으로 정리했다.

여러 차례 실무회의를 거쳐 문 대통령께 북측 대표단 방남 관련 내용을 보고하자, 대통령은 침착한 상황 관리를 주문했다. "(북측 대표단 방남은) 정상회담이 아니니 정상 방문처럼 일을 크게 벌일 필요는 없다. 특히 남북관계가 완전히 풀린 경우와 다르다. 지금은 대표단이지만 정상급 대표단이다. 과도한 대우는 수상하게 보일 수 있다. 아울러 (평창올림픽은) 북한만 온 것이 아니니 오버하지 말고, 빌미가 되는 일이 없도록 하라." 그런 차원에서 애초 기내 영접을 남관표 청와대 2차장에서 통일부 차관으로 변경했다.

북측 대표단의 이동수단도 고민이었다. 수행원과 경호 인력 등을 포함하면 적지 않은 인원이고, 국민의 관심이 큰 사안이라 이동 중 과도한 취재 경쟁이 촉발될 것이 뻔하고, 따라서 눈에 잘 띄기 때문에 무엇보다 안전 문제가 가장 신경 쓰였다. 북한 대표단에 혹시라도 사고가 발생한다면 평창올림픽에 엄청난 부정적 영향을 미칠 것이기 때문이었다. 나는 '평창행 KTX'를 제안했다. 세 가지 이유가 있었다. 첫째, 안전을 확보하는 데 다른 이동수단보다 상대적 장점이 있었다. 둘째, KTX를 이용하면 개막식 등 시간을 정확하게 맞출 수 있었다. 셋째, 우리 대한민국의 선진 문물(?)인 KTX를 꼭 태워보고 싶었다.

이제 와 고백하건대, 세 번째 이유가 가장 컸다. 북측 대표단에는 고위급 인사뿐만 아니라, 경호 및 기자 그리고 수행원이 제법 있었는데 이들이 대한민국의 실상을 제대로 보는 것이 중요하다고 생각했다. 이런 예상은 어느 정도 적중한 것으로 보인다. 나중에 특사로 평양을 방문했을 때 김정은 위원장이 북측 대표단이 KTX 탄 이야기를 많이 했다면서, 본인도 기회가 되면 꼭 타보고 싶다고 말했다.

대표단 방남을 앞두고 북측과의 실무협상 과정에서 있었던 일이다. 협상단 대표였던 김○○은 '특사(김여정 부부장)'에 대한 부분을 매우 강조했다. 그는 "김여정 부부장은 대표단과 함께 오는 특사다. 대표단의 일원으로만 간주하면 안 된다"라고 힘주어 말했다. 즉, 김여정 부부장을 대표단 중 N분의 1이 아니라 별도의 특사로 대우해달라는 요청이었다. 특히 특사의 공항 영접, 이동수단 등을 구체적으로 어떻게 할지 신경을 써달라고 요청했는데, 이는 사전 협상 과정에서 일관된 태도였다. 대표적인 사례가 평창올림픽 개막식 VIP라운지에 북측 대표단장인 김영남 위원장 외에도 특사인 김여정 부부장이 반드시 들어가야 한다는 것이었다.

이렇듯 실무협상 과정에서 북측은 특사에 관한 의전과 경호 등을 세심하게 챙겼다. 김○○은 심지어 '대통령 접견 시에도 단장과 특사가 할 이야기가 따로 있음'을 강조했다.

아울러 북측과 협상을 진행하면 할수록 그들을 상대하는 일이 만만치 않다는 점을 새삼 느꼈다. 세세한 일정 하나하나에 관한 그들 나름의 입장이 있었고, 사진 한 장 한 장에 대해서도 요구하는 바가 따로 있었다. 물론 그들은 매우 정중하게 자신의 요구사항을 말했다. 하지만 그들과 협상을 마칠 때마다 매번 앞으로의 과정이 매우 험난할 것이라는 생각이 들었다.

2018년 2월 9일, 인천공항에 내린 북한 대표단은 매우 경직되어 있었다. 조금 과장하자면, 눈은 항상 15도 위를 바라보며, 턱은 바짝 당기고, 허리를 꼿꼿하게 세운 모습이었다. 흡사 런웨이에서 워킹하는 모델 같아 보일 정도였다. 평창행 KTX 객차 한 량을 북한 대표단이 이용하도록 하고, 바로 옆 칸을 타고 평창으로 향했다. 이동하면서 북측의 소위 '보장성원(우리 표현으로 하면 실무 인력 정도)'들과 인사를 나눴다. 보장성원이라고는 하지만 북한 노동당 부부장과 실장으로, 우리로 치면 차관급 또는 1급 인사였다. 참고로, 북한은 노동당이 정부보다 훨씬 힘이 세다. 당 중심 국가 사회이기 때문이다.

다음 날 드디어 북측 대표단이 청와대에 들어왔다. 하루 전에 있었던 평창올림픽 개막식에 참석하고, 둘째 날 일정으로 대통령 접견과 오찬이 진행되었다. 북측에서는 김영남 위원장을 비롯한 대표단 전원과 김여정 부부장 등이 참석했고, 남측에서는 비서실장, 안보실장, 통일부 장관, 국정원장 등이 참석했다.

대통령은 "어제 제대로 잠을 잘 이루지 못했다"는 인사말로 접견을 시작했다. '(지금 남북관계가) 바람 앞의 촛불 같은 존재인데, 바람에 흔들리지 않는 횃불을 만드는 것이 우리 역할'임을 강조하면서 북측 대표단의 방문을 환영했다. 이어 김여정 부부장이 김정은 위원장의 친서를 전달했다.

김여정 부부장은 친서를 전달하면서 '김정은 위원장은 문재인 대통령을 만날 용의가 있으며, 편하신 시간에 평양에 오시도록 초대하고, 대통령께서 큰 용단을 내려줄 것을 요청한다'는 취지의 내용으로 발언했다. 이에 문 대통령은 '북의 초청에 감사하고 북측 방문을 검토할 것이며, 가능한 한 빠른 시일에 남북 간의 긴밀한 협의를 위한 특사(답방 차원)를 보내겠다'고 제안했다. 김여정 부부장은 현장에서 "예"라고 답했다.

이어진 비공개 오찬에서도 김여정 부부장은 대통령께 "다음에 평양에서 뵈면 좋겠다. 대통령님께서 김정은 위원장을 만나면 정말 많은 것이 풀릴 듯하다. 두 분이 만나면 빠른 속도로 풀릴 것 같다"면서, 문 대통령의 평양 방문을 재차 언급했다. 대통령은 평창올림픽을 한반도 평화로 이어가야 하며, 소중한 기회를 살리는 것이 매우 중요하다고 답했다. 오찬 시간에는 이 외에도 식혜, 간고등어, 천안 호두과자 등 음식 이야기를 소재로 가벼운 대화가 오갔다.

서울을 방문한 북한 특사단과는 청와대 공식 일정 외에도 몇 차례 비공식적인 접촉이 있었다. 여러 가지 이유로 아직은 자세한 내용을 언급할 수 없지만, 끊어진 남북대화를 복원하기 위한 토대를 닦는 과정이었다.

2018년 2월, 평창 올림픽 개막식을 위한 실무를 협
의하기 위해 온 북측 대표단과 청와대에서 대통령
접견과 오찬을 진행했다. 꽉 막혀 있던 남북관계의
물꼬를 튼 만남이었다.

불발된 북미 대화

2025년 8월 이재명 대통령과 트럼프 대통령의 한미정상회담, 그리고 11월 경주 APEC 당시 트럼프 대통령의 제안 이후 북미정상회담에 대한 기대가 높아지고 있다. 일각에서는 트럼프 대통령의 스타일을 고려하면 그 시기가 전격적으로 앞당겨질 수 있다는 전망도 나온다. 김정은 위원장과 세 차례나 정상회담을 한 트럼프 대통령은 자기만이 김 위원장을 능수능란하게 다룰 수 있다고 생각할 것이다. 따라서 자신만의 '레거시(유산)'를 완성하기 위해서라도 4차 북미정상회담을 적극적으로 추진할 가능성이 있다.

하지만 내가 아는 한, 미국 조야에서 트럼프 대통령을 제외하고 북한 최고지도자와의 회담에 적극적인 인사는 거의 없다. 이는 민주당이든 공화당이든 똑같다. 80여 년 동안 서로 적대적인 관계를 유지해왔는데, 몇 번의 정상회담으로 그 오랜 긴장과 대결 관계가 봄눈 녹듯이 한꺼번에 해소될 수는 없다. 그게 상식에 부합한다.

특히 미국 보수 진영은 김정은 위원장을 비롯한 북측을 전혀 신뢰하지 않는다. 심지어 한국 정부에 대해서도 남북관계 관련해서는 종종 의심의 눈초리로 바라보기도 한다. 예를 들어 남북관계가 예상외로 잘 풀려가면 그들은 남과 북이 함께 딴 주머니를 찬 건 아닌지 의심할 정도다.

따라서 트럼프 대통령이 아무리 의지가 강해도 주변 참모들의 반대로 성사되지 않을 수도 있다. 유사한 예가 2018년 시도된 펜스-김여정 회동이다. 펜스 부통령은 당시 트럼프 대통령의 지시를 받고도 이런저런 곡절을 만들어 결국 김여정 부부장과의 회동을 불발시켰다.

지금도 마찬가지다. 트럼프 대통령의 강한 의지를 확인했다고 하더라도 모든 게 해결된 건 아니다. 미국 공화당과 국무부를 비롯해 넘어야 할 산이 첩첩이다. 트럼프 대통령이라는 벽이 5부 능선이라면, 그보다 더 높고 힘든 벽들이 가로막고 있다는 걸 항상 명심해야 한다. 그래야 지난 문재인 정부의 한계를 극복할 수 있다.

애초에 문 대통령은 평창올림픽을 통해 남북관계를 진전시키는 데 그다지 큰 욕심을 내지 않았다. 본격적으로 추진하는 건 평창올림픽 이후가 낫다고 판단했다. 일례로 당시 실무진이 북측 대표단과의 오찬 및 접견 외에 추가 일정을 검토하겠다고 하자, 대통령은 '추가 일정을 요청할 필요가 없다'고 했다. 특별히 욕심부리지 말자는 취지였다. 즉, 시작 단계에서 중요한 것은 북미관계지 남북관계가 아니며, 우리가 더 욕심낼 상황은 더욱 아니라는 뜻이었다. 평창올림픽으로 남북은 대화의 문을 열었으니, 이제 북미 간에 일정한 진전이 필요하다고 판단한 것이다.

그런 차원에서 문 대통령은 올림픽 개막식을 계기로 펜스 부통령과 김여정 부부장의 자연스러운 만남에 상당한 기대를 걸었다. 물론 회동 결과에 대한 우려는 제기되었지만, 북미 최고위급 인사의 만남만으로도 이미 성과가 있는 자리라고 판단했다.

우여곡절 끝에 펜스-김여정 회동이 합의된 후 북미 간에 남은 숙제 중 하나가 회동 장소였다. 서로에 대한 신뢰가 전혀 없는 상황에서 보안과 안전이 확보된 회동 장소를 찾기란 정말 쉽지 않았다. 더군다나 어느 일방이 상대방의 숙소로 찾아가는 방식은 더욱 선택하기 어려웠다.

그래서 우리가 제안한 곳이 청와대 상춘재였다. 청와대가 어떤 곳인가? 대한민국에서 가장 안전한 장소다. 대통령의 업무 공간으로 보안과 안전만큼은 대한민국 최고로 손꼽히는 곳이다. 사실 대한민국 대통령의 공간을 다른 나라에 내준다는 건 그야말로 파격적인 제안이었다. 비유하자면, 미국 트럼프 대통령이 다른 나라 인사들에게 백악관 접견실을 내주고 회담하라고 하는 것과 같다. 하지만 문 대통령은 흔쾌히 동의했다.

펜스-김여정 회동 장소로 상춘재가 정해지자, 청와대 실무진은 녹지원 앞에 임시 천막을 설치하는 등 북미관계 80년 역사의 새로운 지평을 열기 위해 만반의 준비를 했다.

하지만 회동은 이루어지지 않았다. 겉으로 드러난 이유는 북측의 거부였는데, 사실 그것만이 전부는 아니었다. 속사정은 따로 있었다. 먼저 미국에서 평창으로 오던 펜스 부통령이 소위 '알래스카 발언'으로 북한을 자극했다. '북한은 핵무기 프로그램과 탄도미사일 야욕을 완전히 포기해야 한다'면서 마주 앉기도 전에 상대방을 극도로 자극한 것이다. 또 한국에 도착해서도 첫 번째 일정으로 천안함 희생자 가족을 만났다. 이런 펜스 부통령의 발언과 행동에 자극받은 북한 대표단이 회동을 취소한 것이었다.

펜스 부통령의 발언 내용을 들은 문 대통령은 화를 참지 않았다. 대통령은 펜스 부통령의 행동이 북한의 행태를 답습한 것이라고 보았다. 이는 회동 장소까지 준비한 동맹국에 대한 예의 또한 아니라고 했다.

2018년 2월 8일, 문 대통령은 방한한 펜스 부통령 내외와 접견 및 만찬을 진행했다. 이 자리에서 펜스 부통령은 대통령께 미안한 태도를 보였다고 한다. 아무래도 상춘재까지 내준 문 대통령의 성의에 대한 미안함이 아니었을까 싶다.

하지만 후일 출간된 펜스 부통령의 자전적 회고록 《신이여 나를 도와주소서So Help Me God》를 보면 당시 그의 행동과 발언은 의도된 것이었음을 알 수 있다. 그는 북한 최고위급 인사들과의 만남을 피한 데 대해 "그렇게 (만나게) 되면 북한에 거대한 상징적 승리를 의미하는 것이었다"라고 밝혔다.

펜스 부통령은 평창올림픽 개막식에서 북측 대표단과 같은 열에 앉는 것도 거부했다. 왜 그렇게까지 했는지 짐작이야 되지만 '참 속이 좁다'는 생각이 들었다. 미국이 '대국大國'이라면 그에 맞는 모습을 보여줬어야 했다. 특히 트럼프 대통령이 펜스 부통령에게 김여정 부부장과의 만남을 지시한 상황에서 그는 대통령의 지시조차 거부한 것이었다. 결과적으로 북미대화의 판을 깨버린 것이다.

펜스 부통령의 이런 언행은 미국 내 강경 보수 그룹의 대북 인식을 적나라하게 보여주는 사례다. 그리고 소위 '굿 캅, 배드 캅 good cop & bad cop'이라는 미국 행정부의 전형적인 행태를 보여주기도 한다. 대통령(트럼프)은 대화를 추진하고 부통령(펜스)은 대화의 판을 깨는, 완전히 상반된 행태를 통해 북한을 컨트롤하는 방식이다.

얼마 뒤 평창올림픽 폐막식을 앞두고 언론에 펜스-김여정 회동 추진 사실이 공개되었다. 대통령은 이에 대해 '확인해줄 수 없다는 기조를 유지할 것'을 지시했다. 우리가 파악하기로는 당시 언론 보도는 미국 측에서 흘린 것으로 보였다. 펜스 부통령의 언행에 대해 나름대로의 정당성을 부여하고, 트럼프 대통령의 '지시'를 이행하지 못한 것에 대한 일종의 면피성 '언론 플레이'인 듯했다. 비공식적으로 펜스 부통령과 북한 모두 문 대통령께 미안한 태도를 보였다고 한다. 당시 북측 대표단은 '펜스 부통령이 저렇게까지 하는데 우리로서는 어쩔 수 없다'는 식이었고, 최종 결정은 평양의 방침에 따랐던 것으로 추측된다.

당시 펜스 부통령의 모습 못지않게 이해되지 않은 사람이 또 있었다. 바로 일본의 아베 총리였다. 아베 총리는 구체적인 이유도 없이 펜스 부통령과 비슷하게 행동했다. (물론 아베 총리가 왜 그랬는지는 잘 알고 있다.) 그는 펜스 부통령과 똑같이 예정된 시간보다 늦게 개막식에 참석해서 북한 대표단과 함께 찍는 단체사진 촬영에 참여하지 않았다.

일본은 평창올림픽 준비 과정부터 눈에 보이지 않게 딴지를 걸었다. 미국을 비롯해 많은 국가가 평창올림픽을 계기로 형성된 한반도 평화 국면에 대해 지지를 표명하며 환영했는데, 일본만 유독 그러지 않았다. 일본은 어떤 메시지도 내지 않아 사실상 반대하는 듯한 느낌을 주었다. 얼마나 답답했으면 문 대통령이 당시(2018년 2월 23일) 외교안보 부처의 업무보고를 받는 자리에서 '외교부가 이런 문제에 관해 관심을 가지고 일본을 설득할 것'을 지시할 정도였다.

대통령과 참모들 격론을 벌이다

이재명 정부가 출범할 당시 몇몇 언론인이 내게 물었다. 오랜 청와대 경험에 비추어볼 때, 정권의 성공을 좌우하는 게 무엇이냐는 것이었다. 그 순간 가장 먼저 떠오른 단어가 '균형'과 '견제'였다. 제왕적 대통령제하에서 대통령이 아무리 잘한다고 해도 균형과 견제 없이는 어느 순간 독선에 빠질 수밖에 없다.

균형과 견제의 전제는 바로 '자유로운 토론'이다. 절대권력을 쥐고 있는 대통령은 최고의 정보를 습득하고 축적하는 위치다. 대통령 중심제에서 대통령은 어느 정도 시간이 지나면 참모 중에서는 상대할 사람이 없는 경지에 이른다. 특히 학습능력이 뛰어난 대통령은 불과 1년만 지나도 참모들과의 격차가 상상 이상으로 벌어진다.

그런 위치의 대통령이 합리적인 판단을 내릴 수 있도록 하는 것이 '자유로운 토론'이며, 그것이 보장될 때 국정운영의 '균형과 견제'가 이루어질 수 있다. 대통령과 참모들이 언제 어디서든 자유롭게 토론할 수 있는 문화가 시스템의 구축을 통해 뒷받침되어야 한다.

특히 남북관계에 대해서는 '치열한 토론'이 필수적이다. 평화와 안보 이슈의 성격상 정보와 토론이 제한될 수밖에 없으며, 그렇다 보면 소수의 판단에 좌지우지되기 쉽다. 따라서 정말 지겹도록 자주 만나고, 계속 토론해야 한다.

평창올림픽이 한창이던 2018년 2월 어느 날이었다. 대통령이 외교, 국방, 통일 분야 참모들을 소집했다. 오찬과 함께 진행된 모임에서 남북관계 현안에 대한 자유로운 토론이 벌어졌다. 대통령은 이 모임을 통해 참모들의 허심탄회한 의견을 듣고, 향후 전개될 남북화해 국면에서 공론을 모아내고 싶었던 것 같다.

회의 초반에 강경화 외교부 장관이 아이디어를 냈다. 일종의 예비적 조치로 '미국인 납북자 이슈'를 통해 북미 비핵화 협상 테이블을 여는 것이 좋겠다는 것이었다. 렉스 틸러슨 미국 국무부 장관의 위상을 살려주면서, 미국 측에 협상 참여의 명분을 제공하자는 취지였다. 참고로 당시 북한에는 세 명의 미국인 억류자가 있었다. 이에 대해 대통령은 좋은 아이디어라고 했다.

조명균 통일부 장관은 남북 연락선 복원 문제를 제기했다. 남북

고위급회담이 개최되고 북측 대표단이 방남한 상황에서 북측도 연락선 복원에는 동의하지만, 북측이 보유하고 있는 설비 등의 문제로 난항을 겪고 있다는 것이었다. 대통령은 북한이 '체면'에 대해 매우 예민하다는 점을 지적하며 세심하게 고려할 것을 당부했다. 당시 현장에서 듣기로는, 없는 집일수록 체면을 내세우는 경우가 있으니, 그런 부분을 잘 고려해 마음 상하지 않도록 하라는 당부였던 것으로 기억한다.

4월로 예정된 한미연합군사훈련에 대한 논의도 있었다. 올림픽 중에는 대통령의 결단으로 연합훈련을 중단했지만, 올림픽이 끝난 직후에 예정된 연합훈련을 어떻게 할 것인가에 대한 부분이었다. 대체로 연합훈련에 관한 미국 측의 불안감을 말끔히 해소해야 하며, 동시에 북한 측도 설득해야 한다는 의견이었다. 문제는 구체적인 해결 방안이었지만 그에 이르지는 못했다.

북측 대표단이 방남했을 때 제안한 대북 특사단과 남북정상회담에 관해서도 토론했다. 우선 서훈 국정원장이 역대 특사단 방북 사례를 제시하며 우리 특사단이 제대로 된 성과를 거두지 못한 경우가 많았다고 지적했다. 즉, 특사단이 방북하더라도 반드시 김정은 위원장을 만난다는 보장이 없다는 것이었다. 당시까지 대북 특사단이 여덟 차례 방북했는데, 김정일 위원장을 만난 것은 세 번에 불과하고 나머지 다섯 번은 만나지 못했다는 것이다. 북한 체제의 특수성을 고려할 때 최고지도자인 김정은 위원장과 이야기가 되어야 변화의 물꼬를 틀 수 있는데, 만나지도 못하면 애초 기대한 성과를 낼 수 없다고 우려했다. 따라서 특사단을 당연히 보내야 할 것으로 생각하지 말고, 조심스럽게 접근해야 한다는 의견이었다. 아울러 특사단을 비공개로 보낼지 공개로 보낼지에 대해서도 논의가 있었다.

그리고 당시로서는 다소 빠른 논의였지만, 정상회담 개최 시기와 형식에 대해서도 자유롭게 의견을 교환했다. 일부 참석자는 성급한 회담은 실패할 수도 있음을 지적하면서 7월 이후를 제안했다. 4월에 한미연합군사훈련이 진행되면 북한이 급작스럽게 강경한 태도로 변할 수도 있다는 우려에서 기인한 주장이었다. 반면 4월 정상회담을 제안한 이들도 있었는데, 한미연합군사훈련 등의 변수는 변수대로 상황을 관리하면 되고, 정상회담과 연계해서 판단할 필요가 없다는 것이었다.

아울러 정상회담의 성격에 대해서도 역대 정상회담과는 차별성을 두자는 의견이 제시되었다. 앞서 두 차례 남북정상회담이 있었던 만큼, 회담의 형식보다는 내용을 중시하고, 일종의 셔틀외교와 같은 실무형 회담이 필요하다는 의견이었다.

대통령과 참모들의 자유로운 토론은 꽤 오랜 시간 진행되었다. 오찬을 마치고 일부 참모들은 돌아갔지만, 몇몇은 남아서 못다한 이야기를 했다. 이날 논의는 무엇을 결정하는 회의는 아니었지만, 각자의 생각을 확인하고, 문재인 정부의 외교안보 영역에서 공감대를 형성하는 데 많은 도움이 되었던 것으로 기억한다. 추후 여기서 이야기된 내용들 하나하나가 우리 앞에 숙제로 던져졌고, 우리는 그것들을 해결해야 했다.

분명한 사실은, 대통령과 함께하는 자유로운 토론은 얼어붙은 남북관계도 녹일 수 있다는 것이다.

올림픽 폐막식에 온 '천안함 주범'(?)

"한미연합군사훈련 전면 중단은 불가합니다.
하지만 남북·북미 관계가 진전될수록 얼마든지 해결할 수 있습니다."
_ 문재인 전 대통령, 김영철 부장 접견에서

남북협상 과정에서 누가 더 협상에 능할까? 우리 정부 당국자에겐 미안한 말씀이지만, 개인적 판단으로는 북측이 조금은 앞서는 것 같다. 이유는 단 하나다. 남측은 전문가를 제대로 키우지 않지만, 북측은 수십 년 동안 대남 사업에만 집중하는 전문가를 키운다. (참고로, 김영철 부장이 북한의 대표적인 대남 전문가다.) 당연히 차이가 있을 수밖에 없다.

어떤 이는 민주주의 정권(5년 단임제)과 독재 정권의 차이로 보기도 하지만, 그것으로 모든 걸 설명할 수는 없다. 남측은 그나마 몇몇 있지도 않은 전문가를 정권이 교체되면 하루아침에 보직을 바꿔버리는 해괴망측한 짓을 벌이기도 한다. 참고로, 문재인 정부에서 몇몇 소장파 요원을 남북협상 전문가로 키우려고 했는데, 윤석열 정부 들어 그들 대부분 보직이 변경되었다. 길게 보고 사람을 준비해야 하는데, 참 아쉬운 일이다.

남북협상을 제대로 하기 위해선 사람을 먼저 준비해야 한다. 어중간하게 나섰다가는 눈 뜨고 코 베이기 딱 좋은 상황이다. 남북대화의 문이 열리면, 절대 조급해하지 말고 차분하게 사람부터 찾아야 한다. 서두르면 필패다.

평창올림픽 폐막식을 앞두고 북측에서 연락이 왔다. 개막식에 북측 대표단으로 백두혈통인 김여정 부부장이 참석했으니, 폐막식에는 누가 올지 초미의 관심사였다. 북측에서 폐막식 대표단장으로 알려온 사람은 북한 노동당 통일전선부장 김영철이었다. 김영철이 누구인가? 1990년대부터 대남관계 업무에서 잔뼈가 굵은 사람으로, 정찰총국장을 역임한 대남 강경파로, 우리에게는 천안함 폭침의 주범으로 알려진 사람이었다.

머리가 복잡했다. 당장 국민 반응이 걱정되었다. 김여정 부부장과는 사뭇 다를 수 있었다. 우리가 맞이하는 모습 하나하나가 신경 쓰였다. 김영철 부장은 판문점을 통과해서 육로로 이동하겠다고 알려왔는데, 이를 알게 된 보수단체가 강력한 시위를 예고했다.

난감한 상황이었다. 어찌 되었든 김영철 부장은 평창올림픽 폐막식을 축하하기 위해 방문하는 사절단이었다. 만약 북측 대표단에 조금이라도 이상한 일이 생기면 남북관계는 물론 평창올림픽 마무리에도 흠집이 생길 수밖에 없는 상황이었다. 관계기관과 함께 치밀하게 사전 준비를 하고 꼼꼼히 점검했다. 판문점을 거쳐 숙소인 워커힐호텔까지 무사히 도착하는 데 온 신경을 집중했다. 다행스럽게도 걱정했던 불상사는 일어나지 않았다.

김영철 부장이 묵고 있는 숙소를 비공식 방문했다. 이런저런 수인사를 나누고 바로 용건부터 말했다. 확인할 것이 있었다. 바로 천안함 관련 부분이었다. 당시 우리 측은 천안함 폭침에 대해 분명하게 짚어야 한다고 생각했다. 그래야 우리가 대응할 수 있는 여지가 생긴다고 보았다. 천안함 폭침에 관해 단도직입적으로 물었다. 김 부장의 대답은 의외로 간단했다. 싱거울 정도였다.

"사건 당시 지방에 있었고, 천안함 사고가 일어난 다음 날 평양으로 왔다. 우리는 (천안함 사고에 대해) 동족으로서 남측에 유감 표명을 분명히 했다. 남측에서 북의 소행으로 몰고 있다. 우리는 하지 않았다. 우리는 공동 조사를 제안했으나 이명박 전 대통령이 거부했다. 지금이라도 공동으로 조사하자. 관련 회담을 한다면 자료를 갖고 올 수 있다."

난감했다. 본인은 강력하게 아니라고 하는데, 국가적 행사에 축하사절단으로 온 사람을 강제로 조사할 수도 없는 상황이었다.

언제가 될지 모르겠지만, 과거 남북 간에 있었던 여러 비극적인 사건에 대해 공동 조사가 필요하다고 본다. 냉전 시절부터 지금까지 켜켜이 쌓여온 이슈를 어떤 방식으로 처리할지 민족적 공론을 모아야 할 것이다. 그 과정도 참으로 지난할 것이다.

문 대통령은 김영철 부장을 따로 만났다. 이 자리에서 대통령은 한반도 비핵화와 남북관계에 대한 당신의 의지와 구상을 비교적 소상히 밝혔다. 그리고 그 내용을 김정은 위원장에게 그대로 전달할 것을 당부했다. 이는 분명 개막식 당시 김여정 부부장을 만났을 때와는 달랐다. 개막식에 참석한 북측 대표에게 원론적인 내용을 말했다면, 폐막식에 참석한 북측 대표에게는 세부적인 내용까지 밝혔다. 나는 이 부분이 문 대통령이 생각한 일종의 '전략적 수순'이자 '단기 승부수'라고 보았다.

김영철 부장에게는 만약 우리 특사단이 방북한다면 확인해야 할 부분을 명확히 했다. 핵무기는 우리 민족을 상대로 사용되어서는 안 된다는 점을 분명히 밝히고, 대화 기간에는 핵과 미사일의 추가 실험을 중단해야 한다는 것이었다. 즉, 북측이 '모라토리엄' 의지를 천명해야 한다는 의미였다. 그래야 이후 군사회담 등 각급 회담을 통해 남북관계를 다양하게 발전시켜나갈 수 있고, 남북정상회담도 할 수 있다는 뜻을 전했다.

김영철 부장은 한미연합군사훈련에 관해 문제를 제기했다. 그는 "한미연합훈련만 시작되면 좋지 않다"고 운을 뗐다. 자신들은 핵 무력이 완성된 상황이라 지금은 미국과 만나 대화할 수 있다고 강조하면서도, 만약 한미연합훈련이 재개되면 예전과 비교되지 않을 정도의 사태가 벌어질 수 있다고 언급했다. 김정은 위원장은 남북관계 개선 의지가 확고하지만, 이를 위해선 군사적 긴장 상황을 완화시킬 필요가 있다는 것이었다.

이에 대해 대통령은 한미연합군사훈련을 하루아침에 전면 중단할 수는 없음을 분명히 밝혔다. 다만 남북관계와 북미관계가 진전될수록 한미연합훈련은 얼마든지 해결될 수 있다고 했다. 그리고 당시 상황에서 북한이 중요하게 여길 부분이 무엇이고, 어디에 초점을 맞춰야 하는지를 강조했다.

김영철 부장이 서울에 있는 동안 비공식적으로 몇 차례 만났다. 그는 한결같이 한미연합군사훈련에 대해 중지 또는 연기를 요청했다. 늦은 저녁에 소주 한잔을 마시면서도 그랬고, 밝은 대낮에 점심을 먹으면서도 그랬다. 만약 한미연합훈련을 재개하면 모든 것이 '원위치'로 돌아간다는 말도 했다. "평창올림픽 기간에는 미사일을 단 한 발도 쏘지 않았다"고 하면서 자신들은 약속을 지킨다고도 했다. 반면 우리 측은 한미연합훈련의 현실적 불가피성을 다양한 논리와 근거를 들어 설명했다. 결과적으로 남과 북은 한미연합훈련을 두고 서로의 논리로 서로를 설득하려고 했던 것이다.

추후 다시 이야기하겠지만, 평창올림픽 직후 특사단이 방북했을 때 김정은 위원장은 한미연합군사훈련에 대해 그다지 무게를 두지 않았다. 이유는 여러 가지가 있겠지만, 분명한 것은 2018년 4월에 있었던 한미연합훈련이 4월 말 판문점 남북정상회담과 6월 싱가포르 북미정상회담의 걸림돌이 되지는 않았다는 점이다. 그런데 왜 한미연합훈련에 대해 김정은 위원장과 김영철 부장의 태도가 그렇게 달랐던 걸까? 과연 어떤 게 북한의 진짜 모습일까? 이에 관해서는 후술하는 한미연합훈련 부분을 참고하기 바란다.

김영철 부장이 서울에 있는 동안 특사단 방북과 남북정상회담에 관한 논의에 착수했다. 우리 측은 3월 특사단 방북을 제안했고, 김 부장은 기본적으로 수용한다는 입장이었다. 아울러 우리는 남북정상회담의 시기와 장소, 의제에 대해서도 제안했다. 이에 대해 김 부장은 '그 부분은 최고지도부에 보고할 것'이라면서, 특사단이 방북하게 되면 그 결과를 알 수 있을 것이라고 답했다. 그러나 김영철 부장은 특사단과 김정은 위원장 면담에 대해서는 끝까지 확답하지 않았다. 대신 마지막 순간까지도 한미연합군사훈련을 언급했다. 남측이 결단을 내려야 하고, 그러면 답이 있다는 식으로 끝까지 우리를 압박했다.

난감한 상황이었지만 우리의 원칙을 훼손할 수는 없었다. 우리가 가진 남북관계 비전과 방향에 대해 진심을 담아 설명할 수밖에 없었다. 돌이켜 생각해보면 당시 원칙을 제대로 지켜낸 것이 평화의 봄을 여는 데 상당한 도움이 되었다. 만약 우리가 그때 북측의 요구를 수용했다면 어떻게 되었을까? 책임질 수 없는 공수표를 날린 격이 되었을 것이다. 원칙을 지키는 선택은 추후 미국과의 협상에 있어서도, 우리 내부의 이견을 제어하는 데도 큰 보탬이 되었다.

향후 이재명 정부에도 남북관계에서 선택을 강요받는 순간이 올 것이다. 어떤 선택을 하든, 책임질 수 있는 범위 내에서 원칙을 지켜가면서 성과를 내기를 기대하며 응원한다.

왜 국정상황실장은 평양에 갔나?

최근 북측 대남 메시지의 창구는 김여정 부부장이다. 그런데 시도 때도 없이 험한 말을 한다. 개인적으로 여러 차례 만났는데, 어디서 그런 독한 말들이 나오는지 모르겠다. 북한 당국의 대남 메시지 창구가 김 부부장으로 정리된 것은 2018년 평화의 봄과 이후 냉각기를 거치면서다.

대남관계에 있어 기존 조직(통일전선부)을 정리하고 서기실이 직접 챙기면서 김여정 부부장이 창구를 맡은 것으로 보인다. 이처럼 김 부부장이 대남 창구 역할을 한다는 건 김정은 위원장이 직접 챙긴다는 말과도 같다. 따라서 긍정적인 측면도 존재한다.

이에 반해 우리는 어떤가? 여전히 외적으로는 통일부가 대북관계를 총괄하지만, 내적으로는 국정원의 관련 조직과 예산이 훨씬 크고 많다. 또한 대통령과의 거리도 통일부보다는 안보실이 훨씬 가깝다. 문재인 정부 중반에 대북관계의 컨트롤타워를 청와대로 조정하자고 제안한 적이 있다. 남북관계를 제대로 풀고 한반도 평화 정책을 성공시키기 위해선 컨트롤타워를 명확히 할 필요가 있다. 대통령이 모든 걸 다 할 수는 없기에 그를 대신할 수 있는 사람이 필요한 것이다.

아울러 그에 못지않게 중요한 것이 있는데, 바로 외교안보 영역의 팀워크다. 한반도 평화는 정부 조직 내의 한 부처가 온전히 책임질 수 없다. 관계기관과의 팀플레이가 정말 중요한데, 특히 안보실과 국정원 그리고 통일부의 관계가 핵심이다. 남북관계를 제대로 풀려면 안보실장과 국정원장은 형제처럼 가까워야 한다. 또 통일부와 국정원은 한 몸처럼 움직여야 한다.

2018년 특사단 방북 당시 북측은 김정은 위원장 면담에 대해선 마지막 순간까지도 약속하지 않았다. 심지어 특사단이 전용기를 타고 평양 순안공항에 도착한 후에도 면담 여부를 알려주지 않았다. 북한 체제의 특수성을 고려하면 김정은 위원장을 만나느냐 못 만나느냐는 하늘과 땅 차이보다 크다. 최고지도자의 의중과 뜻이 그만큼 중요한 곳이기 때문이다.

남북 분단 이후 꽤 많은 특사단 방북이 있었지만, 사전에 북한 최고지도자 면담이 확정된 경우는 없었다. 그리고 방북 특사단 절반 이상이 북한 최고지도자를 만나지 못했다. 폼페이오 미국 국무부 장관이 트럼프 대통령 특사로 방북했음에도 김정은 위원장을 만나지 못했을 정도다.

2018년 3월 5일, 나를 포함한 다섯 명의 특사단은 불안한 마음을 안고 서울공항을 출발했다. 청와대 국정상황실장이 왜 대북 특사단에 포함되었는지 의아해하는 분들이 있는 것 같다. 내가 특사단에 들어간 이유는 크게 두 가지였다. 첫째, 정부 출범부터 평창올림픽 준비 모임의 일원이었기 때문에 북한 대표단의 올림픽 참가 등 그동안의 진행 과정을 누구보다 잘 알고 있었다. 그 연장선상에서 특사단에 포함되었다고 할 수 있다. 둘째, 남북관계의 특수성에서 비롯된 부분이 적지 않다. 역대 남북관계는 대통령의 측근 그룹에서 많이 움직였다. 예를 들어 박정희 정부의 이후락 중앙정보부장, 노태우 정부의 박철언 정무장관 등이 그러했다. 평창올림픽 북한 대표단에 김정은 위원장의 단 하나뿐인 여동생 김여정 부부장이 포함된 것도 같은 이치다. 통상 특사단에는 대통령에게 직보가 가능한 사람, 즉 이 사람에게 이야기하면 최소한 거짓 보고를 하지 않겠다는 믿음을 주는 사람을 포함시키곤 한다.

왜 그런 인물이 필요한지를 보여주는 대표적인 사례가 1992년 9월 벌어진 소위 '이동복 훈령 조작' 사건이다. 당시 노태우 대통령은 임기 후반부를 맞아 남북 이산가족 상봉을 적극적으로 추진한 반면, 북측은 이인모 선생 등 장기수 소환을 원하는 상황이었다. 노 대통령은 8차 남북고위급회담(총리급)에서 이산가족 상봉을 반드시 성공시킬 것을 대표단에 지시했다. 이때 훈령 조작 사건이 발생했다.

평양에서 북측과 협상하던 정원식 총리 등은 방북 전에 청와대에서 제시한 기준에 근접해 협상을 완료하고 최종적으로 청와대의 확인을 요청했다. 그러나 당시 대변인 격으로 방북에 동행한 이동복 씨가 임의로 청와대 훈령을 조작해 정원식 총리에게 보고했다. 애초 노태우 대통령이 지시한 기준보다 더 센 조건을 허위로 내건 것이다. 그 결과 당시 이산가족 상봉은 무산되었고, 남북고위급회담은 아무런 성과를 얻지 못했다.

특사단 방북을 앞두고 통일·외교 분야 참모들이 연일 모였다. 북측과 논의할 의제를 점검하기 위해서였다. 여러 차례 심도 깊은 논의를 거쳐 우리는 일곱 가지 사항으로 의제를 압축했다.

한반도 핵무기 불사용 원칙 천명, 핵실험 및 미사일 발사 중단 선언(모라토리엄) 등 우리가 제기할 의제를 쭉 정리해보니, 이걸 과연 어디까지 해낼 수 있을까 하는 부담감이 몰려왔다. 사석에서 터놓고 이야기해보면, 이번 특사단을 통해서 모든 것을 이룰 수는 없다는 생각이 지배적이었다. 다들 일단 최선을 다해 부딪혀보자는 마음이었다.

방북 하루 전인 2018년 3월 4일 오후, 문 대통령이 청와대 관저로 통일·외교 참모들을 소집했다. 마지막 점검을 마쳤다. 이제 서해 직항로를 통해 평양으로 가는 일만 남았다. 다음은 방북 전에 최종 정리된 협의 자료(소위 '우리 측 요구' 자료)다.

협의 자료 〈'김정은 위원장의 구체적 언급 또는 확인'을 통해 우리 측 협의 목표를 달성〉

① 남북관계 모멘텀 유지 확인

⇒ '평창올림픽을 계기로 남북 간 화해와 협력의 좋은 분위기가 마련된 것을 평가하고, 앞으로 남북관계를 더욱 폭넓게 재개하기로 하였다.'

② 대남 핵무기 불사용 선언

⇒ '군사적 긴장 상태를 해소하는 것이 시급한 과제라는 데 인식을 같이하고, 북은 핵무기를 같은 민족을 상대로 사용하지 않을 것임을 확인하였다.'

③ 원론적 비핵화 의지 천명

⇒ '항구적 평화 정착의 여건이 조성되는 데 따라 한반도 비핵화를 실현해나가기로 하였다.'

④ 사실상 모라토리엄 선언

⇒ '북은 남북대화가 지속되는 한 핵실험 및 탄도미사일 실험 발사를 하지 않기로 하였다.'

⑤ 북미대화 재개 및 북미관계 개선 의지 표명

⇒ '한반도 평화 문제를 근본적으로 해결하기 위해 북미 간 대화를 조속히 재개하고 북미관계를 새롭게 정립해나가는 데 적극 협력하기로 하였다.'

⑥ 남북정상회담 개최 합의

⇒ '○월 ○일부터 ○일간 ○○○에서 제3차 남북정상회담을 개최

하기로 하였으며, 관련하여 양측 간 실무협의를 지속해나가기
로 하였다.'

⑦ 남북 정상 간 핫라인 개설 및 첫 통화 합의

⇒ '획기적인 군사적 긴장 완화를 위해 남북 정상 간 핫라인을 개설
키로 하였으며, ○월 ○일 10시 첫 통화를 실시키로 하였다.'

드디어 특사단을 실은 대통령 전용기가 평양 순안공항에 도착
했다. 공항에는 리선권 위원장을 비롯해 북측 관계자가 영접을 나
왔다. 가벼운 인사를 나누고, 북측이 제공한 벤츠 승용차를 타고 고
방산초대소로 향했다. 고방산초대소는 북한 당국이 운영하는 일종
의 호텔이라고 생각하면 될 듯하다. 평양시 외곽에 있는데, 과거 미
국 프로농구NBA 선수였던 데니스 로드먼이 방북했을 때 묵은 숙
소다.

고방산초대소 방에 짐을 내려놓으니 어느 정도 긴장이 풀렸다.
창문 밖의 북한군을 살펴볼 여유도 생기고, 방의 컨디션 등도 눈에
들어왔다. 대한민국 여느 호텔과 다르지 않았다. 시설은 오래되었지
만, 깨끗하고 무척 조용했다. 당연히 조용할 수밖에 없는 곳이다. 초
대소 근처에는 아무것도 없다. 편의점은 물론 일반 주택도 없다. 오
로지 경계 근무를 서는 북한군만 있을 뿐이다.

침대에 앉아 무심결에 텔레비전 리모컨을 눌렀다. 이게 무슨 일
인가? KBS 한국방송 프로그램이 나오는 것이 아닌가? 북한 당국
의 준비된 선물(?)이었다.

도착 직후 내게 주어진 별도의 임무mission가 있었다. 일종의 생사 확인이다. 당시 특사단은 선발대가 없었기 때문에 서울과 연락을 취할 수 있는 통신수단을 제대로 확보하지 못한 상황이었다. 따라서 서울에서는 우리 특사단이 제대로 도착했는지, 무슨 사고가 난 건 아닌지 전혀 알지 못했다. 그렇다. 걱정하고 있을 많은 분을 위해 우리가 무사히 도착했다는 사실을 알리는 것이 나의 첫 번째 임무였다.

북측에 통신수단을 연결해달라고 하기에는 어려움이 있었다. 우선 북측이 제공하는 채널은 통신보안을 확인할 수 없었고, 또 무엇보다 일일이 서울로 보고하는 '쪼잔한 특사단'이라는 이미지를 주고 싶지 않았다. 그래서 우리가 가지고 간 위성전화를 통해 도착 사실 등 기본 내용을 보고하려고 했다. 그런데 무슨 이유인지 위성전화가 제대로 터지지 않았다. 초대소 내 숙소 이곳저곳을 다녀보아도 연결이 되지 않았다. 마치 영화의 한 장면처럼 무전기 크기의 위성전화를 들고 방 이곳저곳을 다니면서 연결을 시도하는 모습이 참 우스꽝스러웠을 것이다.

베란다 옆에 바짝 기대 시도하니 드디어 서울과 연결되었다. 청와대에 있는 비서실장에게 특사단이 무사히 평양에 도착했음을 알렸다. 그 후로는 위성전화 연결을 시도하지 않았다.

초대소에서 첫 번째 미팅이 시작되었다. 북측은 김영철, 김창선 부장 등이 나왔다. 김영철 부장이 입을 뗐다.

"곧 김정은 위원장 접견이 예견되고, 이어 만찬도 있을 듯합니다. 막중한 사명을 갖고 오신 특사단이니 오늘 자리가 커다란 변곡점이 될 것으로 보입니다."

드디어 북한 최고지도자를 만나게 된 것이다.

눈앞에 김정은 위원장이 서 있었다

"내 자식에게는 핵을 물려주고 싶지 않다."
_ 김정은 위원장, 2018년 3월 5일 방북 특사단 만찬에서

'하노이 노딜' 이후 남북관계가 어려울 때마다 종종 사람들이 내게 묻는다. "당신은 김정은 위원장의 비핵화 의지를 믿느냐?" 참 난감하다. 북측의 계속되는 도발과 입에 담기조차 어려운 비난 속에서 그의 비핵화 의지를 믿는다고 말할 수 있을까?

그렇다면 그의 현란한 말솜씨에 내가 속은 것인가? 그렇지 않다. 분명한 건 2018년 평화의 봄바람이 불던 시기에 김정은 위원장이 나에게 했던 발언은 분명 '비핵화'였다. 김 위원장은 한두 번도 아니고 여러 차례 강한 비핵화 의지를 보였다. 그의 의지를 읽을 수 있는 계기도 여럿 있었다. 자정을 넘긴 시간 백화원초대소로 나를 찾아온 사건이며, 쉽지 않았던 백두산 길을 연 것이며… 김 위원장의 의지가 없었다면 도저히 하기 힘든 일들이었다.

2018년 봄, 김정은 위원장은 우리에게 자신이 처한 상황과 비핵화에 대해 격정적으로 토로했다. 결과적으로 보면 김 위원장은 비핵화 의지가 약했거나 없었다고 봐야 되겠지만, 당시에는 분명하게 있었고 확실했다는 것이 나의 판단이다. 이해를 돕기 위해 당시 결정적 계기가 되었던 1차 특사단 면담 기록을 싣는다. 김 위원장의 비핵화 의지에 관한 판단은 이 글을 읽는 독자의 몫이다.

2018년 3월 5일 17시, 고방산초대소에서 북측이 제공한 승용차에 올랐다. 우리를 태운 차량은 평양 외곽이 아니라 시내로 들어갔다. 많이 이상했다. 통상 북한 최고지도자가 외국 사절을 맞이하는 곳은 백화원초대소나 금수산궁전인데, 이는 모두 평양 외곽에 위치해 있다. 그런데 차량은 평양 시내로 가고 있으니, 무슨 변고가 생긴 것은 아닌지 별별 생각이 다 들었다.

하지만 이런 의구심은 잠시 후 씻은 듯 풀렸다. 차량은 평양 시내 한복판에 있는 민간인 출입 금지 지역으로 들어가, 몇 개의 철문을 지나 엄격한 경비 지역에 들어섰다. 곧이어 낮은 언덕 위 노동당 본부 청사가 보였다. 그렇다. 이제껏 한 번도 개방된 적이 없는 김정은 위원장의 집무실인 노동당 본부 청사에서 그를 만나는 것이었다.

북한 노동당 본부 청사 정문 앞에 내리자, 김정은 위원장이 서 있었다. 그는 환한 표정으로 우리를 맞이했고, 옆에는 김영철 부장과 김여정 부부장이 있었다. 기념사진을 촬영하고 곧 회의실로 가서 면담을 시작했다.

우선 정의용 특사단장이 대통령의 친서를 전달했다. 김 위원장은 우리에게 양해를 구하고 그 자리에서 친서를 열어보았다. 다 읽은 후, 김 위원장은 즉시 문 대통령의 친서에 깊은 감사를 표했다.

김정은 위원장은 거침이 없었다. 아마도 사전에 충분히 준비한 듯했다. 자리에 앉자마자 짧은 덕담을 주고받고 곧바로 본론을 꺼냈다. 다음은 김정은 위원장 메시지의 주요 내용이다.

"첫째, 4월 한미연합군사훈련을 예년 수준으로 진행하는 것에 대해 문제시하지 않겠다. 한미연합훈련이 재개되면 남북관계가 원점으로 돌아가고, 우리가 소위 전략 도발하고, 추가 제재를 부과하는 상황이 되풀이될 것이라고 하는데, 그렇게 되지 않을 것이다. 이제 문 대통령 머리 아프게 하지 않겠다. 안정적 상황으로 돌입하면 남측에서도 군사훈련 진행 방식이 조절될 수 있을 것이다.

둘째, 추가적인 핵실험 및 발사도 하지 않을 것이다. 한미연합훈련이 재개되면 전략 도발을 하지 않을까 하는 이런 걱정은 꽉 붙들어 매라. 핵무기는 물론이고 전방에 배치된 장사정포와 같은 상용 무력도 결코 동족에 대해 사용할 생각이 없다.

셋째, 조미대화 필요성 분명하다. 핵 문제 발생 근원은 역사적 뿌리부터 진단해야 대책이 명쾌해진다. 이가 아픈데 안과에 가면 치료가 되지 않는다.

넷째, 김일성 주석의 유훈인 조선반도 비핵화 원칙 달라진 것 없다.

군사적 위협이 제거되고, 정전 체제에서 안전이 조성된다면 우리가 핵 보유할 이유가 없다."

충격적이었다. 우리는 김정은 위원장의 이야기를 들으면서 서로의 얼굴을 몇 번이나 쳐다봤다. 솔직히 북측이 이렇게까지 나올지 예상하지 못했다. 단단히 준비한 것으로 보였다.

김 위원장은 솔직하게 말했다. "사실 김영철 부장과 어젯밤 늦게까지도 한미연합훈련에 대해 요구해볼 것을 검토했다"라고 실토했다. 하지만 "깊이 고민했다. 이제 공동의 노력이 필요하다. 일방적 주장만 하면 안 된다. 이제 더 이상 한미연합훈련은 논하지 말자"고 단언적으로 정리했다.

아울러 북측 내부의 실망감에 대해서도 토로했다. "남측 여론이 우리에게도 영향을 미친다. 태권도시범단과 답례 예술단 등이 연합훈련 기간 중 평양에서 공연을 하는 것이 어떠냐"고 즉석에서 제안했다. 김 위원장은 "연합훈련 기간에 북남이 함께하는 행사로 부담스럽지 않은 수준으로, 나도 우리 사람들에게 설명할 근거가 있어야 한다"고 했다. 그리고 "문 대통령에게 꼭 말씀드려주시라"고 당부했다. 즉, 김정은 위원장이 북한 내부의 반발을 가라앉히기 위한 용도로 남측 예술단의 평양 공연을 제안한 것이었다.

김정은 위원장은 남북정상회담에 대해서도 거침이 없었다. 우리 측이 제안한 정상회담의 시기와 장소에 전적으로 찬동한다는 입장을 밝혔다. 김 위원장은 양 정상이 '만나서 풀자'며 제대로 화답했다. 아울러 정상 간의 핫라인 설치에 대해서도 '반대 없다'고 즉각적으로 동의했다. 이 외에도 김 위원장은 군사당국자회담을 실무적으로 조기에 개최할 것과 이산가족 상봉을 위한 적십자 실무회담도 조기에 개최하자고 먼저 제안했다.

면담이 끝나갈 무렵, 김 위원장은 농담조로 "비인간적 사람으로 남고 싶지 않다, 믿어라"라는 말을 하기도 했다.

면담이 끝나고 만찬을 기다리는 동안 잠깐의 휴식시간이 있었다. 특사단 전원은 대단히 상기되어 있었다. 애초에 특사단이 목표했던 '협의 과제 7개' 전부가 면담에서 성공적으로 다뤄졌다. 아니, 그 이상이었다. 모든 것이 우리가 원했던 방향으로 결론이 났다. 대단한 성과였다.

만찬장으로 가니 리설주 여사가 나와 있었다. 그리고 남북관계를 담당하는 낯익은 통일전선부 부부장급 인사 몇몇이 함께했다. 만찬장의 분위기는 매우 좋았다. 핵 문제를 비롯해 정치·군사적 의제들은 이미 면담에서 거의 다뤘기 때문에 다양한 주제로 대화하면서 만찬을 이어갔다.

김정은 위원장은 기회가 되면 KTX를 타보고 싶다고 했다. 아마도 북측 대표단이 김 위원장에게 KTX에 대해 많은 이야기를 한 모양이었다. 김 위원장은 "우리 식 표현으로 눈이 뒤집어진다는 말을 들었다"고 했다. 그리고 평창올림픽에서 북측 대표단이 대접을 잘 받았다면서, 이번 방북 특사단에 대해서도 소홀함이 없도록 잘하겠다는 말도 덧붙였다.

예술단 공연을 주제로 이런저런 대화가 오갔다. 남북의 가수들이 공동 무대를 하면 얼마나 좋겠냐는 덕담을 주고받기도 했다. 김 위원장은 기분이 무척 좋아 보였고, 농담을 자주 하며 만찬장 분위기를 이끌어갔다.

만찬은 밤 9시 42분경에 끝났다. 김정은 위원장 내외는 차량 탑승 현장까지 나와 우리 특사단을 환송했다.

첫 만남(면담과 만찬)에서 느낀 김정은 위원장의 인상은 나이에 비해 상당히 노회한 느낌이었다. 좌중을 끌고 가는 데 능수능란한 사람이었다. 때론 매서운 인상을 보여주기도 했고, 때론 부드러운 미소를 짓기도 했다. 그래도 부드러움보다 날카로움이 강한 사람으로 보였다. 문 대통령과는 '케미'가 잘 맞을 것 같았다. 둘만 통하는 뭔가가 있겠다는 느낌이 들었다. 양 정상이 소주 한잔 진하게 하면 정말 많은 문제가 풀릴 것 같다는 확신이 들었다.

이때의 내 생각은 이후 세 차례 남북정상회담에 많은 영향을 미쳤다. 예를 들어 남북정상회담을 준비할 때, 가급적이면 두 분만이 많은 시간과 깊은 대화를 나눌 수 있는 프로그램을 먼저 생각했다.

다음 날 아침, 김영철 부장을 포함해서 통일전선부 핵심 인사들이 고방산초대소로 찾아왔다. 어제 면담에서 다룬 주요 내용에 관한 후속 조치를 위해서였다.

이 자리에서 김영철 부장은 김정은 위원장의 결단에 대해 강조했다. 특히 한미연합군사훈련에 대해서는 자신도 생각하지 못했다고 했다. 김정은 위원장의 "군사훈련 하시오"라는 그 말에 담긴 뜻을 새겨달라고 당부했다. 아울러 미국의 전략자산에 대해 주목하고 있다는 이야기도 했다. 아무래도 자신이 그토록 강조했던 부분에 대해 크게 생색을 내고 싶었던 것 같다. 이에 우리는 한미연합훈련을 하루아침에 중단할 수는 없음을 밝히고, 최대한 노력하겠다는 취지로 답변했다.

김영철 부장은 '북남관계 개선에서 중요한 것은 군사적 긴장 완화 문제'라면서 남북군사당국자회담의 필요성을 언급했다. 이에 대해서 우리는 충분히 검토할 수 있다는 의견을 전했다. 정상회담 이전에라도 군사회담 개최를 검토하기로 했다. 아울러 북측은 이산가족 상봉을 위해 금강산 시설 개보수 등 사전 준비의 필요성을 언급했고, 우리도 동의했다.

2018년 3월 문재인 대통령의 대북 특사단의 일원으로 평양을 방문했다. 특사단을 맞은 김정은 위원장은 여러 가지로 거침없었다.

특사단 방북을 마치고 돌아오는 길, 출발 전의 긴장과 걱정은 다행히 한결 덜어진 귀국길이었다.

3

군사분계선을 함께 손잡고 넘다

협상의 기술

2018년 남북정상회담 합의문 작성 과정에서 어려웠던 것 중 하나가 바로 '비핵화' 부분이었다. 우선 북측의 기본 전제는, 비핵화는 남북 간의 이슈가 아니라 북미 간 이슈라는 것이었다. 따라서 남북 간에는 비핵화보다는 교류협력 관련 부분에 집중하는 게 우선이라는 입장이었다. 쉽게 말해, '비핵화는 우리가 미국과 알아서 할 테니 남측은 신경 쓰지 말라'는 것이다. 하지만 북측이 그런다고 '비핵화'를 빼고 정상회담을 할 수는 없는 노릇이었다.

북측과 마주 앉아 협상할 때는 앞에 있는 협상 파트너만을 바라보고 협의하면 실패할 확률이 매우 높다. 협상 파트너 뒤에 있는, 보이지는 않지만 실권을 쥐고 있는 최고책임자를 대상으로 협상을 해야 한다. 그들이 말하는 소위 '평양'을 대상으로 해야 한다는 것이다.

물론 모든 협상이 결정권자를 대상으로 한다는 이치는 똑같다. 하지만 북측의 경우에는 그 정도가 다르다. 심한 경우 마주 앉아 있는 협상 파트너는 그냥 전달자(스피커) 정도로 봐야 할 때도 있다. 그레서 북측과 협의할 때 종종 사용하는 방법이 있다. 핵심 사항은 가급적 서면으로 주는 것이다. 북측의 특수성을 고려하면 우리가 내민 서류를 절대 임의로 무시할 수 없다. 반드시 '평양'에 보고할 수밖에 없기 때문에 핵심 내용의 경우 명료한 메시지와 함께 서면으로 주는 게 훨씬 낫다.

평양 공연이 가져온 변화

"불어터진 냉면도 좋다."

방탄소년단BTS의 평양 공연은 가능할까? 정답은, 당연히 가능하다. 6·15 남북정상회담을 앞둔 1999년 12월 5일, 당시 가장 핫한 아이돌 그룹이었던 핑클과 젝스키스의 평양 공연이 있었다. 이후 남북화해 국면에서 국민가수 조용필을 비롯해 윤도현밴드, 이미자, 이선희 등 대한민국의 내로라하는 대형가수들의 평양 공연이 줄을 이었다.

김대중 정부와 문재인 정부 시절, 남북화해 국면을 열기 위해 일종의 사전 조치(?)로 취했던 방안이 문화예술 공연이었다. 정치·군사적으로 접근하기에는 다소 무리가 있어, 남북 모두 내부의 혼란을 최소화하고 자연스러운 연착륙을 위해 대중가수를 포함한 문화예술 교류를 먼저 하는 것이다. 문화예술 공연이야말로 얼어붙은 남북관계를 녹이는 따뜻한 '봄바람'이었던 것이다.

새로운 방식은 없을까? 대중가수 공연, 태권도 시범 등 문화예술을 통한 접근은 여전히 유효하지만, 기존과 다른 방법도 고민할 필요가 있다. 예를 들어, 대중가수 공연도 매번 〈가요무대〉 식보다는 최근 각광받는 '배틀' 형식은 어떨까? 몇 년 전 인기를 끌었던 '나가수' 방식으로 남북 대중가수들이 함께 경연하는 것이다. 또는 남북 'Z세대'에 맞는 게임교류전은 어떨까? 어떤 형식이 되었든 남북교류가 다시 활성화된다면 훨씬 다양한 문화예술 교류가 추진되었으면 좋겠다.

이 과정에서 중요한 건 무엇보다 북측의 수요다. 우리가 좋아하고 잘하는 걸 고집하는 게 아니라, 북측이 필요로 하는 걸 선택하는 지혜가 필요하다. 예를 들어 농구는 김정은 위원장이 좋아하는 스포츠 종목이다. 2012년 미국 프로농구 스타 출신 데니스 로드먼을 평양에 초청했을 정도로 농구를 좋아한다. 실제로 2018년 판문점 정상회담에서 김 위원장은 '농구 교류'에 대해 먼저 이야기를 꺼내기도 했다. 북한의 장신 농구선수 '이영훈'을 언급한 것인데, 그가 은퇴하면서 북한 농구가 약해졌다고도 했다.

2018년 3월 6일 서울공항 도착 직후, 특사단은 곧바로 청와대로 들어가 문 대통령께 방북 결과를 보고했다. 그 내용을 공개하자 언론의 반응은 뜨거웠다. 대통령은 안보실장과 국정원장에게 즉시 미국과 일본 등 주변 국가를 방문해서 방북 결과를 설명하라고 지시했다. 정의용 실장과 서훈 원장이 곧바로 백악관으로 향했다. 이후 다들 아는 것처럼 트럼프 대통령이 즉석에서 북미회담 수락 의사를 밝히고, 정의용 실장에게 백악관 앞에서 기자회견을 하도록 했다.

특사단 후속 조치를 위해 여러 사항을 점검했다. 우선 북측과 예술단 방북을 위한 실무협의를 시작했다. 방북 예술단 규모, 시기, 이동수단, 공연 일정 등 협의해야 할 사항이 한두 가지가 아니었다. 북측 관계자는 예술단을 이끄는 인솔단장이 있어야 한다고 했다. 당국이 책임지고 와야 한다는 의미였다. 민간 영역에서의 교류가 아니라 당국 간의 공식 일정이라는 취지였다.

비공식적으로 방북 예술단 단장으로 '통일부 장관'을 제안했다. 하지만 북측은 정중히 거절했다. 예술단 방북은 순수한 문화예술 영역으로, 정치적으로 비치면 곤란하다는 것이었다. 그렇다. 북측의 의도가 한미연합군사훈련 기간 중 남측 고위인사를 평양에 초청하는 데 있다면, 조심해야 할 부분이었다. 결론적으로 예술단 단장은 문화체육관광부 장관이 맡기로 했다.

사실 당시 예술단 방북 행사는 내가 갈 일이 아니었다. 엄연히 문화예술의 영역이고, 도종환 문체부 장관이 단장으로 가는 상황이라, 청와대 인사인 내가 굳이 동행할 이유는 없었다. 참고로 나는 문화예술 영역에는 완전한 문외한이다. 심지어 최신 대중가요 한 곡을 끝까지 아는 게 없을 정도다. 하지만 모처럼 마련된 대규모 방북이라 혹시라도 모를 상황 관리가 필요했다. 평창올림픽에서 특사단 파견으로, 예술단 방북과 정상회담으로 이어지던 당시는 살얼음판 위를 걸어가듯 모든 것이 하나하나 조심스러운 상황이었다. 그래서 예술단 방북 전체 상황을 총괄하는 차원에서 나도 함께하게 되었다.

어찌 보면 예술단 방북 아이디어는 문재인 대통령과 김정은 위원장의 합작품이었다. 우선 문 대통령은 2018년 2월 중순에 있었던 외교안보 참모들과의 모임에서, 당시 추진했던 금강산 문화행사를 하지 못하게 되었으니, 평창올림픽이 끝난 직후 우리 측 예술단이 북측을 방문해 축하행사를 할 수 있지 않겠느냐는 제안을 한 바 있다. 즉, 평창올림픽을 축하하기 위해 방남한 북한 예술단에 상응하는 답방 형태로 예술단 방북 아이디어를 제시했던 것이다. 그리고 2장에서 서술한 바와 같이 김 위원장도 특사단 방북 시 한미연합군사훈련 시기에 맞춰 예술단이 답방했으면 좋겠다는 아이디어를 냈다. 결국 양 정상이 이심전심으로 통한 것이었다.

이 글을 통해 당시 예술단 공연에 참여했던 모든 분에게 감사 인사를 드리고 싶다. 어려운 여건에서도 한반도 평화를 위해 함께해주신 데 대해 진심으로 감사드린다. 특히 조용필 님께는 각별한 감사를 전한다. 몸 상태가 좋지 않았음에도 평양행을 함께해주셨다. 그리고 전체 방북 인원 제한 때문에 개별 공연팀별로 연주팀이 동행할 수 없었다. 그래서 대부분의 공연 연주를 '조용필과 위대한 탄생'이 도맡았다. 개인적으로는 조용필 님과 같은 테이블에서 식사할 수 있는 영광도 누렸다.

출연자 섭외와 공연 연출 등에 있어서는 탁현민 비서관이 고생을 많이 했다. 그는 청와대를 나와 '공노비'의 삶에서 벗어났다고 하지만, 평생 벗어나기는 힘들 것으로 보인다.

에피소드지만 당시 출연자 중 내가 강력하게 추천한 가수가 몇몇 있다. 첫 번째가 아이돌 그룹 레드벨벳이고, 두 번째가 백지영 님, 세 번째가 윤도현 님이다. 우선 나는 평양에서 대한민국 아이돌 그룹의 공연을 반드시 성사시키고 싶었다. 세계적으로 큰 인기를 누리고 있는 K-팝을 평양 시민에게 제대로 보여주고 싶었다. 평양 한복판에서 울려퍼질 K-팝이 북한 사회에 어떤 나비의 날갯짓이 될지 궁금했다. 그런데 당시 내가 알고 있던 아이돌 그룹이 '레드벨벳'뿐이었다(솔직히 팀 이름에 'Red'가 들어가 있는 것도 참작했다). 그래서 탁현민 비서관에게 레드벨벳 섭외를 강력하게 요청했다. 백지영 님은 노래를 워낙 잘하시는 분이기도 하고, 그가 부른 〈총 맞은 것처럼〉을 평양 시민들이 들어보면 어떨까 생각했다. 무척 재미날 것 같았다. 마지막으로 윤도현 님은 개인적으로 '최애' 가수였다.

리허설 때의 일이다. 남북 가수가 듀엣으로 노래를 맞춰보고 있었다. 이선희 님과 북한 인민가수가 같이 무대 위에 있었는데, 음악을 전혀 모르는 내가 들어봐도 북측 가수가 이선희 님의 목소리를 따라오지 못했다. 그 순간 옆에 있던 북측 현송월 단장이 소리를 쳤다. "기걸 올라타지 못하네? 왜 못 올라타네?" 화가 단단히 난 모양이었다. 역시 노래는 우리가 잘한다.

만수대예술극장에서 예술단의 평양 공연 준비가 한창일 때 갑자기 북측 보장성원들이 공연 시간 연기를 요청했다. 보장성원 말로는 '주요 간부가 관람에 참여할 수 있다'는 것이었다. "꼭 되는 방향으로 해달라"는 말도 몇 번이나 했다. 뭔가 느낌이 왔다. 그렇다. 김정은 위원장이 공연을 참관하는 것이었다.

김정은 위원장이 리설주 여사와 함께 공연장을 찾았다. 김영남, 최휘, 김여정, 리선권 등 평창올림픽 대표단도 함께 왔다. 급히 도종환 장관이 응대했다. 김 위원장은 "오늘이 한미연합훈련 첫날인데 공연하게 되어 뜻이 깊다"면서, "앞으로 문화예술 공연을 자주 하자. 남측이 '봄이 온다' 공연을 평양에서 했으니, 북측이 '가을이 온다' 공연을 서울에서 하자"라고 즉석 제안했다.

공연은 훌륭했다. 역시 대한민국 대중문화 콘텐츠는 세계 최고 수준이었다. 그쪽 방면으로는 무지에 가까운 내가 보기에도 공연의 짜임새, 출연진의 실력 등은 감동 그 자체였다. 더군다나 남북이 함께하는 공연이니 말해 무엇 하겠는가? 공연 도중 평양 시민들의 반응을 유심히 살펴보았다. 외형적으로 볼 때 그들은 매우 경직되어 있었다. 노래가 끝날 때면 우레와 같은 박수를 보냈지만, 이 외에 다른 반응은 아예 없었다. 마치 박수 치는 순간조차 사전에 정해둔 것 같았다. 그러나 보이지 않는 그들의 마음속에는 분명한 울림이 있었을 것이다. 북한 당국의 단속을 피해 몰래 듣던 K-팝 공연을 눈앞에서 직접 보는 것은 분명 달랐을 것이다.

관객들과는 반대로 김정은 위원장은 다양한 반응을 보였다. 백지영 님 공연을 보고는 남쪽에서 인기는 어느 정도인지, 방금 부른 노래가 신곡인지 등을 물었다. 또 백지영 님 공연 이후에 "북측 젊은이들이 따라 부르면 심각한 상황이 오겠다"는 농담을 건네기도 했다. 그리고 윤도현 님의 노래에 대해선 옆에 있는 남측 인사에게 편곡을 했는지 묻고, '특별한 편곡' 같다는 이야기도 건넸다.

2018년 평화의 봄을 열어가는 데는 남북 태권도 교류도 나름대로 역할을 했다. 남측 예술단이 방북할 때 태권도시절단도 함께 했는데, 남과 북 모두 태권도를 중시하는 상황이 고려되었다. 사실 남북이 소속된 국제 태권도 단체에는 특별한 사연이 있다. 북측은 국제태권도연맹에, 남측은 세계태권도연맹에 가입되어 있는데 북측이 주도하고 있는 국제태권도연맹은 우리나라에서 출발한 국제기구다. 하지만 박정희 정권 출범 등 여러 사정이 맞물려 우리는 탈퇴하고 대신 북한이 주도하게 되었다. 탈퇴 이후 우리는 세계태권도연맹을 새롭게 창립했다. 최근 들어 양 단체가 조금씩 교류하고 있지만 얼마 전까지만 해도 아예 서로를 인정조차 하지 않았다. 따라서 남북 태권도 교류는 국제기구 간의 교류를 포괄하는 의미를 담고 있었다.

이 시기 판문점 정상회담 준비도 착실히 진행되었다. 대통령이 직접 회의를 주재하면서 의제와 일정 등을 점검하고 또 점검했다. 대통령은 준비위원회 회의에서 몇 가지를 주문했다. △정상회담 의제를 확대할 것, △남북합의 제도화 부분을 추가할 것, △1차 또는 3차 등의 표현을 쓰지 말 것, △북미관계 등에 대해선 미국과 사전에 충분히 협의할 것, △경제 부분 논의는 중립적 관점에서 준비할 것 등 세심하게 정상회담 내용을 직접 챙겼다.

회의 중에 실무진이 만찬 메뉴로 옥류관 냉면을 협의 중이라고 하자, 대통령은 "옥류관 냉면을 꼭 들고 와라. 불어터진 냉면도 좋다"고 답해 참석자들의 웃음을 자아내기도 했다.

2018년 4월 1일(평양 동평양대극장)과 3일(류경정주영
체육관) 평양에서 열린 남측예술단의 공연 '봄이 온
다'는 2018년 한반도의 봄을 여는 시작이었다.

남북 핫라인을 다시 열다

지난 남북정상회담을 되돌아보며 개인적으로 매우 아쉬운 부분이 있다. 바로 남북 정상 간 '핫라인'의 존재를 공개한 것이다. 북한 체제의 특성상 최고지도자의 통신수단(핫라인)을 공개한 것은 애초부터 무리였는지도 모르겠다. 핫라인의 존재 여부가 세상천지에 공식적으로 알려짐으로써, 역설적으로 핫라인의 가치가 사라져버린 셈이 되었다.

핫라인은 기본적으로 존재 자체가 철저한 보안을 전제로, 일정하게 비밀이 유지될 때 제 기능을 할 수 있다. 하지만 당시 핫라인은 언론 브리핑을 통해 만천하에 공개됨으로써 이용가치가 현격하게 떨어진 것이다. 물론 당시 공개 여부는 남북이 사전에 합의한 부분이었지만, 이에 대해 좀 더 세심하게 고려하지 못한 점이 두고

두고 아쉬움으로 남는다. 만약 당시 공개하지 않고 남북 정상 간 최후의 연결수단으로 남겨놓았다면 어땠을까? 이후 한반도 상황이 격화되었을 때 핫라인의 존재가 조금이라도 상황 변화에 도움이 되지 않았을까 싶다.

결과적으로 남북관계에서 범하기 쉬운 실수를 저질렀다. 눈앞에 보이는 성과에 집중한 것이다. 세상 이치도 똑같다. 밥도 뜸 들이는 시간이 필요하듯이 하루아침에 이루어지는 건 없다. 특히 남북관계는 제대로 뜸이 들어야 유의미한 성과를 낼 수 있다. 지금 정부 당국자들도 남북관계를 풀어갈 때 성급하게 눈앞의 결과만 좋으면 결국 후회하게 된다는 걸 잊지 않았으면 좋겠다.

2018년 4월 20일 오후 3시 41분, 결코 잊을 수 없는 시간이다. 판문점 남북정상회담을 일주일 앞두고 남북 양측은 소위 '핫라인'을 연결했다. 특사단이 김정은 위원장을 면담하는 과정에서 우리 측이 양 정상 간의 핫라인 설치를 제안했고, 북측은 이에 응했다. 이후 여러 차례 실무 접촉을 거쳐 드디어 4월 20일, 남측은 청와대에서, 북측은 노동당 본부 청사(추정)에서 시험 통화를 주고받았다.

시험 통화는 청와대 송인배 제1부속비서관이 평양으로 전화를 걸고 북한 국무위원회 담당자가 받는 형식이었다. 먼저 송 비서관이 전화를 걸자 북한 담당자가 "평양입니다"라며 받았고, 이에 송 비서관이 "안녕하십니까, 여기는 청와대입니다. 잘 들립니까? 정상 간 직통전화 시험 연결을 위해 전화했습니다. 저는 청와대 송인배 부속비서관입니다"라고 말했다. 송 비서관은 "서울은 날씨가 아주 좋습니다. 북측은 어떻습니까?"라고 물었고, 북측 담당자는 "여기도 좋습니다"라고 답했다.

이날 시험 통화는 오후 3시 41분부터 총 4분 19초간 상호 통화로 이뤄졌다. 우리 측에서 전화를 걸어 통화한 시간은 3분 2초, 이어 북측이 전화를 걸어와 통화한 시간은 1분 17초였다. 전화기 너머로 들려오는 북한 국무위원회 담당자의 목소리는 선명했다. 당시 춘추관에서 기자들에게 밝힌 것처럼, '마치 옆집으로 전화하는 느낌'으로 북측 관계자의 목소리가 분명하게 들렸다.

사실 이전까지 존재했던 남북 핫라인은 2000년 6월 남북정상회담을 계기로 남측의 국가정보원과 북측의 노동당 통일전선부 사이에 설치된 것이었다. 그마저도 이명박 정부 이후로는 사실상 불통 상태였다.

김대중 대통령이 핫라인을 제안한 배경은 따로 있었다. 1999년 6월 15일에 있었던 '연평해전' 등 남북 간의 우발적 군사충돌을 사전에 막아보자는 게 주된 이유였다. 2018년 판문점 회담을 앞두고는, 우리는 여기서 한발 더 나아가 최고지도부인 남측 청와대와 북측 국무위원회 간에 핫라인을 설치해 남북 간 최후의 안전장치를 만들자고 제안했다. 예를 들어, 남북 간의 대립이 격화되어 심각한 상황이 벌어지더라도, 마지막 최고지도자 간의 핫라인을 통해 한반도 평화를 지켜낼 수 있다고 생각했다. 우리 특사단은 이런 취지를 김정은 위원장에게 설명했고 북측도 동의했다.

나는 꿈을 꾸었다. 문재인 대통령과 김정은 위원장이 정말 힘든 상황이 오면 허심하게 서로 통화를 하는 것이다. 때론 트럼프 대통령 흉도 보고, 어떤 때는 국민들 타박도 하고, 성에 차지 않는 참모들 욕도 하는 그런 모습을 그렸다. 남북 핫라인이 그렇게 사용되길 바랐다. 전쟁을 막는 것도 중요하지만 우선 서로의 안부를 묻고 신뢰를 쌓아가는 도구이길 바랐다. 마치 연애하는 남녀가 카톡으로 밤새 만리장성을 쌓듯이 말이다. 아주 조금씩이라도 신뢰를 쌓고 그를 기반으로 두 지도자가 결단하는 날이 오길 진정으로 바랐다. 하지만 결국 이루지 못했다.

핫라인 활용이 지지부진했던 원인에 대해 깊이 분석해봤다. 핵심은 북한 체제에 대한 이해 부족이었던 것 같다. 이는 북측도 마찬가지였다. 당시에는 핫라인이 갖는 의미에 대해 남측도 북측도 제대로 이해하지 못했다. 참고로, 김정은 위원장이 생각하는 핫라인은 말 그대로 비밀이 전제되는 상시적인 연락 채널이었다. 판문점 정상회담에서 김 위원장은 '이 전화는 정말 언제든 전화를 걸면 받는 거냐'고 문 대통령에게 물었다. 그러자 대통령은 '그런 건 아니다. 서로 미리 사전에 실무자끼리 약속을 잡아놓고 전화를 걸고 받는 채널'이라고 설명했다.

이런저런 이유로 핫라인 활용이 어려움을 겪고 있을 때, 김정은 위원장이 문 대통령에게 새로운 제안을 했다. 2018년 5월 26일, 판문점 통일각에서 열린 정상회담에서의 일이다. 김 위원장은 이렇게 제안했다. "일주일에 두 번 정도 노동당 본부 청사에 간다. (그 외에는 전화를 제때 받을 수 없다는 의미.) 우리끼리 메일을 주고받자. 폐쇄형으로 하면 된다. 노트북을 갖고 다니면서 열어보면 훨씬 좋다." 유선상 연결이 아닌 '폐쇄형 메일을 통한 2차 핫라인' 연결을 제안한 것이었다. 이에 대해 문 대통령은 즉시 동의를 표했다. 곧바로 실무협상을 갖기로 했는데, 이후 여러 사정으로 논의가 지연되었고, 결국 성사되지 못했다.

김정은 위원장이 폐쇄형 메일을 통한 2차 핫라인을 제안한 건 기본적으로 양 정상 간 핫라인의 필요성을 느꼈기 때문이라고 봐야 한다. 표면상으로는 휴대하기 편한 간편성과 이동성 등을 근거로 들었지만, 내가 생각할 때는 보안 문제를 더 중요시해 2차 핫라인을 제안한 것으로 보인다. 전화 연결을 통한 핫라인의 경우, 그 존재가 이미 세상에 드러난 상황이라 효용가치가 떨어졌다고 봤을 수도 있다. 김 위원장의 제안 이후, 우리는 2차 핫라인 연결에 집중했다. 언론에서는 때마다 왜 청와대 집무실에 놓여 있는 핫라인이 가동되지 않느냐고 지적했지만, 속사정을 시원하게 털어놓을 수는 없었다.

2018년 4월 20일 오후 3시 41분 남북 간 핫라인을
설치하고 첫 시험 통화를 주고 받았다. 평양과의
첫 전화 통화는 마치 옆집과 이야기하는 것처럼 선
명하고 가까웠다.

판문점회담 하루 전 돌발 변수

이 글을 쓰고 있는 지금 시점에서 남북정상회담은 언감생심이다. 얼어붙을 대로 얼어붙은 남북관계를 생각한다면 꿈도 꾸기 어려운 상황이다. 그렇다고 아무 준비도 없이 그냥 가만히 있는 건 최악이다. 이런 때일수록 제대로 된 준비가 필요하다.

그렇다면 무엇을 어떻게 준비해야 할까? 의전, 경호, 보도 등 정상회담 관련 실무 준비는 이미 여러 차례 해본 경험이 있어 이전보다는 훨씬 수월할 것으로 보인다. 하루 만에 준비한 '번개' 정상회담도 있었던 터라 솔직히 큰 어려움은 없을 것이다.

정말 중요한 건 일상적이고 상시적인 준비가 필요하다는 점이다. 남북정상회담은 남과 북 모든 구성원이 공론을 모아가는 과정이어야 한다. 이전처럼 남북 양 정상이 만났다는 것만으로 성과를 내는 시대는 이미 지났다. 성과를 축적하고 앞으로 나아가기 위해 선 공론을 모아야 한다. 그래야 제대로 성공할 수 있다.

공론을 모아내기 위해선 생각이 다른 사람들을 만나서 들어야 한다. 단도직입적으로 말해, 남북정상회담을 준비하고자 하는 통일부 장관은 진보 진영 사람들보다 보수 진영 사람을 훨씬 많이 만나야 한다. 같은 진영 사람들 만나서 의견을 듣고 나누는 건 이미 충분히 했다. 생각이 다른 사람들을 만나 공론을 모아내는 과정이 필요하다.

그래서 내가 만약 대통령이라면 통일부 장관에게 이런 지시를 내리겠다. "당신은 지금부터 보수 진영만 만나세요. 그리고 그들의 의견을 들으세요. 아무 말 하지 않아도 됩니다." 어찌 보면 말이 안 되는 지시처럼 보이지만, 그만큼 남북관계를 바라보는 남남 간격을 줄이는 게 중요하다고 생각한다. 한반도 평화는 결코 한쪽 날개로만 날 수 없기 때문이다.

2018년 문재인 대통령은 직접 정상회담 준비위원회를 챙겼다. 2007년에 '10·4 남북정상회담 준비위원회' 위원장을 맡았었기 때문에 무엇을 해야 하는지 가장 잘 알기도 했지만, 판문점 남북정상회담이 한반도 평화 정착에 있어 매우 중요한 변곡점이라고 판단했기 때문이었던 듯하다. 또 늘 입버릇처럼 말했듯이 임기 초반에 승부를 보기 위해 아주 세밀한 부분까지 직접 지적하고 챙겼던 것 같다.

정상회담을 보름 정도 앞두고 준비위원회 회의가 있었다. 이 회의도 대통령이 직접 주재했다. 사전 보고 자료에는 관례에 따라 청와대를 출발하면서 대통령이 대국민 메시지를 내는 것으로 되어 있었다. 하지만 문 대통령은 "북한 최고지도자를 만난다는 측면에서 대국민 메시지가 필요할 수도 있지만, 이번에는 우리 영토에서 개최되는 것이라 불필요하다"라고 선을 그었다. 대통령은 판문점 회담이 대한민국 영토에서 열리는 첫 번째 남북정상회담이라는 부분을 강조했다. 오찬사에 대해서도 마찬가지였다. "만찬이 있으니 오찬은 편하게 하자. 각각 평가하는 시간을 갖는 것이 좋겠다"라고 정리했다. 대통령은 격식에 얽매이는 것보다는 실질에 집중하는 스타일이었다. 따라서 청와대 출발 대국민 메시지, 오찬사 등 일종의 의전 영역에 대해서는 과감하게 정리했다.

다만 형식에 있어 강조한 포인트가 몇 가지 있었다. 예를 들어 '남북 정상 공동 기자회견' 부분이었다. 대통령은 "북한을 정상 국가로 보도록 하는 게 중요하다. 이어지는 북미회담을 생각해서라도 그렇게 하는 게 반드시 필요하다"라고 강조했다. 따라서 정상회담 의전에서 보편적 흐름에 충실하게 북측이 한 걸음씩 나갈 수 있도록 우리가 세심하게 신경 쓸 것을 주문했다.

사실 이날 회의에서 대통령이 진짜 강조한 부분은 따로 있었다. 대통령은 '마지막까지 긴장감을 놓치지 말 것'을 주문했다. 즉, 일종의 준비 태세에 관한 것이었다. "지금 잘될 것이라는 분위기가 있는데, 이는 잘못된 것이며 긴박한 마음을 가져야 한다. 흐름도 그렇게 가야 한다"라고 강조했다. '합의문이 발표되는 순간까지 긴장 감을 늦추지 말 것'을 주문하면서 혹시라도 풀어질 수 있는 부분을 다그쳤다.

판문점 회담이 다가오면서 대통령은 원로 자문단과의 만남, 전문가 자문단 간담회 등을 통해 각계각층의 의견을 수렴했다.[*] 회의 등에서 대통령은 정상회담에 임하는 소회를 꽤 솔직하게 밝혔다. "10·4 정상회담 준비위원장으로 회담은 성공했지만 이후 합의 이행은 실패한 부분이 한으로 남아 있다"면서, 오늘을 위해 남북관계로 잔뼈가 굵은(2007년 정상회담에 배석했던) 조명균 장관을 처음부터 통일부 장관으로 낙점했다는 이야기를 소개하기도 했다.

판문점 회담 즈음해서 문재인 대통령은 쉬는 날에도 관계 장관을 관저로 불러 진행 상황을 점검했다. 북측과의 실무협상 결과를 보고하던 어느 날이었다. 대통령은 '남북 상주 대표부' 설치에 속도를 낼 것을 주문했다. "진짜 의지를 갖고 해야 한다. 우리가 어려운 것이 사실이나 설득해내자. 의례적인 것이 아니라 우리끼리 하지 못하면 '민족끼리'라는 부분이 무의미하다는 것을 적극적으로 설

---

[*] 당시 참석한 원로는 다음과 같다. 임동원, 홍석현, 김정수, 장달중, 박지원, 장상, 이홍구, 심재권, 이재정, 이종석, 백종천, 이현숙, 최완규, 정세현, 정동영, 한완상, 문정인 등. 진보, 보수 할 것 없이 남북관계 관련 원로들을 최대한 모셔 의견을 청취했다. 전문가로는 고유환, 조성렬, 박명림, 이정철, 김용현, 이재영, 조동호, 이관세, 김석향, 김연철, 진창수, 전봉근, 임을출, 지성건, 이남주, 김준형, 김귀옥, 배기찬 등의 의견을 들었다.

득하자"고 협상팀에 주문했다. 1단계로는 개성에, 2단계로는 서울과 평양에 공동연락사무소를 둘 것을 제안하기도 했다.

판문점 회담의 주요 형식과 의전에 있어 남북이 크게 이견을 보인 것은 없었다. 다만 북측은 몇몇 부분에서 아주 완강한 태도를 견지했는데, 그중 하나가 리설주 여사의 참석에 관한 것이었다. 애초에 북측은 리설주 여사의 참석이 불가하다고 알려왔다. 그리고 기자단 앞에서 생중계되는 '남북 정상 공동 기자회견' 방식에 대해 강한 거부 입장을 표명했다. 북측은 늘 하던 대로, 북측 표현대로 수표(서명)하고, 기자회견은 하지 않는 방식을 제안했다. 그리고 판문점에서의 친교 일정(산책 등)에 대해서도 부정적이었다.

우리는 리설주 여사의 참석에 관해서는 북측의 의향이 중요하고, 최대한 존중한다는 입장이었다. 다만 역사적 남북정상회담에 정상 내외가 참석하는 것이 관례에 부합하고 기대에 호응한다는 점을 강조했다. 그리고 공동 기자회견에 대해선 반드시 성사되어야 한다는 입장을 강하게 견지했다. 개인적으로는 남북 양 정상의 생방송 기자회견이야말로 판문점 회담의 백미이며, 이전과 다른 변화된 모습을 상징적으로 보여주는 것이라고 생각했다. 따라서 이 부분은 우리가 양보할 성격이 아니라는 점을 분명히 했다.

남북 정상의 친교 일정에 대해서는 여러 가지 아이디어를 제안했다. '베란다 토크', '기념식수', '군사분계선MDL 산책' 등 판문점이라는 공간적 제약이 분명한 곳에서 가능한 모든 아이디어를 제시했다. 예를 들어 '베란다 토크'는 회담 중 잠시 머리를 식히는 개념으로, 평화의집 3층에 있는 베란다에서 차를 마시며 가벼운 토크를 하자는 식이었다. 이렇게 제안된 여러 친교 일정 중에서 결국 최종 진행된 것이 '도보다리 회담'이었다.

판문점 회담 준비에 임하면서 걱정되는 부분이 있었다. 바로 경호 관련 사항이었다. 어찌 되었건 분단 이후 남측 영토에서 진행되는 첫 번째 남북정상회담이라 북측에서 경호에 상당한 신경을 쓸 것으로 예상했다. 따라서 경호 관련 남북 실무협상이 제대로 진행되지 않으면 어떻게 할지 걱정이 많았다.

하지만 이 모든 것이 기우였다. 경호 부분의 남북 실무협상 테이블이 마련되자, 모든 것이 일사천리로 진행되었다. 경호와 같은 특정 분야는 역시 그들 나름의 '공통 언어'가 존재하는 것 같다. 경호에 대해서는 방문국을 신뢰해 믿고 맡긴다는 큰 원칙에 남북 경호 당국 모두 너무나 쉽게 합의하는 것이었다. 큰 원칙이 합의되니 나머지는 수월하게 처리되었다. 분야별 실무협상에서 가장 손쉽게 합의를 본 것이 의외로 경호 분야였다.

회담 준비에서 가장 중요한 '합의문' 협상은 계속 난항을 겪었다. 북한은 마지막 순간까지 비무장지대DMZ 평화지대화 및 연락사무소 설치에 대해 동의하지 않았다. 수많은 접촉을 거쳐 '판문점 회담 선언문' 상당 부분을 합의했음에도 두 부분은 의견 일치를 보지 못했다. 그리고 한반도 비핵화 부분에 대해서도 매우 완강한 입장이었다. 북측은 비핵화는 남측과 논의할 이슈가 아니라 미국과 협상할 의제이므로 판문점 남북정상회담에서는 제외되어야 한다고 주장했다. 이들 몇몇 쟁점은 판문점 회담 하루 전까지도 미합의 상태였다.

판문점 회담 하루 전, 마지막 접촉을 가졌다. 북측 김○○ 부장은 마지막 순간에도 한반도 비핵화에 대해서는 일절 물러섬이 없었다. 그는 "정상회담 성격에 맞게, 복잡하게 하지 말자. 이번 회담은 양 정상의 친분관계를 두텁게 만드는 회담이 되도록 하자. 비핵화 문제로 3일 동안 협상하고 있다. 만약 비핵화 문제가 제기되면 남북이 각각 발표하자"고 했다. 즉, 합의문에서 비핵화 이슈를 빼자는 것이었다. 김 부장은 '첫째 북남관계, 둘째 군사적 긴장 완화, 셋째 평화체제 수립 범위 내'에서 합의문을 내자고 주장했다.

이 부분은 우리도 도저히 물러설 수가 없었다. 비핵화 문제를 빼고 남북정상회담 공동성명서를 채택할 수는 없는 노릇이었다. 특사단이 방북했을 때 김정은 위원장이 이미 여러 차례 언급한 바 있음을 지적하면서, 의제 제한 없이 각자 구상을 이야기해야 하며 비핵화 합의는 반드시 들어가야 한다는 점을 강조했다.

더 이상 어쩔 수 없었다. 잠깐의 정회 후 우리는 마지막 최후통첩을 했다. 그러자 김 부장도 강하게 나왔다. "북남이 이해가 일치되지 않으니, 공동선언을 그만두자"는 것이었다. 눈앞이 깜깜했다. 이러다 판문점 공동선언문을 못 만드는 것 아닌가 하는 불안감도 적잖았다. 하지만 이제 와 물러설 수는 없었다. 마지막까지 원칙을 지켜야 했다.

곡절 끝에 결국 남북 공동선언문이 만들어졌다. 하루종일 협상과 정회를 반복하다 자정이 다 된 시간에 대략의 합의에 이르렀다. 역사적 판문점선언의 초안이 만들어진 것이다.

판문점 회담 하루 전 자정이었다. 대통령께 최종 준비 상황을 보고했다. 이제 모든 준비는 끝났다!

2018년 4.27 판문점 정상회담을 앞두고 여러 번의 남북 실무회담이 열렸다. 의전, 경호, 보도 등 각 부문마다 나름의 어려움이 있었지만, 제일 어려웠던 것은 '정상회담 합의문'에 담길 내용에 대한 협상이었다. 비핵화는 우리도 도저히 물러설 수가 없었다. 여러 차례의 치열한 협상 끝에 공동선언 초안은 정상회담 하루 전 자정이 다 되어서야 합의에 이르렀다.

판문점 남북정상회담을 앞두고 회담장의 탁자, 환담장의 배경과 의자 위치까지 말 그대로 하나하나에 온 정성을 쏟았다. 판문점 회담에서 사용했던 탁자의 폭은 2018년을 상징하는 2,018밀리미터였다.

오늘 넘을까요? 좋습니다, 가시죠!

＊

세상을 살면서 흔히들 "하늘 아래 새로운 건 없다"고 한다. 남북관계에도 딱 맞는 말이다. 판문점 정상회담 선언문을 준비하면서 참고가 될까 싶어 역대 남북합의문을 살펴봤다. 일종의 '커닝'을 할 만한 멋진 문장이나 좋은 소재가 있을까 싶었던 것이다. 그런데 웬걸, 역대 합의문을 비교해볼 때 가장 오래된 남북합의문인 7·4 공동선언문을 따라갈 만한 게 없었다.

암울했던 1970년대에도 그만큼 치열하게 고민했다고 생각하니 숙연해지기도 했지만, 한편으로는 그로부터 50년이 지났어도 변한 게 없다는 사실이 서글프기도 했다.

남북관계에 관련된 일을 하다 보면 새로운 것에 집착하는 이들을 가끔 보게 된다. 물론 오래된 것보다 새로운 것을 찾고 항상 도

전하는 자세는 의미가 있다. 하지만 새로움에만 집착할 필요는 없다. 특히 한반도 평화 이슈에서만큼은 그러하다. 평화 자체가 아주 오래된 숙제이기에 해답 또한 포도주처럼 제대로 숙성되어야 하는 건지도 모를 일이다.

이재명 정부도 남북관계에 있어 새로운 합의를 만드는 데 노력하기보다는 기존 합의를 제대로 지키는 것부터 시작했으면 좋겠다. 참신하고 거창한 걸 만들기보다는 시간은 좀 지났지만 남북이 이미 합의한 사항을 차근차근 지켜갔으면 좋겠다. 그게 평화를 단단히 다지는 길이다. 일례로 35년 전인 1991년에 체결된 남북기본합의서만 제대로 지켜져도 남북은 더 이상 싸울 일이 없다.

이재명 대통령이 80주년 광복절 경축사를 통해 9·19 군사합의를 복원하겠다는 뜻을 밝혔다. 적극 환영한다. 새로운 군사 분야 합의를 만드는 데 정권의 에너지를 쏟는 것보다 9·19 합의를 복원하는 게 훨씬 현명한 방법이다. 군사합의 복원은 100미터 육상 경기를 할 때 50미터 앞에서 출발하는 것과 같다. 그런 차원에서 지금 당장 9·19 군사합의 복원을 추진해야 한다. 북미관계도 마찬가지다. 한미정상회담에서 싱가포르선언 이행을 약속한 건 이재명 정부의 큰 외교적 성과다. 새롭게 무엇인가를 만들기보다는 기존 합의를 제대로 이어가는 게 무엇보다 중요하다.

2018년 4월 27일 오전 9시 30분경, 김정은 위원장이 드디어 북측 판문각에 모습을 드러냈다. 북한 최고지도자로는 처음으로 참모들과 함께 군사분계선military demarcation line을 넘어 대한민국 영토로 들어왔다. 그리고 기다리고 있던 문재인 대통령과 손을 맞잡았다. 군사분계선에서 김 위원장이 문 대통령에게 "나는 넘어왔습니다. 문 대통령은 언제 이 선을 넘을 것인가요?" 묻자, 문 대통령이 화답했다. "오늘 넘을까요?" 다시 김 위원장이 화답했다. "좋습니다, 가시죠!" 두 정상은 역사상 처음으로 손을 맞잡고 군사분계선을 다시 넘었다. 그렇게 판문점 회담이 시작되었다.

지난 2000년과 2007년 평양 정상회담에서 남측 대통령이 북한군 의장대를 사열한 바 있지만, 북한 최고지도자가 대한민국 국군 의장대를 사열한 것은 판문점 회담이 처음이었다. 다만 공간적 제약으로 인해 의장 행사는 약식으로 진행되었다.

판문점선언의 내용은 크게 △남북관계 개선과 발전, △남북 간 군사적 긴장 상태 완화와 전쟁 위험의 실질적 해소, △한반도의 평화체제 구축을 위한 협력으로 구분할 수 있다.

판문점선언의 주요 특징 중 하나는 군축에 관한 합의(3조 2항)다. 여태껏 많은 남북합의 중에서 군축을 담은 것은 존재하지 않았다. 판문점선언은 1970년대 이후 명문화된 규정이 들어간 사실상 최초의 '군축 합의'다. 이는 이후 9·19 군사합의로 이어져 실질화되었다.

그리고 '종전선언'을 선언문(3조 3항)에 담아낸 것도 주요 특징이다. 한중·미중 수교가 이미 완료된 상황에서 우리에게 필요한 것은 평화협정이었으나, 그를 위한 선언적 의미로 2018년 내 종전선언을 추진하고, 장기적으로 평화협정으로 이어가자는 것이었다. 사실 종전선언은 남북미만 해도 충분하다고 보았다. 중국의 참여는 필수적인 것은 아니어서 탄력적으로(남북미 삼자 또는 남북미중 사자) 합의한 것이다. 2007년 10·4 선언 당시 김정일 위원장은 종전선언에 중국이 포함되는 것을 그리 달가워하지 않았다는 점도 고려되었다.

판문점선언에 포함된 남북 철도 연결 사업은 '동북아 철도 공동체' 구상에서 출발한다. 철도 공동체는 에너지 공동체와도 연결된다. 문 대통령은 국회의원 시절 외국 출장을 딱 한 번 갔는데, 당일치기로 일본을 방문해 소프트뱅크 손정의 회장을 만나서 동북아 에너지 공동체 구상에 대한 폭넓은 대화를 나눴다. 문 대통령은 철도 및 에너지 공동체는 한반도 비핵화가 완성되면 동북아 다자 체제 속에서 해결될 수 있다고 봤다. 하지만 동북아 지역의 역사적 특수성 때문에, 지금 바로 다자 체제로 전환될 수 없기에 각국이 함께 공동으로 이익을 추구할 수 있는 철도 및 에너지 공동체를 우선 형성하는 것이 낫다고 본 것이다.

판문점 회담을 앞두고 참 놀라운 일이 벌어졌다. 회담 3일 전, 일본 아베 총리가 문 대통령에게 급하게 전화통화를 요청한 것이다. 그것도 통사정을 하면서 말이다. 분명 평소 아베 총리의 모습은 아니었다. 그는 문 대통령이 김정은 위원장을 만나면 일본인 납치자 이슈를 제기해달라고 간곡하게 요청했다. 참 뻔뻔한 요구였다.

평창올림픽 개막식 등 한반도 평화 프로세스에는 그렇게 비협조적
이더니, 막상 자신들 문제에 대해선 문 대통령에게 매달리는 것이
었다.

문 대통령은 "기회가 닿는 대로 아베 총리의 입장을 전달하겠
다"고 답했다. 그리고 실제로 판문점 회담과 평양 회담에서 김정은
위원장에게 아베 총리의 입장을 전했다. 문 대통령은 한반도 평화
정착에 있어 일본의 역할이 중요하며, 북일관계 개선도 필요하다
고 판단했다. 참고로, 판문점 회담 이틀 후 문 대통령은 아베 총리
에게 전화해서 관련 내용을 공유했다.

판문점 정상회담을 준비하면서 공을 들였던 일정 중 하나가 양 정상의 공동 기자회견이었다. 실무협상 과정에서 북측은 전 일정이 생중계되는 것에도 강한 거부감을 피력하긴 했지만, 두 정상의 공동 기자회견은 끝까지 우리 측 실무 협상단을 애태우게 했다.

도보다리 회담은 어떻게 만들어졌나?

세계 외교사에서 가장 극적이고 아름다웠던, 그리고 내실까지 있었던 정상회담은 무엇일까? 나는 감히 판문점 도보다리 회담이라고 생각한다. 새소리 외에는 아무것도 들리지 않는 자연을 무대로 양 정상은 누구의 간섭도 받지 않고 30분 이상 속 깊은 이야기를 나눌 수 있었다. 덤으로 이 모든 과정이 전 세계로 생중계되기도 했다.

애초에 도보다리 회담은 기획된 이벤트는 아니었다. 처음 계획은 양 정상이 기념식수를 하고 회담장인 평화의집으로 들어가기 전에 자연스럽게 도보다리 주변에서 가벼운 산책을 하는 것이었다. 도보다리 근처에는 군사분계선이 있고 녹슨 이정표도 있어 상징적인 의미가 있었다. 우리는 혹시 모를 상황에 대비해서 따뜻한

차를 마련해두는 정도로 준비했다.

도보다리 회담은 문재인, 김정은 양 정상의 치열함이 만들어낸 하나의 드라마였다. 양 정상이 기념식수를 하고 산책하면서 이런 저런 이야기를 나눴는데, 그 과정이 예상보다 훨씬 깊었던 것이다. 대화를 끊고 회담장으로 가기보다는 서로 대화를 이어가 꽉 막힌 남북관계의 물꼬를 트고 싶은 마음이 컸던 것이다. 그 간절함이 결국 세계 외교사에 길이 남을 명장면을 만들었다.

나는 간절함이 그 어떤 기획보다 낫다고 생각한다. 한반도 평화 정착도 매한가지다. 이벤트로는 세간의 이목을 끌 수는 있어도 세상을 바꿀 수는 없다. 지속적인 노력과 창의적인 생각 그리고 간절함이 하나가 될 때 비로소 상대를 움직일 수 있다.

오전 회담을 마치고 오찬은 남북이 각자 하기로 했다. 일종의 중간 휴식으로 서로가 차분하게 복기하는 시간을 가질 수 있고, 또 저녁 만찬이 예정돼 있다는 점을 고려한 결정이었다. 문 대통령은 평화의집에서 공식 수행원과 오찬을 했고, 김 위원장은 통일각으로 돌아가 오찬을 했다. 오찬 과정에서 대통령은 오전 회담 중에 논의된 군비 축소, 비무장지대 평화지대화 등을 공식 수행원들에게 소개했다.

대통령은 "통역 없이 하는 정상회담이 정말 좋다"며 큰 만족감을 표현했다. 기분이 좋은지, 과거 특전사 근무 시절에 있었던 벽돌 깨는 시범 훈련 이야기를 재미나게 들려주기도 했다. 당시 북한 귀

순자들이 벽돌 깨기 훈련을 하루 3,000번 했다고 하자, 이 이야기를 들은 박희도 특전사 공수여단장이 우리는 하루에 5,000번씩 훈련하도록 지시했다는 일화였다.

북측은 판문점 기념식수에 대해 그리 호의적이지 않았다. 대놓고 반대하지는 않았지만, 속뜻은 하지 말자는 것이었다. 내가 이해하기로는 혹시라도 남북 정상이 심은 나무가 잘못되면 큰일 난다는 의미인 듯했다. 북한 최고지도자가 심은 나무가 잘못된다면 실무진인 자신의 책임으로 돌아올 수도 있다는 걱정 같았다. '웃픈' 이야기지만 북측의 실상이 그러니 이해할 수밖에 없었다. 그런데 처음에 난색을 보이던 북측 실무진도 마지막에는 동의했다. 아마도 '평양'의 지침이 있었던 것으로 추정된다.

식수에는 남북이 하나 됨을 염원하며 한라산과 백두산 흙을 섞어 사용했다. 북측은 백두산 고산지대에서 자라는 만병초라는 풀을 뽑아 그 뿌리에 묻어 있는 흙을 털어 모아서 가져왔다고 했다. 왜 그렇게 했느냐고 물으니, 백두산은 화산재로 이루어져 백두교에서 장군봉 마루까지는 제대로 된 흙이 없기 때문에 그렇게 모았다고 했다.

앞서 언급한 바와 같이 도보다리 회담은 어떤 이의 기획에 의한 것이라기보다는 문재인, 김정은 남북 양 정상의 치열함이 만들어 낸 역사적 장면이었다. 국내 언론을 비롯해 외신까지도 도보다리에서 양 정상이 나눈 대화의 내용이 무엇인지 궁금해했다. 개인적으로 대통령께 이런저런 이야기를 들었지만, 이 책에서 밝히고 싶지는 않다. 세세한 부분은 양 정상의 가슴속에 남겨두는 것이 낫지 않을까 싶다.

도보다리 회담을 마치고 오후 5시가 조금 넘어(오후 5시 15분) 평화의집 1층 회의장에서 단독 환담을 개최했다. 이 자리에서 문 대통령은 북측에 있는 우리 국민, 즉 억류자 이야기를 꺼냈다. 당시 우리 정보기관이 확인한 억류자는 비공식적으로 6명이었다. 대통령은 3·1운동 100주년 기념 사업과 안중근 의사 유해 발굴 사업을 남북이 공동으로 할 것을 제안하면서, 아울러 억류된 우리 국민 6명을 석방할 것을 김정은 위원장에게 공식 요구했다. 김 위원장은 "전문기관과 협의해서 되도록 노력하겠다"고 긍정적으로 답변했다.

이후 문 대통령은 9월 평양에서 다시 김 위원장을 만났을 때도 억류자 석방 문제를 제기했고, 김 위원장은 긍정적으로 답변했다. 아쉬운 부분은 제대로 매조지어 성과를 거두지 못한 것이다. 개인적으로는 김 위원장이 억류자 석방을 서울 답방의 카드로 활용하고자 한 게 아닌가 추측해본다.

환담 중에 문 대통령은 김여정 부부장에게 평창올림픽 기간에 방문한 남측의 인상이 어땠는지 물었다. 그러자 김정은 위원장이 "김여정 부부장이 남쪽 사람 다 되었다"는 농을 하기도 했다. 그리고 "남측의 KTX가 대단하더라"는 말로 이어갔다. 문 대통령이 화답하듯이 "평양의 지하철도 대단하다고 하더라"라고 하자, 김 위원장은 "대통령께서 평양에 오시면 지하철을 타보셔야 되겠다"며 밝은 분위기로 환담을 이어갔다.

그런 대화 과정에서 김정은 위원장에게 USB와 책자를 전달했다. 국민의힘에서 북한에 원전 건설 약속을 담은 USB를 전달했다고, 지금도 억지 공세를 취하고 있는 바로 그 USB 말이다.

정상회담의 친교 일정으로 만들어진 도보다리 회담
은 남북 두 정상의 치열함이 만들어낸 명장면이었
다. 가벼운 산책으로 기획되었던 일정이 계획보다
긴 시간 누구의 간섭도 받지 않는 진솔한 회담이 된
것은 두 정상의 간절함의 결과였다.

판문점 USB의 정체

국민의힘 일부 인사가 제기한 판문점 USB 관련 정치공세는 철 지난 색깔론과 내용 없는 퍼주기론을 섞은 허무맹랑한 주장일 뿐이다. 국민의힘은 종종 지지층을 결집하고 진보정부의 평화 정책을 흠집 내기 위해 색깔론과 퍼주기론을 제기해왔다. 그 역사는 김대중 정부 이래로 계속되었다.

분단국가에서 안보 이슈를 이용해 이념적 적대감을 조성하고 선거 등 정치전략에 활용하는 색깔론과 퍼주기론은 대한민국 정치에서 사라져야 할 암적인 존재다. 문재인 정부 시절 그들은 "쌀 주면 포탄 날아온다"는 식으로 한반도 평화 프로세스를 폄훼했다. 하지만 문재인 정부는 북한에 단 한 톨의 쌀도 준 적이 없다. 북한 식량 지원은 정치적 성향과는 무관하게 인도주의적 필요에 근거한 것으로, 역내 안정은 물론 장기적으로 평화통일의 기반을 구축하는 데 큰 도움이 되는 일이다.

사실 진보든 보수든 안보와 평화 이슈를 정략적으로 활용해서는 결코 안 된다. 이는 정치적 유불리를 떠나 숙고하고 실천해야 할 문제다. 그만큼 파급 범위가 넓고 한번 잘못 다루면 정상으로 회복하는 데 너무 오랜 시간이 걸리기 때문이다.

사실 그때 USB를 건넨 일은 까맣게 잊고 있었다. 국민의힘이 공격하는 바로 그 순간까지도 말이다. 국민의힘에서 그토록 의혹을 제기한, 말도 많고 탈도 많았던 USB에 관한 이야기를 본격적으로 하기 전에 우선 그 USB를 누가 왜 만들었는지 알아야 한다.

판문점 회담 준비가 한창이던 2018년 4월 11일, 준비위원회 회의에서의 일이다. 문 대통령은 회담 과정에서 영상 자료가 필요할 수도 있다는 점을 지적했다. 만일의 경우를 대비해 회담장인 평화의집에서 영상 자료를 상영할 수 있도록 관련 기자재를 준비할 것을 지시했다.

이어 4월 22일, 청와대 관저에서 외교안보 참모 회의를 할 때, 문 대통령은 영상 자료에 '한반도 신경제 구상'을 담아두라고 지시했다. 이 부분은 회담 의제는 아니지만, 책자 또는 USB로 전달하도록 하고, 사정이 허락한다면 회담 중에 가볍게 설명해도 무방하다고 했다.

대통령은 아울러 경제를 회담 의제로 삼는 건 우리에게 부담이 크다면서, "한반도 비핵화 이슈가 해결되지 않았는데 미국 등에서 문제 삼을 수 있으니 미래 비전을 보여주는 선으로 하자"고 했다. 당일 회담에서 영상을 보여줄 수 있으면 틀고, 안 되면 전달하는 것만으로도 충분하다는 것이었다. 이후 통일부는 대통령이 민주당 대표 시절부터 주장했던 '한반도 신경제 구상'을 기반으로 관련 내용을 만들어 USB와 책자에 담기로 했다.

그런데 막상 당일에는 회담이 너무 순조롭게 진행되어, 사실 대통령도 USB의 존재 자체를 까맣게 잊고 있었다. 환담장에서 양 정상이 대화를 나누는 동안에 불현듯 USB와 책자가 떠올랐다. 그 순간 이걸 어쩌나 하는 생각이 들었고, 환담장에서 조용히 대통령 뒤편으로 가서 여쭸다. "대통령님, 제가 지금 USB와 책자를 들고 있는데, 이걸 어떻게 하는 것이 좋겠습니까?" 그러자 대통령은 잠시 생각하더니, "그렇다면 지금 주자"고 했다. 대통령은 김정은 위원장에게 "우리 측의 '한반도 신경제 구상'을 담은 것이다. 아직 충분치 않으며 우리 관점에서 내용을 담고 있다. 조사연구팀에서 함께 논의해보자"며 전달했다.

시간이 지나고, 국민의힘에서는 "USB에 문재인 정부가 북한에 원전을 지어주기로 약속한 내용이 있다"면서, 일종의 물밑 거래설을 제기했다. 국민의힘 지도부는 물론이고 홍준표 전 대구시장 등 당내 많은 인사가 문재인 정부를 공격했다. 심지어 지금까지도 USB를 거론하며 공격하고 있다.

참 웃긴 이야기다. 어이가 없어도 너무 없다. 앞서 언급한 바와 같이 USB와 책자는 통일부가 제작했으며 문 대통령이 민주당 대표 시절 제안한 '한반도 신경제 구상'이 기본 내용이다. 평화가 정착된 한반도의 미래 비전을 북측에 제시한 것으로, 원전의 '원' 자도 없다. 만약 숨기고 싶은 내용이 조금이라도 있었다면, 판문점 회담 직후 우리가 북측에 USB와 책자를 전달했다는 사실을 청와대 대변인이 나서서 언론에 대문짝만하게 실릴 만큼 크게 브리핑했겠는가?

더 심각한 문제는 국민의힘도 이런 내용을 너무나 잘 알고 있다는 것이다. 당시 만든 USB와 책자를 윤석열 정부가 모두 확인했기 때문이다. 2018년 당시 통일부는 여러 개의 USB를 만들어 김정은 위원장에게 주고, 청와대에도 보고하고, 통일부에도 보관했다. 즉, 윤석열 정부는 집권 직후에 USB 내용을 확인해서 원전의 '원' 자도 없다는 걸 알고 있음에도 불구하고 근거 없는 정치공세로 일관했다. 정말 한심한 노릇이다.

내가 국회의원이 되고 처음으로 소속된 상임위가 외교통일위원회였다. 당시 국민의힘에서 하도 비상식적인 정치공세를 펼치기에 통일부 이인영 장관에게 질의했다. "장관은 USB와 책자를 보지 않았나? 그 내용 중에 원전의 '원' 자라도 있나?" 이인영 장관의 답은 명쾌했다. "전혀 없다." 그 순간 국회 회의장에 함께 있던 국민의힘 의원들은 매우 아쉬워하는 눈빛이었다. 하지만 그때뿐이었다.

이후에도 때만 되면 홍준표 전 시장을 비롯한 국민의힘 정치인들은 'USB를 이용한 퍼주기'라고 공격을 하고 있다. 이 지면을 통해 다시 한번 단호하게 이야기한다. 철 지난 거짓 선전선동은 제발 그만두시라. 지금 시대 대한민국 국민은 그런 질 낮은 정치공세에 결코 속지 않는다.

"지금부터 남북 모두가 18시 30분"

판문점 남북정상회담, 지금 생각해도 가슴이 뛰고 벅차오른다. 회담장의 탁자, 환담장의 배경과 의자 위치까지 말 그대로 하나하나에 온 정성을 쏟았다. 그게 한반도 평화의 문을 여는 과정이라고 생각했다.

이재명 대통령 임기 중에 남북정상회담 정례화를 꼭 이뤘으면 한다. 일종의 셔틀외교처럼, 남측 대통령이 취임하면 북측 지도자가 내려오고, 북측에 중대 계기가 있으면 남측 대통령이 방북하는 식으로 정상회담이 이어졌으면 좋겠다. 같은 민족이라면 당연한 일 아니겠는가.

2018년 4월 27일 오후 6시 15분, 만찬 직전에 양 정상 내외가 환담을 나눴다. 리설주 여사가 마지막 순간에 참석을 결정함에 따라 마련된 자리였다. 환담장에서 리설주 여사는 분위기에 맞게 대화에 참여했다. 리 여사는 김정숙 여사에게 "성악을 전공하셨다고 들었다. 그래서인지 몰라도 마음속으로 가깝게 느꼈다. 예술교류 사업에 힘을 보탤 수 있을 것 같다"고 이야기하며 같이 음악을 한 사람으로서 동질감을 나타냈다. 이에 김 여사는 "리설주 여사의 노래를 들어봤다. 즐거움이 느껴져 좋았다. 저는 소프라노를 전공했다"고 화답했다.

환담 과정에서 김정은 위원장의 리더십 스타일을 엿볼 수 있는 계기가 있었다. 만찬을 앞두고 가벼운 대화가 오가는 중이었다. 갑자기 김 위원장이 남북한 시차에 관한 이야기를 꺼냈다. 사실 평화의집 1층 환담장 벽에는 남측 시간을 알리는 시계와 북측 시간을 알리는 시계가 나란히 걸려 있다. 남북은 당시 30분의 시간 차이가 있었다. 어쩌면 분단의 상징과도 같은 모습이었다. 김 위원장이 그 시계를 보고 즉흥적으로 이야기를 한 것인지 아니면 평양에서부터 준비한 이야기인지는 알 수 없다.

김 위원장은 "이 자리에서 할 이야기는 아닌 것 같지만, 이 방에 시계 두 개가 걸려 있다. 분단 역사가 아픈데 시간까지도 이렇게 달려져 있다. 오전에 시간을 보면서 뭔가 갈라진 것을 느꼈다. 점심 때 우리 사람들과 이야기를 나눴다. 이번 계기로 종전대로 동일하게 시간을 맞추자. 같이 손잡고 한 발 한 발 나가자"고 했다.

문 대통령은 즉각 화답했다. "공감한다. 중요한 게 표준이다. 남

4.27 판문점회담 회담장에 나란히 걸려 있던 두 시계. 서울과 평양의 시차는 분단의 상징을 보여주는 한 장면이었다. 그날 김정은 위원장은 남북의 시차를 없애자고 제안했다. 그 제안이 미리 준비한 것인지, 즉흥적인 결정이었는지는 알 수 없지만 갈라서 산 세월을 하나씩 극복하는 한 걸음이었다.

북 간에 다른 것이 많다. 여러 가지를 맞춰나가자." 사실 예정에 없던 제안이었지만 화답하지 않을 이유가 없었다. 그러자 김 위원장은 "아까 시계를 보니 마음이 이상했다. 남북 간에 왜 시간이 다른가? 하나로 합치자. 김정은 위원장이 문재인 대통령에게 이야기했으니, 지금부터 남북 모두가 6시 30분이다"라고 말했다.

그렇다. 2018년 4월 27일 오후 6시 30분을 기점으로 남북한의 시간이 다시금 하나가 되었다. 그렇게 판문점 남북정상회담은 무르익어갔다. (실제 북한은 회담 사흘 후인 4월 30일 평양 시간을 대한민국의 표준시와 맞춘다고 공표했다.)

사실 판문점 회담을 준비하면서 가장 신경 썼던 부분 중 하나가 언론 생중계였다. 2000년 6·15 회담 이래 역대 남북정상회담을 생중계한 사례는 한 번도 없었다. 심지어 김일성, 김정일, 김정은 등 북한 최고지도자가 참석한 북중·북러 정상회의가 생중계된 사례도 없었다. 이는 북한 사회가 갖는 특수성에서 기인한다. 당시까지 북측은 사전에 검열하지 않고 최고지도자의 사진과 영상이 공개되는 걸 절대 용납하지 않았다.

하지만 판문점 회담은 거의 모든 내용이 생중계되는 파격 그 자체였다. 김정은 위원장이 통일각에서 걸어 군사분계선을 넘어오는 장면과 군사분계선에서 문재인 대통령과 손잡고 함께 북측으로 건너갔다가 다시 넘어오는 장면, 경호원들의 육탄 경호를 받으며 군사분계선을 넘어 북으로 돌아가는 장면까지, 그리고 그 유명한 도보다리 회담 등 거의 모든 과정이 전 세계 언론에 생중계되었다.

애초에 북측은 생중계에 강한 거부감을 나타냈다. 실무협상 과정에서 강한 우려를 표명하면서, 우리 측의 생중계 제안에 대해 반복적으로 거부 의사를 밝혔다. 그렇게 난항을 겪다가 어느 시점부터 북측 관계자들의 입장이 180도 바뀌었다. 아마도 '평양'의 지침이 있었던 것으로 추측된다. 그 후부터는 생중계 관련 논란이 없었다. 다만 김정은 위원장이 참석하는 양 정상의 공동 기자회견에 대해서만큼은 마지막까지 완강하게 반대 입장을 고수했다. 이 또한 마지막 순간에 이르러서야 결국 수용했다.

우리가 생중계를 고집한 이유가 있었다. 우선 모든 걸 투명하게 공개하는 것이 다른 무엇보다 중요하다고 봤다. 특히 우리 영토에서 개최되는 첫 번째 남북정상회담인 만큼 작은 부분 하나라도 숨김없이 공개해야 불필요한 오해를 불식시킬 수 있다고 판단했다. 혹시나 제기될 수 있는 시빗거리를 원천적으로 제거해야 했다. 그리고 어쩌면 회담의 흥행을 좌우하는 핵심 요인이 될 것으로 보았다. 북한을 국제사회의 정상 국가로 견인하는 데도 도움이 된다고 생각했다. 은둔과 장막의 나라 북한이 세계 언론 앞에 공개되는 것이, 남북관계에 도움이 될 뿐 아니라 북한의 이미지 개선에도 좋은 영향을 미칠 거라고 판단한 것이다.

앞에서도 잠깐 언급했지만, 북측이 판문점 회담 준비 과정에서 끝까지 응하지 않다가 회담 직전에 수용한 부분이 있다. 바로 리설주 여사 참석 문제였다. 애초 우리는 정상회담이니만큼, 회담은 참석할 필요가 없지만 만찬에는 정상 내외가 함께하는 것이 적절하다고 판단했다. 하지만 북측은 초지일관 리설주 여사는 참석할 수 없다는 입장이었다. 사실 이유조차 제대로 설명하지 않았다. 북측 표현에 따르면 '생각 없다', '일없다'는 것이었다.

회담의 내용과 연계되는 사항은 아니지만, 난감했다. 역대 남북정상회담의 경우 항상 영부인이 동행했기에 청와대에 영부인을 두고 대통령 혼자 나서는 모양새가 아무래도 이상할 것 같았다. 특히 만찬 일정과 친교 일정이 있는 상황이라 더욱 그러했다.

처음부터 끝까지 완강하게 거부하던 북측은 회담 직전에야 리설주 여사의 참석을 통보했다. 어쩌면 회담 준비를 협의하는 북측 실무 관계자 처지에서는 리 여사 참석 여부를 함부로 입에 올리기조차 어려웠을 것이다. 여태껏 남북정상회담에서 북한 최고지도자의 배우자가 등장한 적은 단 한 번도 없었기 때문이다. 김정은 위원장의 할아버지인 김일성 주석과 아버지 김정일 위원장 시기에는 감히 상상도 하지 못했던 일이었다.

2018년 3월 특사단 방북 만찬에서 깜짝 등장이 있었지만(비공개 일정이었다), 철저히 베일에 가려진 북한 최고지도자의 배우자가 정상회담 공식 석상에 나선다는 것은, 북측 입장에선 천지가 개벽할 정도로 엄청난 사건임에는 분명했다.

왜 북측이 회담 직전까지 리 여사의 불참을 고집했는지는 알 수 없다. 마지막 순간 극적 효과를 보려고 했든지, 아니면 '평양'의 결

심이 서지 않았든지, 또는 리 여사 본인이 미온적이었든지… 우리
로서는 알 수 없는 일이었다.

애초에 판문점 회담은 1박 2일로 기획되었다. 하루는 남측 평
화의집에서, 하루는 북측 통일각에서 회담을 개최함으로써 분단
현실을 제대로 알리고, 또 판문점의 역사적 취지를 제대로 살리고
자 했다.

사실 판문점은 1976년 8월 18일 '도끼만행' 사건 전에는 남북
군인들이 자유롭게 왕래하던 곳이었다. 말 그대로 '공동경비구역'
으로, 남과 북의 분단 상황을 가장 적나라하게 보여주는 장소였는
데, 도끼만행 사건 이후로 지금과 같은 경비 체제가 갖춰졌다. 따라
서 처음 정상회담 콘셉트는 '예전 판문점으로 돌아가보자'는 것이
었다. 그를 통해 우리가 바라는 한반도 평화 정착의 사례를 시범적
으로 만들 수도 있다고 봤다. 하지만 판문점 1박 2일 회담은 여러
가지 이유로 불발되었다. 참 아쉬운 부분이다.

회담 준비 과정에서의 일이다. 북측 인사에게 평양냉면에 관해
언급한 적이 있다. "만찬 메뉴는 초대하는 우리가 마련하겠지만, 일
종의 특식 개념으로 북측에서 평양냉면을 준비하면 좋지 않겠냐"
고 지나가는 말로 툭 던져보았다. 문 대통령이 2007년 10·4 남북
정상회담에 참석하지 못해 평양 옥류관 냉면을 먹어보지 못한 걸
아쉬워한다는 말과 함께 말이다.

다음에 만났을 때 북측 관계자가 평양냉면을 준비하겠다고 말

했다. 무슨 수를 쓰든지 옥류관 냉면 그 맛 그대로 만찬장에 올리겠다는 것이었다. 회담 당일, 북측 관계자에게 확인하니 옥류관 냉면 맛을 제대로 내기 위해 며칠 전부터 모든 재료를 비롯해 주방장까지 개성에 와 준비했다고 했다. 정상회담에 임하는 그들의 마음이 느껴졌다.

회담장으로 사용된 판문점 평화의집은 훌륭했다. 물론 규모가 작은 한계는 있었지만, 평소 깨끗하게 잘 관리되어 수리할 곳이 그리 많지는 않았다. 그렇다 하더라도 정상회담을 하기 위해서는 여기저기 소소하게 손을 보아야 했다. 대표적인 것이 화장실이었다. 일반 건물 같으면 한 층에 화장실이 하나면 충분하지만, 남북정상회담이 열리는 곳이 아닌가? 더군다나 은둔의 지도자 북한 김정은 위원장을 상대로 한 회담장이었다. 현장을 답사한 북측 관계자가 난감한 표정을 지었다. 이 상태로는 도저히 안 된다는 의미였다. 방법을 찾아야 했다. 회담까지 시간이 얼마 남지 않은 게 문제였다. 다행히 관계기관의 협조와 적극적인 노력으로 해결할 수 있었다.

비슷한 사례가 또 있었다. 양 정상이 사용할 회담장의 탁자를 구해야 했다. 평화의집에 있던 회의용 테이블은 말 그대로 일반 회사에서 사용하는 사무용 탁자 수준이었다. 그래도 명색이 남북정상회담인데, 값비싼 탁자는 아니어도 회담의 격은 맞출 수 있는 탁자가 필요했다. 우선 청와대가 보유하고 있는 탁자를 몽땅 뒤졌다. 그때 알았다. 청와대 내 집기들이 참 오래되었다는 사실을 말이다.

청와대 총무비서관실의 협조하에 거의 모든 탁자를 회담장에 맞춰 봤다. 아쉽게도 모두 조금씩 부족했다. 크기가 맞으면 분위기가 맞지 않고, 분위기가 맞으면 크기가 맞지 않는 식이었다.

결국 다른 부처의 도움을 받아 해결했다. 이런 측면에서는 청와대보다 부처가 훨씬 낫다. 참고로, 판문점 회담에서 사용한 탁자의 폭은 2018년을 상징하는 2,018밀리미터였다.

회담을 준비하면서 많은 사람의 협조와 도움을 받았다. 주무 부처인 통일부는 말할 것도 없고, 보이지 않는 곳에서 헌신적으로 일한 국정원 등 관련 부처의 적극적인 협조와 도움이 있었다. 끊어진 남북관계를 복원하고 평화의 길을 놓는다는 마음에서 모두 한마음으로 뛰었던 것 같다. 이 자리를 통해 당시 함께했던 분들에게 진심으로 감사드린다.

판문점 정상회담을 준비하면서 많은 이들이 보이
는 곳에서, 보이지 않는 곳에서 혼신의 힘을 다해
주었다. 판문점 정상회담이 모두 끝나고 평화의집
이 보이는 마당에서 현장에 남아 있던 이들이 함께
기념사진을 찍었다. 국회의원, 각 부처의 장차관,
만찬에 참석해준 뮤지션들과 실무자들까지 모두가
한 마음이었기에 가능했던 날이었다.

21시간 만에 번개 정상회담이 열리다

개인적으로는 2018년 5월 26일에 있었던 2차 판문점 회담이 야말로 가장 이상적인 남북정상회담이라고 생각한다. 여태껏 단 한 차례도 본 적 없는, 어찌 보면 남북정상회담의 정수와도 같았다.

우선 형식 면에서는 파격 그 자체였다. 북측이 제안하고 남측이 호응해 불과 21시간 만에 정상회담이 열렸고, 경호와 보도 그리고 수행원 등 모든 면에서 형식 파괴였다. 평소 내가 바라던 남북 간 정상 셔틀외교의 전형을 보여준 것이었다.

내용 면에서도 대단히 실질적이었다. 북측 최고지도자가 가장 필요로 하는 걸 남측 대통령이 해소해주었다. 민족적 당위 또는 장 밋빛 전망이 아니라 남북 간의 핵심 현안을 단번에 풀어낸 실질 회 담이었다. 그런 측면에서 '한반도 운전자론'을 실체적으로 보여준 회담이었다고 할 수 있다. 앞으로 이재명 정부가 착안할 지점은 여기에 있다고 본다. 정상회담의 형식보다는 내용을, 그리고 대한민국의 역할에 주목했으면 좋겠다.

2018년 6월 12일로 예정된 북미정상회담을 앞두고 북미 간의 힘겨루기는 하루가 다르게 거칠고 치열해졌다. 북미정상회담을 20여 일 앞둔 5월 24일이었다. 미국 트럼프 대통령이 갑자기 북미정상회담 취소를 공개 선언했다. 아닌 밤중에 날벼락이었다. 미국이 표면적으로 내세운 이유는 북한 최선희 외무성 부상의 논평 때문이었다. 청와대는 난리가 났다. 마침 문재인 대통령이 미국 순방을 마치고 돌아오는 귀국길이었다.

어찌 보면 당시 북미 간 힘겨루기의 시작은 미국 백악관의 대표적 매파였던 존 볼턴 보좌관 등이 주도했다고 볼 수 있다. 대북 강경파 중의 핵심인 볼턴은 5월 13일 미국 ABC와의 인터뷰에서 "(북한의) 영구적이고 검증 가능하며 불가역적인 비핵화가 보상 혜택이 들어가기 전에 일어나야 한다"면서 '리비아식 모델'을 언급했다. 회담 직전에 일종의 가이드라인을 제시한 것으로, 도저히 이해할 수 없는 행동이었다. 북한이 가장 싫어하는 리비아식 모델을 언급하면서 회담을 앞둔 북한을 불필요하게 자극했다.

북한은 볼턴의 주장에 흥분하며, 5월 16일 김계관 외무성 부상을 통해 북미회담을 재고려할 수 있다는 경고성 담화를 발표했다. 그 직후인 5월 21일, 미국 펜스 부통령이 다시 리비아식 모델을 언급했다. 불난 집에 기름을 부은 격이었다. 어쩌면 백악관 강경 보수파들의 작전인 것 같았다. 그러자 5월 24일 문제의 최선희 부상의 논평이 나왔다. '북미회담 재고려 문제를 북한 최고지도부에 제기하겠다'는 것이었다. 논평 발표 직후, 트럼프 대통령은 북미정상회담 취소를 선언했다. 요약하면, 미국의 매파가 불을 지르고, 북한 외무성 간부들이 기름을 끼얹어 북미정상회담이 파탄 직전에 이른 것이었다.

이런 상황에서 북측에서 급한 전갈이 왔다. 김영철 노동당 통일전선부장이 "김정은 위원장이 긴급하게 양 정상 간의 격의 없는 소통을 원하고 있다"고 했다. 정세가 복잡하니 급하게 당장 만나서 할 이야기가 있다는 취지였다. 기자단도 없이 수행원도 없이 양 정상이 내일(5월 26일) 오후에 급히 만나자고 했다. 일종의 '번개' 회담을 하자는 것이었다. 정상 간의 '번개'는 보지도 듣지도 못한 것이었지만, 김 부장은 막무가내였다. 북측은 "문 대통령께서 용단을 내려달라"고 했다.

즉시 안보실장과 비서실장 등 청와대 극소수 참모들이 모였다. 북미 간에 돌아가는 상황을 보니 급박해 보이지만, 명색이 정상회담인데 하루 전에 만나자는 것은 상식적이지 않고, 무엇보다 경호와 안전을 담보할 수 없는 상황이었다(북측은 회담을 판문점 내 북한 영토인 통일각에서 비공개로 하자고 했다). 결국 최종 판단은 대통령이 할 수밖에 없었다. 참모 회의 결과를 듣고 5월 25일 늦은 저녁 관저에 계신 대통령을 찾아갔다.

대통령의 판단은 간명했다. "가야 한다." 안보실장 등에게 상황을 보고받은 대통령은 지금 상황은 북미 간에 협상이 순조롭지 않다는 것인데, "이런 판단은 북에 대한 신뢰를 전제로 해야 하며, 가는 것을 원칙으로 하되, 북한 영토로 넘어가는 것이니 대한민국 군 통수권자 부재 상황의 대비책을 살펴보라"고 주문했다. 북측의 요청대로, 최소한의 수행 및 경호 인력만 데리고 가겠다는 것이었다. 대통령의 단호한 의지를 듣는 순간, 나는 한편으로 통쾌한 느낌이 들었다. 그렇다. 지도자는 이런 결단이 있어야 하는 것이다.

5월 26일 아침, 청와대에서 NSC 회의를 소집했다. 판문점 통일각에서 대통령이 회담하는 동안 만일을 대비해서 각 군 총장은 비상 대기하도록 했다.

오후 1시, 대통령은 승용차에 탑승했다. 보안 유지를 위해 경찰 경호도 없었고, 경호를 위한 신호 대기도 없었다. 그저 평범한 일반 승용차를 타고 비밀리에 판문점으로 향했다. 나를 포함한 극소수 수행원이 승합차 한 대로 뒤따랐다. 그게 전부였다.

오후 2시, 대통령이 판문점 평화의집에 도착했다. 북측에서는 김영철 부장, 김여정 부부장, 마원춘 국장 등이 통일각에서 회담을 준비하고 있었다. 대통령은 이런저런 보고를 받고 회담 준비를 마친 다음 오후 3시에 통일각으로 이동했다.

통일각 정문 앞에 김정은 위원장이 나와 있었다. 아주 작은 규모지만 의장대(?)도 있었다. 김정은 위원장은 문 대통령을 보자마자 "고맙다, 이렇게 급작스럽게 연락했는데 볼 수 있어 고맙다"고 이야기했다. 아울러 "대통령님을 제대로 영접하지 못해 미안한 마음이다. 가을에 평양을 방문하면 성대하게 잘 맞이하겠다"면서 대통령에게 인사했다. 문 대통령은 "양 정상이 이런 방식으로 만날 수 있다는 것이 무척 의미가 있다. 과거에는 몇 년씩 걸려 만났는데, 이번에는 24시간도 걸리지 않았다"며 화답했다.

양 정상은 기념 촬영을 하고 곧바로 회담에 들어갔다. 회담은 순조롭게 진행되는 것 같았다. 정상회담이 진행되는 동안 남북 수행원들은 바로 옆 대기실에서 각각 기다리고 있었다. 그런데 갑자기 김여정 부부장이 나를 찾아왔다. 부탁할 게 있다고 했다. 천하의 김 부부장이 나에게 부탁할 게 무엇인지 궁금했다. 나가서 만나보니, 청와대 사진 담당 행정관이 뒤쪽 창문에서 양 정상을 찍었는데 김정은 위원장이 제대로 나올 것 같지 않으니 관련 사진을 삭제해 주었으면 좋겠다는 것이었다. 속으로는 웃음이 나왔다. 그렇게까지 할 일인가 싶었지만, 북한의 특수한 상황을 고려해서 흔쾌히 동의했다.

2차 판문점 남북정상회담은 한반도 비핵화 국면에서 대한민국이 무엇을 하고, 어떤 역할을 할 수 있는지 확인한 것이 가장 큰 성과였다. 다시 말해, 한반도 운전자로서 남북관계뿐 아니라 북미대화 국면에서도 우리의 역할이 분명히 존재함을 여실히 보여준 회담이었다. 아울러 21시간 만의 회담 성사는 필요할 때면 언제든지 남북정상회담을 수시로 개최할 수 있다는 가능성을 보여준 것으로, 이전과 다른 남북관계의 새로운 시대가 열렸음을 의미했다.

회담에서 김 위원장은 문 대통령에게 도움을 청했다. 트럼프 대통령이 과연 북미정상회담에 대해 진정성과 의지가 있는지 확인받고 싶었던 것 같다. 김 위원장은 예정된 북미정상회담이 천길 낭떠러지를 의미하는 것인지, 아니면 그래도 갈 만한 길인지 확신이 서지 않았던 것 같다. 그런 상황에서 문 대통령에게 묻고 싶었던 것이다. 이 길을 가도 되는지 말이다.

2차 판문점 남북정상회담은 21시간 만에 성사된 회담이자, '한 달짜리 1박 2일 회담'이었다. 결과적으로 애초 4월 판문점 회담을 준비하면서 북측에 제안했던 '1박 2일 판문점 회담'의 2일차 회담이 된 것이다. 4월 27일에 있었던 판문점 회담이 1일차고, 5월 26일 회담이 2일차가 되었다.

통일각 '번개'는 남북 양 정상 간의 신뢰 없이는 불가능한 회담이었다. 김 위원장은 문 대통령에 대한 신뢰가 있었기에 창의적인 '번개' 회담을 제안했고, 문 대통령 또한 김 위원장에 대한 신뢰가 있었기에 과감하게 수용했던 것이다.

한편으로 놀라운 것은 북한 당국의 신속한 준비였다. 이전에 봤던 통일각 회담장과 달리 배경 그림과 카펫 그리고 탁자까지 깨끗이 교체되어 있었다. 북측도 그 모든 것을 21시간 안에 해낸 것이다. 당시 북측 실무자들에게 "어떻게 이렇게 빨리 회담장을 준비했느냐?"고 물어봤다. 평양과 개성에서 관련 물품을 수배해서 밤새 준비했다고 했다.

회담 이후 문 대통령은 유사시 대통령 부재 상황에 대한 종합 점검을 지시했다. 미국의 경우는 대통령이 단 몇 분만 자리를 비워도 그에 대비해 대통령 권한대행을 지정해놓는데, 우리는 허점이 있었다. 예를 들어 대통령이 급하게 맹장수술을 할 경우, 특별한 지명 절차가 없더라도 자동 승계 규정이 마련되어 있어야 한다. 그러나 당시까지는 그런 규정이 존재하지 않았다. 대통령의 지시는 유사시에 단 한 순간의 공백도 있어서는 안 된다는 취지였다. 아울러 남북정상회담이 통일각 '번개'처럼 '셔틀' 방식으로 진행될 경우, NSC 자동 개최 등의 안보 관련 매뉴얼 등이 보완되어야 한다는 의미도 담고 있었다.

판문점 통일각에서 이뤄진 2차 남북정상회담은 제안부터 성사까지 단 21시간이 걸린, 그야말로 '번개 회담'이었다. 모든 것이 파격이었던 2차 정상회담은 이전과는 완전히 다른 남북관계의 새로운 시대를 의미하는 순간이었다.

2차 남북정상회담을 하자는 북측의 제안에 참모들은 걱정이 많았다. 대통령은 "가야 한다"고 했다. 단호한 의지의 결단이었다. 통일각에서 진행되는 회담 동안 매 장면 여러 생각이 많았다.

싱가포르 북미정상회담의 선순환

얼마 전의 일이다. 싱가포르 출장이 있어 2018년 북미정상회담이 개최된 센토사의 카펠라호텔을 일부러 찾아갔다. 그곳에서 한참이나 당시의 감동을 회상했다. 나는 싱가포르 북미정상회담이 끝나고, 남북 간에 이제 드디어 새로운 시대가 열릴 것이라 믿었다. 그만큼 싱가포르 회담은 매우 성공적이었다.

싱가포르 회담의 성공 요인은 무엇이었을까? 여러 가지가 있겠지만, 가장 중요한 것 중 하나가 바로 트럼프 대통령의 유연한 변화였다. 그는 당시 북한이 협상장으로 나오는 데 가장 걸림돌이었던 CVID complete, verifiable, and irreversible dismantlement 문제를 해결했다.

사실 싱가포르 회담은 준비 시간이 몹시 부족했다. 특히 북미 양쪽의 힘겨루기로 인해 많은 시간을 낭비했다. 절대적으로 짧은 준비 기간으로 인해, 사전에 실무협상을 충분히 하고 그에 기반한 상층 단위의 협상 등 정상적인 프로세스를 진행하기 어려운 상황이었다. 특히 북한은 김정은 1인 지배 체제라고는 하지만, 병진 노선에서 경제 노선으로의 급격한 변화에 대해 내부 동의를 한꺼번에 얻기가 어려웠다. 그런 상황에서 트럼프 대통령이 당시 가장 핵심 쟁점이었던 CVID를 고집하지 않은 것이 회담을 성공으로 이끈 주요 요인이었다. 즉, 미국 보수파들이 마지막까지 고집했던 CVID(완전하고 검증 가능하며 되돌릴 수 없는 상태) 대신 '한반도의 완전한 비핵화'라는 표현을 수용함으로써 김정은 위원장의 입장을 헤아려준 것이다.

그런 측면에서 현재 북한이 내건 조건을 충족시킬 수 있는 사람, 능력을 갖춘 사람이 바로 트럼프 대통령이다. 그렇기에 많은 사람이 그에게 기대를 거는 것이다. 트럼프 대통령이 한반도 평화의 '위기 요인'이자 '기회 요인'인 이유다.

싱가포르 북미정상회담은 기대 이상이었다. 회담 합의문을 보더라도 그렇고, 북미 양측 관계자들의 전언에 따라도 그랬다. 싱가포르 회담 직후, 트럼프 미국 대통령은 문 대통령에게 전화해서 회담을 매우 긍정적으로 평가했다. 농반진반으로 '이제 회담의 마무리는 문 대통령이 해달라'는 취지의 이야기를 여러 차례 했다고 한다. 아울러 회담 직후 폼페이오 국무부 장관을 한국으로 보내 문 대통령에게 회담의 주요 내용을 대면 보고하도록 했다. 폼페이오 장관에 따르면, 미국 측도 회담 성과에 대해 매우 긍정적으로 평가하고 있었다.

싱가포르 회담 합의문의 주요 내용은 다음과 같다. 첫째 새로운 북한-미국 관계 수립, 둘째 한반도 평화체제 구축을 위한 노력, 셋째 판문점선언을 재확인하고 한반도의 완전한 비핵화를 위해 노력할 것을 약속, 넷째 전쟁포로 및 전쟁 실종자 유해 송환 등 4개 항목이다.

어떤 이는 싱가포르선언에 '한반도 비핵화'에 대한 구체적인 내용이 없다고 지적하기도 하는데, 결코 동의하기 어렵다. 북미 양국은 한국전쟁 이래 70년 동안 적대적 관계로 싸워왔다. 그런 관계를 하루아침에 청산할 수는 없다.

전쟁의 위협에서 벗어나고, 적대관계를 청산하겠다는 정상 간의 합의만으로도 대단한 성과다. 아울러 판문점선언을 재확인했다는 부분도 매우 의미가 크다. 분단 이래 이제껏 북미협상에서 남북 합의를 재확인한 사례는 처음이다. 즉, 남북 간의 합의 사항에 대해 북미 간에도 평가하고 재확인한 것이다. 이는 판문점선언에 담긴 한반도 비핵화 합의를 남북미가 함께 확인했다는 것과 같은 취지다.

문 대통령도 비슷한 내용의 이야기를 했다. 북미 싱가포르 회담 직후인 6월 14일 NSC 전체 회의에서, 대통령은 "북미 공동선언 속에 판문점선언 재확인이 담겨 있는 것이 가장 기분이 좋다. 과거 남북관계와 북미관계가 함께 가지 않는 듯한 조심스러운 부분이 있었다. 즉, 북한은 미국하고만 해결하고자 하는 그런 경향(통미봉남)이 있어 북미관계와 남북관계가 함께 가지 못하는 껄끄러운 것이 있었다"면서, "이번에는 그걸 극복한 것이다. 아울러 미국의 동의와 승인 등이 다 담겨 있다. 이제는 선순환 관계가 되었다고 자신 있게 언급해도 될 것 같다"고 덧붙였다.

여전히 높았던 대북 제재의 벽

　대북 제재는 일종의 '통곡의 벽'이었다. 기껏 잘 만들어온 판문점 합의를 사실상 무용지물로 만든 것이 바로 대북 제재였다. 당시 미국 주도의 대북 제재는 그야말로 '넘사벽' 그 자체였다. 그렇다면 지금은 어떠한가? 한반도를 둘러싼 대북 제재는 지금도 '넘사벽'인지, 아니면 극복 가능한 장애물 수준인지, 그에 대한 면밀한 판단이 선행되어야 한다.

　얼어붙은 북녘의 문을 여는 데에만 집중해서는 안 된다. 문을 열고 난 다음 무엇을 할 것인지 분명한 계획이 있어야 2018년의 한계를 뛰어넘을 수 있다. 놀고 있는 친구에게 같이 공부하자고 권할 때는 그 친구를 유인할 수 있는 단계별 학습 프로그램과 구체적인 목표, 실천계획이 같이 준비되어 있어야 성공할 수 있다.

싱가포르 북미정상회담 이후, 우리는 가을 남북정상회담 준비에 착수했다. 무엇보다 판문점 회담에서 합의된 사항을 제대로 추진하는 게 중요했다. 가능한 부분부터 속도를 내는 것이 관건이었다. DMZ 평화지대화, 적십자회담 개최, 철도 및 도로 연결, 조림 사업, 공동연락사무소 설치 등 해결해야 할 과제가 산더미 같았다.

하지만 얼마 지나지 않아 곧 커다란 벽에 부딪혔다. 바로 유엔 대북 제재라는 벽이었다. 남북 교류협력 사업 상당수가 유엔 대북 제재에 걸리는 상황이었다. 철도와 도로 연결 사업의 경우 추진 단계 하나하나마다 대북 제재에 맞닥뜨렸다. 어느 정도는 예상했지만, 상상 이상이었다.

당시 청와대 내에는 대북 제재에 관해 다양한 의견이 존재했다. 현존하는 대북 제재와 무관하게 남북 교류협력 사업을 밀어붙일 것인가, 아니면 미국과 협의하에 추진할 것인가, 그도 아니면 국제기구를 통해 추진할 것인가? 우선 대체적인 방향은 구체적 협력 방안을 마련하면서 북측과 미국을 동시에 설득해나갈 필요가 있다는 쪽이었다. 아울러 미군 유해 발굴 같은 특정 사업의 경우, 우리의 일방적 요구가 아니라 남북이 공동으로 요구하는 게 중요하다고 판단했다.

문재인 대통령은 인도적 영역에서까지 유엔 제재가 걸림돌이 되는 것에 대해 강력한 입장을 견지했다. 특히 이산가족 상봉이나 군 통신선 연결 등 인도적인 사업과 평화 정착에 필수적인 남북 교류협력 사업에 있어 유엔 제재위원회의 허가가 필요하다는 주장을 수용할 수 없다는 입장이었다. 특히 DMZ 평화지대화를 위한 GP 철수, 지뢰 제거 등은 유엔의 승인이 필요한 일이 아니라 오히려 유엔이 힘을 보태줘야 할 부분이라는 것이었다. 그리고 산림, 도로, 철도 등의 공동 조사에 있어서는 유엔 제재 관련 내용이 있다면 사후에 승인을 받는 것이 낫다고 봤다.

문 대통령은 참모들과의 회의(2018년 7월)에서, 대북 제재를 미국과 개별적으로 풀고자 하면 더욱 꼬일 수 있다는 지적을 하기도 했다. 그렇게 되면 어지간한 교류협력 사업은 모두 대북 제재에 걸리기 때문에 인도적 협력 사업, 평화 정착 사업 등은 유엔 측의 승인을 기다리지 말고 추진해야 한다는 것이었다. 만약 위와 같은 사업에 대해 미국이 반발한다면, 우리는 대북 제재 대상이 아니라고 설득해야 하며, 그래도 끝까지 대북 제재 대상이라고 한다면, 그때 개별적으로 검토해도 된다고 했다. 즉, 우리 스스로 대북 제재에 대해 주체적으로 예외 판단을 해야 한다는 것이었다.

그러나 대북 제재에 대한 미국 측 입장은 상상 이상으로 강경했다. 초기 국면에서는 남북 군 통신선 연결만 가능하다는 수준이었고, 나머지는 사실상 모두 불가하다는 입장이었다. 답답한 노릇이었다.

금강산 관광 재개도 마찬가지였다. 2018년 8월 어느 날, 관저에서 참모들과 회의할 때의 일이다. 금강산 관광이 재개되지 않는 이유에 대해, 참모들은 현금과 현물이 들어가야 하는데 유엔 제재로 인해 어렵다고 보고했다. 이에 대통령은 무조건 안 된다고 생각하지 말고, 다른 방안은 없는지 확인해보라고 지시했다. 예를 들어 관광객의 개별 지출만 있는 경우, 즉 개별 관광의 경우에는 유엔 제재에 해당되지 않는다면서, 눈앞에 있는 장애물을 어떻게 해결해나갈 것인지 방도를 찾아야 한다고 강조했다. 이를 위해 소위 5·24 조치* 해제에 대해서도 검토할 것을 지시했다.

하지만 결과적으로 금강산 관광 재개는 이루어지지 않았다. 2020년에 개별 관광으로 금강산 관광 재개의 돌파구를 마련했으나 코로나 펜데믹 상황으로 이마저도 실현되지 못했다.

2018년 8월 당시 개성공단 입주자협의회에서 개성공단 방문을 신청했는데 정부가 불허했다는 취지의 언론 보도가 있었다. 이를 본 대통령은 아침 티타임에 역정을 내며 최대한 빨리 조치할 것을 지시했다. 그동안에는 북측이 협의회 방북을 반대했기 때문에 성사되지 않는 것으로 알고 있었다는 것이었다. 대통령은 "후보 시절 그분들을 여러 차례 뵌 적이 있는데, 우리가 막을 이유가 없다"면서, "남북관계는 반걸음이라도 앞장서 가야 하고, 정부는 열어주는 역할을 해야 한다"고 강조했다. 물론 이마저도 성사되지 못했다.

● 2010년 5월 24일, 이명박 정부가 천안함 피격 사건 이후 북한에 취한 대북 제재 조치. 북한 선박의 남측 해역 운항 전면 불허, 남북 교역 중단, 국민의 방북 불허, 대북 신규 투자 금지, 대북 지원 사업 원칙적 보류 등 강력한 대북 경제·교류 제한을 담고 있다.

북측에서 여전히 그분들을 반기지 않았다.

시간이 흐를수록 대북 제재의 벽은 높고 단단해졌다. 개성 남북 공동연락사무소 설치, 산림 협력 사업 등 중요한 남북협력 사안에 있어 대북 제재의 벽은 현실적이고 분명한 장애로 다가왔다. 멀리서 먹구름이 몰려오는 느낌이었다.

4

진심과
한계에 대하여

가을의 열매, 평양 남북정상회담

2018년 봄의 판문점 정상회담과 가을의 평양 정상회담은 같은 듯 달랐다. 판문점 회담은 얼어붙은 남북관계를 녹이는 게 우선이었다면, 평양 정상회담은 다음 단계로의 진전을 위한 비핵화 대화가 핵심이었다. 그렇다 보니 판문점 회담은 형식과 절차 등 회담 성사 과정 그 자체가 어려웠다면, 평양 회담은 비핵화 내용을 채워내기가 쉽지 않았다.

당시 평양 정상회담 합의문에 담길 내용에 대한 문 대통령의 생각은 분명했다. 참모들과의 회의에서 대통령은 "이번 평양 회담 합의문은 미국을 향한 것이어야 한다. 지금 상황에서 남북 간에는 한 단계 넘어갈 것이 없고, 보탤 것도 거의 없다. 있다면 군사적 긴장 완화 정도다. 따라서 핵심은 비핵화 대화다. 이번 평양 회담의 합의문은 확실하게 대미용對美用이다"라면서 합의문의 성격을 분명히 했다.

우리는 그렇게 북미 비핵화 대화의 성공을 위해 평양 남북정상회담을 준비했다. 하지만 과연 북측과 미국도 같은 생각이었는지는 의문이다. 솔직히 믿을 수 있는 선이 어디까지인지도 모르겠다. 외교에 있어 진심은 어디까지일까? 요즘 유행하는 AI에게 물어봤다. "외교에서 '진심'은 존재하되, 그것이 전부는 아니다." "외교에서 진심은 '도구'이자 '신뢰의 자산'이다. 그러나 언제나 이익과 전략 위에서 조절되고 연출된다." 얼추 맞는 것 같다.

나는 평양 정상회담을 통해 북측 최고지도자의 진심(비핵화 의지)을 봤다. 혹자는 내가 잘못 본 것이라고 한다. 김정은 위원장에게 속았다고도 한다. 아니다. 난 분명하게 그의 진심을 보았다. 하지만 그게 전부가 아니었다. 북측은 자신들의 이익과 전략을 위해 조절하고 연출했을 수 있다. 그리고 진심만으로는 제대로 된 결과를 도출할 수 없었다.

이재명 정부가 앞으로 부딪힐 남북관계도 마찬가지다. 그들의 진심을 봤다고 환호할 필요도 없고, 그렇다고 이익과 전략의 결과라고 폄훼할 이유는 더욱 없다. 있는 그대로 보고 판단하되, 남과 북의 이익 균형을 맞춰가는 것이 가장 우선이다.

틀어진 평양 정상회담 일정

"남북관계는 북미관계 진전과 분명히 같이 가야 한다.
다만 남북관계가 조금씩 진전되어야 북미관계의 교착 상태를 풀 수 있다."
_ 문재인 전 대통령

남북의 셔틀 정상회담을 꿈꾼다. 최근에는 코로나 팬데믹과 미중 대결 구도 때문에 제대로 개최되지 못하고 있는 한중일정상회담처럼 남북 간에도 정례화된 셔틀 회담이 있으면 어떨까? 한중일 정상회담은 일본 → 중국 → 한국 순서로 정기적인 순환 방식으로 진행된다. 이처럼 남과 북 사이에도 매년 상호 방문하는 형식으로 정상회담을 하면 어떨까? 그것도 서울과 평양만 방문하는 게 아니라, 지역 거점 도시들을 돌아가면서 방문하면 더욱 좋을 것 같다. 남측에서는 부산, 광주, 대구를 방문하고 북측에선 함흥, 남포, 순천, 흥남, 개성 등을 방문하는 것이다. 지금으로서는 꿈처럼 들리겠지만, 꿈꾸는 데 돈이 드는 것도 아니고… 그런 목표를 한번쯤 가져볼 만하지 않을까?

판문점 프로젝트

초대 평양 주재 한국연락사무소장('대사'라는 표현은 사용하지 않겠다)을 하고 싶다. 판문점 회담에서 합의한 남북 공동연락사무소는 1차로 개성공단에 설치하고, 그다음에는 평양에 두기로 했다. 이제 와 고백하건대, 당시 판문점 공동연락사무소장직을 무척 맡고 싶었다. 내부 논의를 거쳐 통일부 차관이 맡는 것으로 정리되었지만, 내심 청와대 국정상황실장을 그만두고서라도 개성에 가고 싶었다.

남북관계가 제대로 복원되면 개성 연락사무소에 대한 검토가 필요하다. 우선 근원적으로 남북 공동연락사무소 존치 여부를 판단해야 한다. 다음에는 공간적으로 다시 개성공단에 설치할지, 아니면 개성시나 평양으로 옮기는 게 나을지에 대해 검토해야 한다. 아울러 실무적인 차원에서 존치 필요성이 인정된다고 하더라도 조직의 실효성이 낮은 문제는 해결되어야 한다. 즉, 실권이 있는 조직으로 운용할 것인지, 아니면 단순 연락 채널로만 기능하도록 할 것인지에 대한 판단이 필요하다. 개인적으로는 평양에 연락사무소를 두고 개성에는 분관 형태의 조직을 두는 게 나을 것 같다.

애초 북측은 평양 정상회담을 8월 말로 제안했다. 8월 29~30일 1박 2일 일정을 제시했는데, 외적으로는 이산가족 상봉이 8월 26일에 끝나고(20~22, 24~26), 북한 청년절이 8월 28일인 점을 고려한 듯했다. 하지만 내적으로는 판문점 회담에서 김 위원장이 문 대통령에게 8월을 언급했던 게 중요한 지침이 된 것 같았다. 북한 체제의 특수성을 고려할 때, 김 위원장의 말은 무조건 지켜야 할 절대적 기준일 것이다. 김 위원장이 8월을 언급한 상황에서 북측 관료들에게 8월 평양 정상회담은 너무나 당연한 일이었고, 또 준비가 촉박한 상황이었기에 1박 2일 회담을 제안한 것으로 보였다.

하지만 얼마 지나지 않아 9월 중순 평양에서의 2박 3일 일정을 다시 제안해왔다. 이례적이었다. 남북관계에서 구체적인 일정까지 제시해놓고 번복하는 일은 전례를 찾기 힘들었다. 북측 관계자는 북한 최대 명절인 9·9절(정권 수립일) 70주년을 맞이해 8월 말에는 많은 국가 정상급 지도자와 재외동포가 평양을 방문하기 때문에 문 대통령 영접에 소홀할 것 같아 변경하고자 한다고 설명했다. 그러나 실제로는 우리에게 말하지 못하는 사정이 있는 것 같았다. 예를 들어 북미관계의 상황 변화 같은 큰 변수가 생겼던 것인지도 모른다. 9·9절 때문이라면 애초에 그런 상황들을 고려하지 않고 남북정상회담 일정을 제안했을 리가 만무했다.

한 달도 남지 않은 상황에서 수정 제안을 받은 우리로서는 매우 당황스러웠다. 혹 북측에 다른 의도가 있는 건 아닌지, 정상회담을 무산시키기 위해 수를 쓰는 건 아닌지 등 여러 생각을 할 수밖에 없었다. 이에 북측은 다른 뜻이 전혀 없다는 것을 여러 차례 강조하면서, '순전히 문재인 대통령을 정성껏 모시기 위한 차원'이라고 설명했다. 특히 처음 방문하는 문 대통령에 대한 도리가 아니고, 제대로 모셔야 한다는 김 위원장의 생각이라는 점을 강조했다. 북측이 그때 왜 정상회담 일정을 변경했는지는 지금까지도 잘 모르겠다. 다만 단순히 '제대로 모시기 위한 차원'만은 아니었을 것 같다는 생각은 분명하다.

문 대통령께 북측의 수정 제안을 급히 보고했다. 정상회담 일정 변경은 대통령의 결심 없이는 결정할 수 없는 영역이었다. 우선 북측의 갑작스러운 일정 변경 제안에 관한 토론이 있었다. 아무래도 북미관계와 비핵화 협상 때문이라는 분석에 무게가 실렸다. 확보된 첩보에 의하면, 8월 말경 폼페이오 미국 국무부 장관의 방북이 예정되어 있고, 북미 간의 예술단 교류 구상도 있는 것으로 파악됐다. 물론 이 과정에서 미국이 비핵화 진전이 더디다는 불만을 표출하고 있다는 점도 함께 확인되었다.

대통령은 북측의 수정 제안을 수용하되, 구체적인 방북 일자를 미리 확정할 필요가 있다고 보았다. 그래야 안정적인 준비가 가능하다는 것이었다. 그래서 9월 17~19일 또는 9월 18~20일로 구체적인 평양 정상회담 일정을 북측에 제안하기로 했다. 아울러 특사단 방북 시기와 규모에 대해서도 대략적인 내용을 논의했다.

그런데 상황이 급작스럽게 달라졌다. 8월 말로 예정되었던 폼페이오 장관의 방북이 전격적으로 취소된 것이다. 그것도 하루 만에 갑자기 취소되었다. 8월 23일 폼페이오 장관은 기자회견을 통해 직접 방북 사실을 알렸다. 하지만 트럼프 대통령이 만 하루가 지난 24일 오후 1시 40분경 폼페이오 장관의 방북 취소를 알리는 글을 트위터에 올렸다. 외신에 따르면, 미국 국무부 실무자들은 트럼프 대통령이 트윗을 올린 그 시간까지도 동맹국 대사관에 방북 목적을 설명하고 있었다고 한다. 그야말로 전격적으로 취소 결정을 한 것이다.

트럼프 대통령이 트윗에서 밝힌 방북 취소 이유는, 첫째 한반도 비핵화에 충분한 진전이 없다고 느꼈고, 둘째 중국이 미국과 무역 전쟁 중이어서 비핵화 과정에 도움을 주지 않을 것 같기 때문이라는 것이었다. 전혀 이해할 수 없는 내용이었다. 미국 국무부 장관이 북한을 방문하는데 사전 협의를 충분히 하지 않았다는 것도 문제고, 뜬금없이 중국 변수를 들고나오는 것도 이해할 수 없었다. 특히 방북 시기를 미중 무역분쟁 해결 이후로 제시한 건 정말 상식 밖의 일이었다. 한편으로는 미국 백악관과 국무부의 심각한 엇박자가 드러난 것으로 보이기도 했다. 방북 무산의 이유가 무엇이든 간에 미국 행정부가 북한을 다루는 데 있어 미숙함을 여실히 드러낸 것이었다.

9월 중순 평양 남북정상회담을 앞둔 우리로서도 난감했다. 남북관계로 속도를 내자니(낼 수 있을지도 의문이었지만) 북미관계가 신경 쓰이는 상황이었다. 당장 남북 공동연락사무소 설치, 북한 철도 공동 조사, 조림 사업 등 남북협력 과제에 차질이 발생하는 것은 물론, 정상회담에도 부정적인 영향이 미칠 수 있었다.

당시 내부에서는 남북관계와 북미관계의 상호 관련성에 대한 논란이 있었다. 북미관계가 좋지 않을 때는 일정한 속도 조절이 필요하다는 의견(속도 조절론)과 그럴수록 남북관계를 주도적으로 전개해야 한다는 의견(남측 주도론) 등이 개진되었다.

문 대통령은 참모 회의에서 다음과 같이 정리했다. "남북관계는 북미관계 진전과 분명히 같이 가야 한다. 다만 남북관계가 조금씩 진전되어야 북미관계의 교착 상태를 풀 수 있다. 즉, 지금 같은 북미 교착 국면에서는 남북관계가 조금씩 진전되어야 문제를 해결할 수 있다." 준비 중인 평양 정상회담에 대해서도 비슷한 취지에서 언급했다. "남북정상회담은 일정대로 진행한다. 2차 판문점(통일각) 회담의 경우처럼 평양 정상회담이 북미 교착 국면을 해결하는 모멘텀이 될 수 있다. 우리를 통한 간접대화 노력을 강화할 필요가 있다. 그리고 남북관계에 대해서도 시기를 늦출 필요 없다. 우리는 우리 페이스대로 가야 교착 국면을 극복할 수 있다. 남북관계에서 진도를 내는 게 북미관계, 비핵화 진전에 의미를 부여할 것이라고 생각한다."

평양 정상회담을 앞두고 다시금 '한반도 운전자'로서 문재인 대통령의 중재력이 빛을 발할지, 아니면 한계를 드러낼지 갈림길에 서는 순간이었다.

이뤄지지 못한 기차 방문

　　다소 이른 이야기일 수 있지만, 만약 이재명 대통령이 평양을 가게 된다면 꼭 기차로 갔으면 좋겠다. 문재인 대통령이 이루지 못한 일이기도 하지만, 그보다는 북측 주민들에게 중요한 시그널이 될 것이다. 서울에서 출발해 남측 최북단 역인 도라산역을 지나 군사분계선을 넘고 개성을 거쳐 해주, 평산, 사리원을 지나 평양에 도착하는 것이다. 그 도정에서 북측 주민들은 연도에 나와 대한민국 대통령의 모습을 볼 것이다. 물론 그들이 동원된 군중이라 하더라도 그 시간 그들의 가슴에 '평화'라는 두 글자를 새겨넣기에는 충분하다.

　　그리고 대통령의 기차 이동은 '대륙으로 가는 길'을 여는 의미도 있다. 대한민국이 반도 국가를 넘어 만주와 시베리아, 유럽 등

광활한 대륙 국가로 다시 서는 것이다. 또한 남북 철도 연결이라는 상징성을 과시할 수도 있다. 그로 인한 경제적 효과도 매우 클 것이다.

2018년 가을, 애초 평양 방문은 기차로 이동하는 것을 검토했다. 싱가포르 북미정상회담 직후, 문 대통령은 남북 철도 연결의 의미를 담아 서울에서 평양까지 기차로 가는 방식을 제안했다. 끊어진 경의선을 이어내자는 것이었다. 생각만 해도 감동적이었다. 서울역에서 대통령 전용 기차인 '트레인원'을 타고 평양으로 가서 정상회담을 하고, 다시 서울역으로 돌아오는 모습은 상상만 해도 정말 가슴 벅찬 장면이었다.

하지만 결과적으로 이 방식은 실현되지 못했다. 여러 가지 이유가 있었지만, 남북 철도(궤도)의 차이와 관련 유엔 제재 등 넘어야 할 산이 많았다. 게다가 북측도 열차 이동을 수용하지 않았다. 기차 등 육로 이동의 경우 문 대통령을 편안히 모시지 못하고 시간도 많이 소요된다면서, 영접 행사를 하기 위해서라도 항공편으로 오는 것이 낫겠다는 의견이었다.

판문점 회담 후 몇 달 지나지 않아서인지 평양 정상회담 준비 속도는 무척 빨랐다. 의전, 경호, 통신, 보도 등 실무협의에 있어 이전과 확연히 달랐다. 예를 들어 선발대도 6·15 및 10·4 정상회담은 두 번 파견했는데 9·19 정상회담은 한 번으로 충분했다.

북측은 정상회담 의제 전부를 양 정상에게 전적으로 맡기자는 의견이었다. 정상 간 논의할 의제 범위를 사전에 구체적으로 정하지 말고 무엇이든 기탄없이 논의하자고 했다. 즉, 합의문 작성 등 사전 실무협의 과정을 생략하고, 바로 정상 간의 논의에 맡기자는 것이었다. 북측 관계자들은 심지어 "김정은 위원장 말씀"이라면서 "역사적인 게 있다면 공동선언문 등을 내놓지만, 그런 게 없다면 공동선언은 하지 말자"는 입장이었다.

하지만 우리는 이런 식의 접근을 수용할 수가 없었다. 회담이 잘되면 100점일 수 있지만, 자칫 잘못하면 0점이 될 수도 있는 접근 방식이었다. 특히 북한을 상대로 그렇게 접근하는 건 너무 큰 모험이었다.

아울러 북측은 평양 회담이 열리기 전 남북관계의 실질적 변화를 요구했다. 예를 들어 개성공단 정상 가동이라든지 남북협력 사업의 가시적 변화를 주장했다. 그러나 이는 우리 의지만으로 할 수 있는 상황이 아니었다. 마음 같아서야 당장이라도 개성공단을 가동하고 싶지만, 유엔 대북 제재의 벽이 현존하는 상황에서 현실적으로 불가능한 일이었다. 도리가 없었다. 북측을 설득하는 것 말고 다른 길은 없었다. 비핵화 대화의 진전과 구체적인 실천 조치를 통해 북측이 제기하는 사안을 해결할 수 있다고 끈질기게 설득했다.

우리로서는 참 아쉬운 부분이었다. 남북 교류협력 사업은 유엔 제재 등으로 인해 한계가 뚜렷했다. 또 북미 간에 진행되고 있던 비핵화 프로세스에 우리가 관여할 부분이 많지 않았다. 특히 당시

와 같은 교착 국면에서는 정말이지 답답한 노릇이었다. 미국 폼페이오 국무부 장관과 북한 이용호 외무상의 회담이 성과 없이 끝나고, 더구나 폼페이오 장관의 방북이 전격 취소되는 등 북미 비핵화 대화의 진전이 더딘 상황에서 우리가 할 수 있는 부분은 너무나 제한적이었다.

김정은 위원장의 속마음

"화성 15호는 절대 나오지 않는다."

_ 김정은 위원장

2025년 9월, 이재명 대통령의 유엔 연설이 있었다. 이 대통령이 제시한 'END(교류 → 관계 정상화 → 비핵화) 이니셔티브'는 궁극적으로 비핵화를 목표로 하지만, 당장은 남북교류와 관계 정상화 등 단계적 접근을 통한 해결 방안이다. 현 상황에서는 시의성 있고 실효적인 제안이라고 생각한다. 솔직히 말해 지금 우리에게는 다른 선택지가 없다.

단계적 접근을 하더라도 남북정상회담 준비는 지금부터 착실하게 해두어야 한다. 당장은 실현 불가능해 보이지만, 남북관계 성격상 언제든 급격한 상황 변화가 가능하기 때문에 차분하고 꾸준하게 준비해두지 않으면 막상 닥쳤을 때 제대로 대응하기가 쉽지 않다. 2018년 '평화의 봄'을 만들 수 있었던 건 오랜 준비 기간과 함께, 당시 준비한 사람들의 팀워크가 좋았던 것도 중요한 이유였다고 생각한다.

당시 서훈 국정원장을 중심으로 한 준비팀(사실 '팀'이라고 공식적으로 구성하지는 않았고, 각자의 위치에서 암묵적으로 준비했다)은 손발이 무척 잘 맞았다. 남북관계는 고급 정보를 다루는 일이라 팀워크가 맞지 않으면 삐거덕대기만 할 뿐 제대로 된 성과를 내기 힘들다. 또 당시 준비팀은 공을 독차지하려 하지 않았고 서로를 이해하며 인정했다. 그 중심에 서훈 원장이 있었다. 내가 알기로 그는 이론과 현장을 모두 아는, 자타공인 최고의 북한 전문가다. 그런 참모가 있었기에 '평화의 봄'이 가능했다.

이재명 정부에서도 누가 준비하는지 분명히 할 필요가 있다. 그래야 북측도 인정하고 상대하려 한다. 만약 우리 측 스피커가 여럿이고 팀워크가 맞지 않으면 북측은 얕잡아볼 뿐 제대로 상대하려고 하지 않을 것이다. '평화의 봄' 당시 북측은 서훈 원장 등 남측 준비팀을 꽤 인정하는 편이었다. 북한을 가장 잘 알기도 했을 뿐 아니라, 확실한 '한목소리one voice'로 대응했기 때문이다.

이재명 정부의 대북 공인 스피커는 누군지 모르겠다. 대통령의 오랜 외교안보 책사인 이종석 국정원장인지, 아니면 통일부를 두 번째 맡은 정동영 장관인지, 또는 관록의 외교 경험을 갖춘 위성락 안보실장인지…. 누가 됐든 중요한 건 리더십을 세우고 치밀하게 팀워크를 맞춰 준비하는 것이다. 그래야 성공할 수 있다.

2018년 2차 특사단의 방북이 9월 5일로 정해졌다. 구성원은 1차 특사단과 같았다. 안보실장, 국정원장, 통일부 차관, 국정원 2차장과 나, 이렇게 다섯이었다. 1차와 2차 특사단 구성이 이렇게 같았던 이유는 판문점 회담의 연장선에서 평양 정상회담을 바라봤기 때문이다. 특사단에 주어진 미션은 평양 정상회담의 일정과 의제 등을 협의하고, 교착된 비핵화 국면의 돌파구를 마련하는 것이었다.

특사단 방북 이틀 전의 일이다. 문 대통령이 안보실장 등과 오찬을 하자고 했다. 그 자리에서 대통령은 우리에게 방북해서 챙길 내용 몇 가지를 지시했다. 대통령의 특별 주문이었다. 문 대통령은 김정은 위원장에게 9월 유엔 총회 방문을 제안하고자 했다. 남북미 3국 정상이 유엔에서 만나 삼자회담을 한다면 꽉 막힌 비핵화 국면을 돌파할 수 있는 중요한 분수령이 될 것으로 판단했다.

문 대통령은 북측이 뉴욕까지 마땅한 이동수단이 없는 사정(김정은 위원장 전용기 참매 1호의 최대 항속거리는 이론상 약 1만 킬로미터여서 미국 본토까지 직항은 불가능했다)을 고려해, 만약 우리 제안을 수용한다면 대통령 전용기를 제공하겠다고 했다. 그럴 경우 대통령 당신은 민항기를 타도 괜찮다고 했다.

아울러 대통령은 특사단장에게 다음 내용을 특별 구두 메시지로 전할 것을 지시했다. '(현 상황에 대해) 김정은 위원장은 답답할 것이다. 맞다. 우리도 답답하다. 하지만 미국을 딛고 넘어야 한다. 고비를 넘기면 탄력을 낼 수 있고 수월하게 진행될 수 있다. 그리고 폼페이오 장관과 회담을 하면 그다음은 비건 대표로 넘어가니,

한 번은 불러서 다독일 필요가 있다.' 대통령이 판단하기에 교착된 북미관계를 풀기 위해 당장은 폼페이오 장관의 방북이 관건이라고 본 것이었다.

특사단은 2018년 9월 5일 오전 9시 평양 순안공항에 도착했다. 지난번처럼 성과를 낼 수 있을지 걱정이 많았다. 봄에 평양 땅을 밟았을 때는 남북관계만이라도 제대로 풀어보자는 생각이었는데, 이번에는 북미관계가 꼬일 대로 꼬여 있는 상황이라 우려가 훨씬 컸다. 공항에는 리선권 조평통 위원장, 리현 실장, 김성혜 실장 등이 나와 있었다. 북측이 제공한 승용차를 타고 오전 9시 30분 평양 시내 고려호텔에 도착하니 김영철 부장이 기다리고 있었다. 김 부장과 이런저런 이야기를 나누는 와중에 김창선 국무위원회 부장이 들어왔다. 오전 10시 30분부터 김정은 위원장과의 만남이 예정돼 있다고 했다. 이번에도 김정은 위원장을 만나는 것이었다.

오전 10시 30분 노동당 본부 청사에 도착했다. 건물 안으로 들어서니 김정은 위원장이 있었다. 가볍게 인사를 나누고 기념 촬영을 한 뒤 회담장으로 들어갔다. 여러 차례 만남이 있은 뒤라 처음 봤을 때의 서먹함은 없었다. 김 위원장은 여전했다.

김정은 위원장은 자리에 앉자마자 8월로 제안했던 정상회담을 9월로 연기한 이유를 설명했다. 북한 정권 수립일인 9·9절 이후에 하는 게 낫고, 통일각 회담과는 달리 회담 준비를 제대로 하기 위한 것이라면서 특사단에 양해를 구했다. 이어 정의용 안보실장이 문 대통령의 친서를 전달했다. 김 위원장은 그 자리에서 바로 개봉해 읽은 후 문 대통령께 감사 인사를 전해달라고 했다. 이어서 북한 폭우 피해 관련 문 대통령의 구술 메시지를 정의용 실장이 전하면서 본격적인 면담이 시작되었다.

우리 측은 대통령이 따로 당부한 유엔 총회 참석 부분을 설명했다. 만약 김정은 위원장이 문 대통령과 함께 유엔 총회에 참석해 기조연설을 하고, 남북미 삼자회담을 하게 된다면 그 자체로 엄청난 계기가 될 것이라고 강조했다. 김 위원장은 이에 대한 즉답은 피하고 북미 비핵화 협상에 대해 언급했다. 그는 미국 측의 요구와 태도에 대해 상당히 기분이 상해 있었다. 상당한 시간을 할애해 미국 측 요구 조건의 부당함을 설명했다.

김정은 위원장은 우선 일각에서 자신의 비핵화 의지를 의심하는 데 대해 분명한 입장을 밝혔다. "(자신은) 비핵화에 대해 입이 닳도록 말했다. 쓸 자리가 없을 정도로 말했다"면서 문제가 자신에게 있는 것이 아니라 미국에 있음을 강조했다. 특히 '동시 행동의 원칙'에 따라 자신들은 이미 성의 있는 조치를 취했는데, 미국은 전혀 그렇지 않다고 주장했다. 즉, 북측은 풍계리 핵실험장을 폐쇄 조치했음에도, 미국은 어떤 상응 조치도 없이 북한의 선 비핵화 리스트 제출만을 고집하고 있다는 것이었다. 미국 정보 당국은 위성을 통해 자신들의 풍계리 조치 상황을 다 봤을 것 아니냐고 반문하기도 했다. 김 위원장은 트럼프 대통령은 말만 앞세울 뿐, 어떤 호응 조치도 취하지 않고 있다면서 한미연합군사훈련도 언제든지 재개할 수 있는 것 아니냐고 했다. 협상에서 우위를 차지하기 위한 전략인지는 몰라도, 자신들은 이제껏 약속을 지켜왔는데 미국이 제대로 이행하지 않고 있다는 불만을 연신 토로했다.

김 위원장은 미국이 북한이 비핵화를 추진할 수 있는 동력을 만들어줘야 한다고 했다. 즉, 북한이 비핵화를 선택했을 때 그게 옳은 길이라는 것을 (북한 지도부와 주민들이) 느낄 수 있는 환경적 변화가 필요하다는 것이었다. "미국이 북한 사정을 헤아려봐야 한다. 북한이 비핵화를 추진할 동력을 키워줘야 한다. 우리가 동력을 가질 수 있도록 남측이 이해해서 미국 측에 잘 설명해주기 바란다." 또 이런저런 선언만 갖고 영구적 비핵화와 맞바꾸자는 것은 맞지 않다고 했다. 구체적으로는 체제 안정을 보장하든지, 핵실험 중단과 장거리탄도미사일 발사 중단에 따른 제재 해제 또는 완화 등의 환경 변화를 요구했다.

아울러 만약 미국의 성의 있는 조치가 있다면, 미국 입회하에 핵시설을 불가역적으로 완전히 폐기할 수도 있다고 했다. 미국의 담보가 뒤따라준다면 북한 플루토늄 생산 시설에 대한 임시 폭파가 아니라, 영구적으로 폐기하고 검증받는 완전한 비핵화, 즉 의미 있는 조치를 취할 뜻이 있다고 밝혔다. 우리로서는 면담을 통해 김정은 위원장의 비핵화 의지를 확인한 셈이었다. 현재의 교착 국면을 풀어나갈 분명한 단초를 확인한 것이었다. 더구나 핵시설의 불가역적 폐기 가능성까지 언급한 것은 판문점 회담보다 분명 진일보한 내용이었다. 우리가 해야 할 일은 분명해졌다.

문 대통령이 제안한 유엔 총회 참석에 대해서 김 위원장은 솔직한 심정을 피력했다. "특사단에 숨김없이 이야기한다"면서 "유엔은 확실한 담보가 없으면 가는 게 부담스럽다"고 했다. 그리고 유엔을 방문하더라도, 핵시설의 완전한 폐기 등 의미 있는 진전을 합의하는 시기에 가는 게 좋겠다고 했다.

애초 특사단 방북을 준비하면서 북측의 비핵화 의지를 제대로 확인할 수 있을지 걱정이 많았는데, 면담 초반부터 속 깊은 이야기를 주고받으면서 한시름 놓을 수 있었다. 김 위원장의 비핵화 및 북미관계 개선 의지를 확인한 후, 면담은 자연스럽게 평양 정상회담을 주제로 이어졌다.

우선 정상회담 시기는 9월 18~20일 2박 3일간 하는 것으로 협의했다. 김 위원장은 "문 대통령이 편리한 시기로, 유엔 총회 참석하는 데 편리한 시기로 정하자"고 했다. 지난 5월 판문점 통일각 원포인트one-point 회담에서 제대로 대접하지 못한 데 대한 심적 부담이 제법 큰 것 같았다. 특사단에게 "지난 5월의 통일각 회담에서 아무런 의전도 못하고 제대로 대접도 못했다. 이번에는 제대로 하겠다. 다른 나라 환대 의전에 비할 수는 없지만 나름대로 준비하겠다. 화려하지는 못해도 성의를 다해서 잘 모시겠다"며, 이런 뜻을 문 대통령에게 전해달라고 했다.

정상회담 일정과 관련해 김정은 위원장은 아주 특별한 제안 두 가지를 했다. 첫 번째는 백두산 등정이었다. 문 대통령이 자신과 함께 백두산 지구를 방문하는 것이 어떠냐고 했다. 김 위원장은 "백두산 지구에 가서 손을 잡고 백두산 물이 마를 때까지 의지를 밝히자"는 다소 시적인 표현까지 써가면서 관련 일정을 제시했다. 물론 백두산 방문은 우리 측이 사전에 먼저 제안한 내용이었다. 앞서 문 대통령은 평양 정상회담의 친교 일정으로 백두산 또는 함흥 갈마 지구 방문을 언급했다. 북측이 우리 제안을 받아들여 김 위원장의 입으로 정식 화답한 것이다. 김 위원장은 "대통령께서 승낙한다면 숙소와 이동수단 등 성의껏 안전하게 모시겠다"고 덧붙였다.

두 번째는 대집단체조 관람과 평양 연설이었다. 김 위원장은 평양 시민들이 준비한 대집단체조를, 일종의 정상회담 환영 공연으로 함께 관람할 것을 제안했다. 그러면서 15만 평양 시민 앞에서 자신이 사회를 보고 문재인 대통령이 연설하면 어떻겠느냐고 했다. 그 이야기를 듣는 순간 망치로 머리를 한 대 맞은 것처럼 깜짝 놀랐다. 먼저 대한민국 대통령이 정말 평양 시민 15만 명 앞에서 연설할 수 있을까 하는 생각이 들었다. 제대로 할 수만 있다면 한반도 평화에 한 획을 긋는 역사적 이정표가 될 터였다. 김 위원장도 만약 문 대통령이 평양 15만 군중 앞에서 연설한다면 역사에 기억될 것이라고 했다.

면담에 참석한 특사단이 이런저런 생각을 하느라 머뭇거리는 사이에 김 위원장이 추가 제안을 했다. "대집단체조에 남측이 볼 때 불순한 내용이 있을 수 있다. 영상을 담은 DVD를 보내줄 테니 검토해보라"는 것이었다. 그러면서 우스갯소리로 "화성 15호(북한의 대륙간탄도미사일)는 절대 나오지 않는다"고 했다.

정상회담에 대한 논의는 순조롭게 진행되었다. 북측은 특사단 방북을 앞두고 굵직한 계획은 미리 세워둔 것 같았다. 김정은 위원장의 깜짝 제안 후 우리는 언론 생중계 부분을 언급했다. 통상적으로 외국 정상과의 회담인 경우 언론 중계 등은 실무협의에서 다루는 내용이지만 북한을 상대할 때는 달랐다. 북측은 언론 보도에 관한 한 세계 최고 수준의 통제 국가다. 최고지도자의 특별 지침이 없는 한 언론 생중계는 꿈도 꿀 수 없는 영역이다. 김 위원장은 호쾌하게 동의했다. "반대할 이유가 없다. 못할 이유도 없다"면서 남측이 요구하는 것을 협조적으로 해주라고 배석한 김영철 부장에게 지시하기도 했다.

특사단은 김정은 위원장의 답방에 대해서도 요청했다. 한반도 평화 정착을 위해서는 이번 기회에 반드시 김 위원장의 서울 방문이 필요하다는 뜻을 피력했다. 언제까지 남측 정상만 방북해서야 되겠냐는 취지의 말에, 김 위원장은 "못 갈 이유가 없다"면서 "꼭 가는 것으로 하자"고 화답했다. 물론 이 부분(김정은 위원장의 답방 시기)은 평양 정상회담에서 마지막까지 합의가 되지 않았다. 하여튼 당시 김 위원장은 아주 강한 어조로 서울 답방을 약속했다. 심지어 남북 정상의 다음 상봉일을 결정하는 수준까지 하자고 했다. 그런데 막상 평양 정상회담에서 김 위원장은 한발 뒤로 빠졌다. 이에 대한 보다 자세한 내용은 5부에서 다루겠다.

이 외에도 특사단은 남북국회회담에 대해서도 제안했다. 평양 정상회담에 입법부의 수장인 국회의장은 참여하지 않겠지만, 각

정당을 대표한 다수의 국회의원이 함께하기에 남북국회회담 개최가 필요하다는 취지였다. 남북관계의 진전을 위해서는 국회의 동의와 협조, 평화의 제도화가 필요하다는 설명도 덧붙였다. 김 위원장은 검토하겠다는 답을 주었다.

주요 일정에 대해서는 큰 이견이 없었지만 방북단 규모에 대해서는 작은 의견 차이가 있었다. 북측은 평양 방북단 규모를 200명 수준으로 하자고 제안했다. 숙박과 이동수단 등을 고려한 규모라는 것이었다. 하지만 우리는 공식 수행원, 일반 수행원, 경제계, 시민사회, 정당 그리고 기자단을 포함하면 200명보다 많아야 했다.

김정은 위원장과의 면담이 끝날 즈음이었다. 사실상 마무리 단계에서 나온 말이었는데, 내 기억에 아직도 선명하게 남아 있다. 지금 상황에서는 도저히 이해할 수 없는, 김 위원장이 말했다고 믿기 어려운 내용이지만 당시 상황을 이해하는 데 조금이라도 도움이 되고자 기록에 남긴다. 기억이 정확하지 않아 언급을 그대로 인용하기는 어렵지만, 대략의 의미는 아래와 같았다.

"우리가 역사를 창조했다. 문재인 대통령의 노력으로 싱가포르 북미회담을 했다. 이런 일을 할 수 있으리라 생각조차 못했다. 지금 낙담할 일이 아니다. 앞으로 불협화음은 얼마든지 있을 수 있다. 나는 낙심하지 않는다, 절대."

김정은 위원장과 면담을 끝내고 고려호텔에서 북측 인사들과 오찬을 함께 했다. 북측에서는 김영철 부장을 비롯해 김창선, 리성권, 김성혜, 리현 등이 참석했다. 앞선 김 위원장과의 면담에서 비핵화와 정상회담에 대한 큰 가닥은 잡혔지만 그에 따른 후속 조치를 논의하기 위해서였다.

식사를 하면서 정식 토의가 아니라 주요 현안에 대해 선문답 식으로 이런저런 이야기를 주고받았다. 우리가 폼페이오 장관의 방북에 대해 넌지시 운을 떼니 북측 반응이 날카로워졌다. 만약 폼페이오 장관이 지난 7월 회담 당시와 같은 생각이라면 아예 들어올 생각을 말아야 한다는 식이었다. 그리고 유엔 방문에 대한 김정은 위원장의 뜻이 확고한지에 대해서도 묻자, 이미 결심이 섰다는 대답이 돌아왔다. 이 외에도 여러 현안에 대해 탐색전 차원의 이야기들이 오갔다.

오찬을 마친 후, 오후 3시부터 고려호텔 회담장에 마주 앉아 본격적인 토의를 이어갔다. 참석자는 김창선 부장만 빠지고 그대로였다. 우선 2박 3일 정상회담 일정에 대한 좀 더 세부적인 의견을 주고받았다. 공항 영접 행사, 환담, 오찬, 기본 회담, 환영 연회(공연), 단독 회담, 대집단체조 관람 등 기본 일정에 대해 서로 의견을 교환했다. 합의된 것은 합의된 대로, 그렇지 못한 건 못한 대로 북측에서 정리해 보내주기로 했다.

앞에서 언급한 대로 방북단 규모에 대해 남북 간에 이견이 있었다. 북측 관계자들은 김정은 위원장이 이야기한 200명에서 단 한 명도 넘길 수 없다는 입장이었다. 북한 체제의 특수성을 고려하면 일견 이해되는 언사였다. 기본적으로 초청하는 쪽의 입장이 중요했기 때문에 크게 다툴 일은 아니었지만, 생방송 중계팀 포함 여부가 쟁점이었다. 북측은 200명 안에서 해결해야 한다는 입장이었고, 남측은 김 위원장이 생중계를 별도로 언급했으니 200명을 넘겨도 된다는 입장이었다. 어찌 보면 참 우스운 토론이었는데, 북한이니까 있을 수 있는 일이었다.

판문점 정상회담의 영향인지 몰라도 세부 논의에서 그리 어려운 부분은 없었다. 경호, 의전, 통신 부분도 판문점 남측 영토와 북측 영토에서 각각 해본 경험이 있으니 크게 걱정되는 부분이 없었다. 영부인 일정도 별도로 준비하는 것으로 협의했다. 정상회담 관련 내용은 아니었지만, 그동안 지연되었던 남북 공동연락사무소 개소식도 4월 판문점 회담의 합의 사항인 만큼 평양 정상회담 이전인 9월 14일에 개최하기로 했다.

크게 대립되는 이슈는 없었지만, 그래도 소소하게 챙길 것이 많았다. 오후 토의에서 결론이 나지 않은 부분은 만찬까지 이어졌고, 만찬이 끝나고도 고려호텔 커피숍에서 북측 관계자들을 만나 정상회담 관련 논의를 이어갔다. 오후 7시 40분경이 되어서야 어느 정도 마무리되었다. 이후 직항로를 이용해 서울공항에 도착하니 늦은 밤이었다. 곧바로 청와대 관저로 들어가 대통령께 특사단 활동 내용을 보고했다. 그 시간이 9월 5일 자정이었다.

2018년 9월 5일 2차 대북특별사절단이 평양을 방
문했다. 1차 특사단 방북 때와 마찬가지로 특사단
은 김정은 위원장을 만날 수 있었다. 이 자리에서
김정은 위원장은 다시 한 번 본인의 비핵화 의지를
명백하게 밝혔다.

성사되지 못할 뻔했던 백두산 일정

"비가 오면 오는 대로, 눈이 오면 오는 대로,
갈 수 있는 곳까지 가겠다."

내 버킷 리스트 중 하나가 개마고원 트레킹이다. 어릴 적 역사와 지리 시간에 배운 개마고원은 뭔가 신비한 느낌의 미지의 땅이었고, 어느 정도 철이 들어서는 꼭 가고야 말겠다는 오기를 불러일으키는 곳이었다. 이제 고백하건대, 2018년 백두산 방문은 문재인 대통령 때문에 가능한 일정이었지만, 개인적으로도 무조건 성사시키고자 한 일이었다. 말하자면 사심 또한 가득한 일정이었다.

2018년 9월 삼지연공항에 내려 백두산 천지로 향할 때였다. 공항을 빠져나와 멋진 전나무숲을 한참 달리면, 어느덧 백두산이 제모습을 조금씩 드러낸다. 백두산은 화산 폭발로 생긴 산이다 보니 일정 고도 이상 올라가면 나무가 거의 없다. 천지까지 난 구불구불한 찻길을 올라가는 바로 그 순간이었다. 문득 뒤를 돌아보니 신비의 땅 개마고원이 눈에 들어왔다. 뭐라고 한마디로 표현하기 어려운 느낌이었다. 대단히 이국적이고 멋있었다. 차량은 먼지를 일으키며 백두산 장군봉을 향해 올라갔지만, 나의 눈은 홀린 듯이 뒤쪽 개마고원에 머물렀다.

흔히 3대가 덕을 쌓아야 독도에 갈 수 있다고 하듯이, 백두산도 마찬가지다. 워낙 기상 변화가 심해 북측 사람들도 백두산 등반에 나섰다가 천지를 보지 못한 채 돌아서는 경우가 부지기수라고 했다. 협상 과정에서 북측 담당자가 가장 걱정했던 것도 바로 그 부분이었다. 최고존엄과 함께 남측 대통령이 백두산에 올랐는데 천지를 보지 못한 채 중도에 내려가는 일이 있어서는 안 된다는 것이었다.

2018년 9월 20일, 모두의 마음이 하늘에 닿았는지 백두산 정상 날씨는 최고였다. 뚜렷이 보이는 천지를 뒤로 하고 양 정상이 손을 맞잡아 올렸다. 그리고 천지 물가에서 함께 〈아리랑〉을 불렀다.

청와대에서는 여러 이유로 대통령의 주요 일정에 별칭을 붙이고는 했다. 예를 들어 문재인 대통령의 첫 번째 미국 순방은 '광화문'이라는 별칭으로 불렀다. 이렇게 별칭을 붙이는 건 보안과 경호 등을 위해서인데, 준비하는 입장에서는 사실 편리한 부분이 많다. 백두산 방문 일정의 별칭은 '고구려'였다.

특사단 방북 후 얼마 지나지 않아 평양 정상회담 준비를 위해 북측 인사들을 접촉했다. 북측 실무협상 대표단과 9·9절을 소재로

서로 덕담과 안부를 주고받았다. 잠시 후 북측 대표단이 정색을 하더니 평양 회담에 대해 새로운 내용을 제안했는데, 가히 충격적이었다.

한마디로 요약하면, 완전히 새로운 두 가지 버전의 평양 정상회담 일정 제안이었다. 첫 번째 안은 3박 4일 일정이었다. 평양에서 1박 2일, 백두산에서 1박 2일로 구성된 안이었다. 두 번째 안은 평양에서 1박 2일을 하고, 백두산 방문 일정은 10월 이후 별도로 진행하는 안이었다. 백두산 일정을 진행하기에는 기상 조건 등 변수가 많으니, 아예 1박 2일로 하든지, 아니면 따로 날을 잡자는 것이었다.

특히 백두산 장군봉 주변은 9월부터 눈이 내리기 시작하고 기온도 5도 이하로 내려가는 등 기상 조건이 매우 유동적이라고 했다. 문재인 대통령을 모셨는데 백두산과 천지를 제대로 보지 못하면 예의가 아니기 때문에 이렇게 두 가지 안을 제안하게 되었다는 것이었다.

전후 사정을 들어보면 일견 이해하지 못할 바도 아니었다. 하지만 당장 그 자리에서 무슨 속뜻이 있는지 확인할 길이 없었고, 만약 수용하더라도 대통령의 결심이 필요한 부분이었다.

북측 대표단은 오늘 본인들이 제안한 내용은 김정은 위원장의 직접 제안이며, 원래는 나를 평양으로 불러 김 위원장이 직접 설명하려 했다고 전했다. 우리는 일단 북측의 제안에 사의를 표하고, 대통령께 보고드려 지체 없이 회신을 주겠다고 했다. 그러자 옆에 있던 다른 대표단원이 김정은 위원장은 이번 백두산 일정에 신경을 많이 쓰고 있다면서, 백두산 날씨가 수시로 변하고 군대를 동원해도 길을 뚫기 어려운 상황이 있을 수 있다고 보충 설명을 했다. 결과적으로 백두산 일정이 꼬이면 문 대통령의 다음 일정에도 문제가 될 수 있다는 뜻이었다. 그러면서 얼핏 김 위원장의 뜻은 두 번째 안(이번에는 평양 1박 2일 회담, 백두산 일정은 추후 진행)에 있다는 취지로 이야기했다.

그 말을 전한 이는 김정은 위원장의 부속실장 역할을 하는 측근 중의 최측근이었다. 공식 직함은 따로 있지만, 북한 내의 정확한 지위는 베일 속에 감춰진 인물이었다. 그는 건강이 좋지 않음에도 불구하고 김 위원장의 신임이 두터워 북한 주요 행사의 의전을 담당하고 있었다. 당시 김 위원장의 방러 일정에도 함께했다. 그런 인물이 김정은 위원장의 속내를 분명하게 이야기한 것은 대단히 이례적인 일이었다. 겉으로는 두 가지 일정을 제안했지만, 속내는 우리 측이 '평양 1박 2일 회담 일정'을 수용하길 바라는 것이었다.

순간 머리가 복잡해졌다. 북측의 의도가 무엇인지 잘 그려지지 않았다. 진심으로 백두산 일정을 고민해서 그런 것인지, 아니면 다른 꿍꿍이가 있는지 모를 일이었다. 우선 당장 확답을 줄 수는 없는 노릇이었다.

북측은 마지막까지 백두산 일정을 거론하면서 "문 대통령이 백두산과 천지를 못 보게 되는 상황이 제일 큰 걱정이다", "하루 방문으로는 보기가 어려울 듯해서 제안하는 것이니 꼭 수용하길 바란다"는 당부를 덧붙였다.

서울로 돌아오자마자 문 대통령께 백두산 일정에 대해 보고했다. 대통령의 뜻은 분명했다. 이번에 가겠다는 것이었다. 비가 오면 오는 대로, 눈이 오면 오는 대로 가겠다고 했다. 가다가 못 가면 돌아오면 된다는 것이었다. 삼지연공항에 비행기가 내리지 못할 정도가 아니라면 무조건 간다고 단호하게 말했다. 도저히 다른 이야기를 할 계제가 아니었다. 북측과는 최종적으로 다시 조율하기로 했다.

다시 북측과 접촉해 협의했다. 북측은 그동안 준비한 평양 정상회담 세부 계획을 우리에게 제시했다. 공항 환영 의식, 1차 회담, 환영 공연 및 연회, 2차 회담 및 옥류관 오찬, 대동강 수산물식당 방문, 능라도 경기장 연설 등 주요 일정은 충분히 조율되었기에 큰 이견이 없었다. 다만 백두산 일정과 언론 생중계 부분만은 예외였다.

백두산 일정에 대해서는 내가 따로 대통령의 메시지를 전달하는 형식으로 그 의미를 강조했다. 문 대통령이 하신 말씀 그대로, "비가 오면 오는 대로, 눈이 오면 오는 대로, 갈 수 있는 곳까지 가겠다. 이런 나의 뜻을 김정은 위원장에게 정중히 전해주기 바란다"는 메시지를 그 자리에서 그대로 읽었다. 북측은 매우 긴장하며 난색을 표했다. "양 정상이 백두산과 천지를 못 보는 경우를 우리는 상상할 수 없다. 기상 여건 때문에 어려울 수 있으니 유엔 총회 이후 10월에 여유 있게 별도 일정을 잡는 것이 좋겠다"는 의견을 재차 피력했다.

나는 문 대통령의 뜻을 당장 김 위원장에게 정중히 전해줄 것을 요청했다. 이 부분은 김 위원장 외에 풀 수 있는 사람이 없었기 때문이다. 아울러 양 정상이 함께 백두산을 가는데, 날씨에 의해 못 본다손 치더라도 그 지역을 함께 방문한 것이 결코 무의미하지 않을 것이라는 점을 강조했다. 그리고 날씨에 대해서 근거는 없지만 낙관적인 전망도 했다.

북측은 대단히 난감한 표정을 짓더니 회담을 잠시 중단하자고 했다. 그리고 평양과 접촉을 시도했다. 잠시 후 재개된 회담에서 북측은 김정은 위원장에게 보고했고, 김 위원장은 문 대통령의 제안을 환영한다고 했다. 이로써 '고구려' 일정이 확정되었다. 나는 경호 문제 등을 고려해서 '고구려' 일정은 당분간 비밀로 하자고 했고 북측도 동의했다. 그리고 다들 본 바와 같이 2018년 9월 20일, 백두산 장군봉에서 양 정상이 손을 맞잡았고, 천지에서 함께 〈아리랑〉을 불렀다.

솔직히 지금도 궁금하다. 북측이 진심으로 백두산의 기상 조건을 염려해서 두 가지 일정(사실상 10월 백두산 별도 방문 일정)을 제안했는지, 아니면 다른 숨은 뜻이 있었는지. 개인적인 판단으로는 순수하게 기상 조건 때문만은 아니었던 것 같다. 실상 백두산의 기상은 9월보다 10월이 더 좋지 않다. 하지만 그 내용은 오로지 김정은 위원장만이 알 것이다. 그리고 실제 백두산 일정을 추진할 때 김

위원장을 비롯해 북측 인사들의 적극적인 지원이 있었던 것은 분
명한 사실이다.

치열했던 실무 협의

"2,000만 북한 주민과 함께 식사한다."

이재명 대통령이 평양 식당 '삼태성三台星'을 방문해서 김정은 위원장과 함께 햄버거를 먹으면 어떨까? 북한이 만든 패스트푸드 체인점 삼태성에서는 햄버거, 치킨버거, 와플 등을 판매한다.

문재인 전 대통령은 외국을 순방하면 종종 해당 국가의 서민 식당을 조용히 방문하곤 했다. 일종의 '그 나라 국민과의 식사'를 콘셉트로 한 기획 일정이었다. 2018년 평양에서도 비슷한 일정을 준비했는데, 바로 '대동강 수산물식당' 방문이었다.

'2,000만 북한 주민과 함께 식사한다'는 취지로, 이는 평양 시민에게 보내는 메시지이기도 했다. 그런데 예정에 없던 김정은 위원장의 갑작스러운 등장 때문에 애초 의도했던 목표를 이루지는 못했다. 원래는 문 대통령 내외만 식당을 방문하는 일정이었는데,

갑자기 김 위원장도 함께 하는 만찬이 되어버렸다.

물론 삼태성이나 대동강 수산물식당 모두 평양의 일반 주민들이 접근하기에는 가격적으로 어려운 곳이기는 하다. 또 북한의 통제 시스템하에서 진짜 서민 식당 방문은 어려울 수 있다. 그렇다고 해서 애초 방문 취지를 전혀 얻지 못한 건 아니다. 이 책에서 누누이 언급하다시피 평양 시민들도 눈과 귀가 있다. 그들이 직간접적으로 체감하는 변화의 흐름은 누구도 온전히 막을 수 없다.

문 대통령은 특사단 방북 다음 날인 9월 6일, 평양 남북정상회담 준비위원회 1차 회의에 참석했다. 준비위원회의 첫 회의라 참석했다고 했지만, 이런저런 세세한 부분을 직접 챙기고 싶었던 것 같다. 특사단 방문 결과에 대해선 기대 이상의 성과를 거뒀다고 평가하면서, 평양 회담은 한반도 비핵화와 북미대화 촉진 그리고 남북관계 개선에서 풍성한 결실을 맺도록 해야 한다고 강조했다.

이날 회의에서 대통령은 상호 고향 방문, 가을 예술단 방문, 이해집단에 대한 의견 수렴, 유엔군사령부와의 소통 등에 대해 꼼꼼히 살폈다. 특히 남북 상호 고향 방문의 경우, 북한이 제대로 준비되어 있지 못한 상황을 고려해 우리가 먼저 문호를 개방하는 방안을 제시하기도 했다. 당장은 금강산 이산가족면회소를 정상화하고 상봉 행사에 집중하지만, 장기적으로는 남북 상호 고향 방문을 우리가 주도적으로 추진하자는 취지였다. 그리고 이번 평양 방문으로 사실상 대통령 국내 공백 상황이 되는 만큼 정부 차원에서 상

황실을 철저히 운영하고, 총리 중심 국정 체제를 제대로 갖출 것을
지시했다.

문 대통령은 지난 4월 판문점 회담을 준비할 때와 마찬가지로
남북관계 관련 원로들을 모시고 오찬을 함께 했다. 참석하신 분들
은 지난번과 대동소이했지만, 그분들이 제안한 내용은 확연한 차
이가 있었다. 봄에는 남북관계 복원 그 자체를 강조했다면, 가을에
는 그보다 한발 나아간 구체적인 내용을 제안해주었다. 예를 들면
종전선언, 국회회담, 공동 어로구역, 남측 통신사 상주, 2032년 올
림픽 공동 개최 등이었다.

백두산 일정을 제외하고는 북측과의 실무협의에 큰 어려움은
없었다. 북측은 우리 측의 요구를 최대한 반영하려고 노력했고, 우
리도 북측의 입장을 존중했다. 정상회담 형식에 대해선 판문점 회
담을 준용하기로 했다. 양 정상이 편하게 이야기를 나눌 수 있도록
배석은 최소화하기로 했다. 전속 촬영 등도 마찬가지였다.

다만 언론 생중계 부분에서 문제가 제기되었다. 관련해서 김
정은 위원장의 직접적인 지침이 있었지만, 북측은 여전히 생중계
에 대해 부정적이었다. 언론 보도에서 반드시 지켜야 할 자신들만
의 원칙이 있는데, 콘텐츠를 편집하고 하루는 지나야 방송 또는 지
면에 내보낼 수 있다는 것이었다. 백번 양보하더라도 녹화 후 최소
한 시간 또는 두 시간 지난 다음 내보내야 한다고 했다. 어쩔 수 없
었다. 합의가 진척되지 않는 부분은 뒤로 미루는 편이 낫다. 계속

논의해봐야 시간만 낭비되기 때문이다.

이 부분은 결국 마지막에 가서야 해결되었다. 방북 전날까지 북측 관계자들은 부정적 의견을 피력했지만, 최종적으로는 생중계를 수용했다. 생중계 자체가 어려운 일부 장소 등은 예외로 한다는 단서가 있었지만, 결국 평양 정상회담의 언론 생중계를 관철했다.

남북정상회담을 하다 보면, 실무협의가 제일 잘 풀리는 분야가 경호 영역이다. 총기류 등 무기를 휴대하는 상황이라 서로 많은 이견이 제기되고 치열한 토론이 벌어질 거라고 예상하기 쉽지만 전혀 그렇지 않다. 서로가 워낙 전문가다 보니 어디까지 수용 가능한지가 분명하다. 따라서 한 번 정도만 만나서 서로 상황을 공유하면 그다음은 술술 풀린다. 관련해서 언젠가 경호처장에게 물어본 적이 있는데, 정상회담 경호는 기본적으로 초청한 국가의 경호를 완전히 100퍼센트 믿어야만 하기 때문이라고 했다. 즉, 초청 국가의 경호를 믿지 못하면 경호 자체가 성립될 수 없다는 것이었다.

북측은 문재인 대통령 내외에 대해서는 각별히 신경을 썼다. 대통령 내외 숙소로 평양 외곽에 있는 백화원초대소 전체를 내주었다. (일반 수행원과 기자단 숙소로는 고려호텔 전체를 제공했다.) 대통령과 영부인이 이용할 자동차의 종류, 중량, 크기 등에 대해서까지 우리 측의 수요를 물을 정도였다. 또한 침실 온도와 습도에 대해서도 구체적인 수치를 제시하면서 우리 측의 요구를 파악했다.

당시 대부분의 일정은 북측이 제안했지만, 역으로 우리가 요구한 일정이 몇 가지 있었다. 그중 하나가 대통령 내외의 대동강 수산물식당 방문이었다. 앞선 중국 방문 당시에도 문 대통령 내외는 비슷한 콘셉트로 중국 서민 식당에서 시민들과 함께 식사했다. 당시 야당은 '대통령의 혼밥'이라고 악의적으로 폄훼했지만 사실은 전혀 그렇지 않았다. 이는 주중한국대사관 정무팀에서 제안한 기획 일정으로, 시진핑 주석도 종종 같은 콘셉트의 일정을 진행했다. 즉, 대한민국 대통령이 중국 국민들에게 우호적으로 다가가기 위해 서민 식당을 방문해 함께 식사하는 것이다. 말하자면 '14억 중국 인민과의 식사'라고 할 수 있다. 이런 일정을 통해 중국 국민의 한국에 대한 이미지를 제고해 한국산 화장품, 한국산 자동차 등 우리 상품의 이미지와도 연계시키고자 했던 것이다.

평양 정상회담에서도 그런 차원의 일정을 북측에 요구했다. 서민 식당에서 소박하게 식사하고 싶다는 취지를 설명했는데, 북측은 대동강 수산물식당을 제안했다. 우리 취지에 100퍼센트 부합되는 장소는 아니지만 평양 시민들의 일상을 경험한다는 차원에서 동의했다.

애초 대동강 수산물식당 방문은 앞서 언급한 대로 문 대통령 내외만의 일정이었다. 그런데 막상 식당에 갔을 때는 김정은 위원장 내외도 함께했다. 아마 정상회담 성과에 대한 만족 또는 문 대통령에 대한 존중의 표현이 아니었을까 싶다. 그날 식당에서 직접 본 평양 시민들의 김정은 위원장을 대하는 모습은 충격 그 자체였다. 북한 방송에서 봐온 느낌 그 이상이었다.

문재인 전 대통령은 외국을 순방하면 종종 해당 국가의 서민 식당을 조용히 방문하곤 했다. 그 나라 국민과 함께 밥을 먹는 외국 정상의 모습을 통해 두 나라 사이의 신뢰와 연대감을 높이기 위한 메시지 차원이었다. 평양에서도 그런 일정을 만들고 싶었다. 애초 계획과 달리 김정은 위원장 내외가 참석하면서 두 정상이 함께하는 만찬이 되었지만, 대동강수산물식당에 등장한 남북 정상의 모습은 북한 사회에서도 화제가 되었을 것이다.

마지막까지 속을 썩인 합의문

"통 큰 대화가 필요하다."

이재명 정부 출범 후 첫 번째 한미정상회담에서 최종 합의문이 나오지 않았다. 외교가에서는 합의문을 작성하지 않는 게 우리 정부의 목표였다는 소리도 들린다. 만약 이것이 사실에 부합한다면 트럼프 대통령의 압박이 대단히 거칠고 무례했다는 이야기다. 국가와 국가가 맺은 자유무역협정FTA을 대통령의 말 한마디로 휴짓조각으로 만들고, 관세를 무기로 내세워 막무가내로 압박하는 건 동맹에 대한 최소한의 예의가 아니다.

대부분의 정상회담은 사전에 합의문을 마련하고, 양 정상은 최종적으로 서명 퍼포먼스를 한다. 남북정상회담도 마찬가지다. 하지만 2018년 평양 정상회담은 예외적이었다. 마지막 순간까지도 속을 태웠다. 북측이 왜 그랬는지, 당시에는 제대로 몰랐지만 지금 돌이켜 생각해보면, 북미 비핵화 대화 상황 때문이었던 것 같다.

북측은 예전부터 소위 '통미봉남通美封南 전략'을 취했다. 즉, 남측을 배제하고 미국과 직접 협상을 하겠다는 것이다. 평양 정상회담 전후에도 마찬가지였다. 몸은 남측과 정상회담을 하고 있지만, 마음은 미국을 향해 있었던 것이다. 그래서 평양 회담 직후 김정은 위원장이 트럼프 대통령에게 정말 황당한 내용의 친서(앞으로는 문 대통령을 빼고 소위 '직거래'하자는 취지)를 보낸 것이다.

대한민국 대통령은 트럼프 대통령의 벽을 넘더라도 다시 김정은 위원장의 벽을 넘어야 한다. 정말 힘든 자리다.

2018년 9월 4일, 2차 특사단의 방북 하루 전, 문재인 대통령은 미국 트럼프 대통령과 전화통화를 했다. 특사단 파견의 취지 등을 설명했는데, 이는 남북관계 진전이 북미 비핵화 대화와 상호 배치되는 게 아니라 상호 보완적인 관계임을 밝힘으로써 불필요한 오해가 발생하지 않도록 미리 세심하게 살핀 것이었다.

문 대통령은 방한한 스티븐 비건 대북정책특별대표도 접견했다. 평양 회담을 일주일 앞둔 9월 11일이었다. 대통령은 비건 대표를 만나 북미 비핵화 대화에서 성공적인 결과를 거둘 것을 당부하면서 남북 공동연락사무소 개소 등 남북관계 개선과 북미 비핵화 대화가 선순환할 수 있도록 한미 양국이 긴밀히 협력해야 한다고 강조했다. 특히 특사단을 통해 확인한 북측 상황 등을 소개하면서 북한과의 '통 큰 대화'가 필요하다고 역설했다. 문 대통령은 "70년 적대관계로 인해 북미 양국은 서로에 대한 불신이 두터운데, 하나하나 따지면 대화의 진전을 이룰 수 없다. 양국이 원하는 것을 하나의 비핵화 테이블에 올려놓고 통 크게 논의하는 것이 타당하다"고 말했다. 아울러 북미 비핵화 대화 국면에서 한국이 할 수 있는 긍정적인 역할에 대해 재차 설명했다.

당시 미국은 폼페이오 국무부 장관의 방북 취소로 꼬인 비핵화 대화의 정상화를 위해 북한과의 물밑 접촉을 타진 중이었다. 첩보에 의하면, 미국은 북미 실무회담 재개 시기를 평양 남북정상회담 이전과 직후로 해서 복수 안을 북측에 제시하기도 했다. 답답한 것은 이런 부분에 대한 우리 정부의 접근에 언제나 제약이 많다는 것이었다. 미국은 미국대로 우리에게 제공하는 정보에 제한을 두고 있었고, 북한도 마찬가지였다. 각자의 이익에 따라 움직이는 것은 어쩔 수 없지만, 비핵화 대화 실패의 책임과 그로 인한 부담을 온전히 우리가 지는 상황이라 정말 답답한 노릇이었다. 이 책에서 던지는 고민 가운데 하나기도 한데, 더욱 강고한 한미동맹으로 이런 문제를 해소할지, 아니면 우리만의 독자적인 움직임으로 이런 문제들을 풀어나갈지에 대한 깊은 성찰이 필요하다. 분명 어느 한 방향으로만 해소될 일은 아니지만, 우리가 무게중심을 잘 잡고 있어야 한다. 그래야 선택의 순간에 머뭇거리지 않고 과감하게 판단할 수 있다.

평양 회담 이틀 전 청와대 관저에서 몇몇 참모가 최종 준비 상황을 보고했다. 북측이 제안한 공동발표문에 대해 의논했는데, 우리 측 생각과 맞지 않는 부분이 꽤 있었다. 합의서 서문에 비핵화 의지를 분명하게 담는 부분, 한미연합군사훈련 및 개성공단 재개에 관한 부분, 3·1운동 100주년 기념사업과 안중근 의사 유해발굴 사업, 그리고 김정은 위원장 답방과 구체적인 비핵화 프로그램 제시 등에 이견이 있었다. 문 대통령은 회담에서 필요한 구체적인 아이디어에 관해 참석자들의 의견을 구하기도 했다. 특히 남북 정상 간의 합의가 북미 비핵화 대화에 어떻게 순기능을 할 것인지, 그리고 영변 핵시설과 재처리 및 농축 공정, 비핵화 리스트 제출, 조건부 제재 완화, 북미 수교 등 대화 복원을 위한 여러 가지 수단에 대한 깊이 있는 토론을 진행했다.

대통령은 합의문을 작성할 때 한반도 비핵화에 대한 양 정상의 의지를 최대한 과감하게 담는 게 좋겠다고 했다. 회담 성과에 대해서는 긍정적으로 바라봐선 안 된다고 지적했다. 낙관주의에 빠지지 말자면서, 경우에 따라선 빈손으로 돌아올 수도 있으니 지극히 담담하게 응하는 게 좋겠다는 의견이었다.

이렇듯 가장 중요한 평양 정상회담 합의문이 마지막까지도 난항을 겪고 있었다. 그리고 너무 늦게 합의된 '고구려(백두산과 천지 방문)' 일정에 대해서도 아직 분명하게 매조지된 게 없었다. 이러다가는 회담이 성과 없이 끝날 수도 있는 상황이었다. 이런 문제를 해결하기 위해 나를 비롯한 몇몇이 급히 평양으로 가기로 했다. 물론 비공개 방북으로, 정상회담 하루 전이었다. 나의 역할은 양 정상이 논의할 정상회담 의제에 대해 사전 협의하고 '고구려' 일정을 최종 마무리 짓는 것이었다.

정상회담 의제 협상에 임하는 우리의 작전은 비교적 간명했다. 의제에 관한 문 대통령의 생각이 워낙 명확했기 때문이다. 무엇보다 비핵화 대화를 가장 중요한 목표로 삼았으며, 이를 위해 원칙을 훼손해서는 안 된다는 것이 명확한 입장이었다. 따라서 우리가 앞서 제안한 공동선언문의 큰 틀을 유지하되, 비핵화 부분 등 쉽게 합의되지 않는 골치 아픈 부분은 실무회담에서 억지로 합의할 생각을 하지 말고 정상회담으로 넘기자는 전략이었다.

앞서 언급한 것처럼 평양 정상회담의 함의에 대한 문 대통령의 생각은 확고했다. 평양 회담은 막힌 비핵화 대화의 물꼬를 여는 계기가 되어야 한다는 것이었다. 남북관계와 북미관계의 선순환 구조를 만들기 위해 평양 회담이 제대로 역할을 해야만 정상적인 비핵화 단계로 들어설 수 있다고 판단한 것이다.

수행단 선정, 떠나는 자와 남는 자

대통령을 가까이서 모신다는 건 개인적으로 대단한 영광이지만 고난의 길이기도 하다. 우선 육체적으로 힘들다. '월화수목금금금'은 기본으로 개인 생활이라고는 아예 없다고 봐야 한다. 2018년 즈음으로 기억한다. 몇 해 동안 가지 못했던 가족 휴가를 제주도로 몰래 갔다. 호텔에 도착해서 늦은 저녁을 먹고 있는데, 대통령께서 전화를 했다. "지금 어디냐, 이야기할 게 있다." 나는 계획했던 일정을 취소하고 다음 날 새벽 서울행 비행기를 타야만 했다. 그게 참모의 삶이다.

노무현 정부와 문재인 정부를 합쳐 8년 조금 못 되게 청와대에서 근무했다. 청와대 생활은 말 그대로 '3D' 자체다. 새벽에 출근해서 밤늦게까지 일에 파묻혀 산다. 주말도 없다. 전화 한 통, 문자 하나면 무조건 출근이다. 그리고 항시 대기 중이어야 한다. 언제 어디든지 연락이 닿아야 한다. 심지어 목욕을 할 때도 휴대폰을 비닐봉투에 담아 옆에 두는 그런 일상의 연속이다. 국정운영 전체는 매우 역동적이지만, 개별 구성원들의 삶은 대단히 무미건조한 일상이다. 아마 이재명 정부 대통령실도 마찬가지일 것이다.

대통령의 참모 조직이자 국정운영의 컨트롤타워인 청와대가 술렁거리는 때가 있다. 남북정상회담 같은 국가적 행사가 있는 경우다. 특히 평양 정상회담의 수행원 포함 여부는 청와대 구성원들의 지대한 관심사였다. 역사적인 현장을 두 눈으로 지켜보고 싶다는 소망과 그런 역사를 자신의 땀과 노력으로 채워가겠다는 사명감 때문이었을 것이다. 바로 그 지점에서 고민이 생긴다. '떠나는 자'와 '남는 자'를 구별해야 하는 것이다. 다 같이 고생하며 정상회담을 준비했는데 누구는 평양에 가고 누구는 서울 상황실을 지켜야 한다. 참 난감한 노릇이다. 묘한 눈치 게임도 벌어진다.

당시 평양 정상회담을 앞두고 청와대 내에서는 작은 논란이 있었다. 대통령이 3일 동안 대한민국을 비우는 상황에서 누가 청와대를 지키면서 국정을 살피는가 하는 문제였다. 정상회담 준비위원장인 비서실장은 일의 연속성에서 볼 때 평양에 가서 이런저런 일들을 직접 점검하는 게 효과적일 터였고, 안보실장은 대북 특사로서의 역할과 정상회담 이후 챙겨야 할 부분을 고려한다면 평양을 방문하는 게 타당했다. 따라서 애초에는 두 사람 모두 공식 수행원으로 포함하는 방안을 검토했다. 일로만 본다면 그게 맞았다. 하지만 달리 생각하면, 청와대 넘버1과 넘버2가 서울을 비우고 모두 방북하는 건 대통령 부재 상황을 대비하는 측면에서 문제가 있었다. 이러지도 저러지도 못하는 형국이었다.

그런 분위기를 눈치채고 비서실장이 선뜻 자신이 청와대에 남겠다고 했다. 나로서는 그러저러한 상황을 대통령께 보고하지 않을 수 없었다. 회담 이틀 전, 대통령이 관저에서 준비 상황을 보고받는 와중에 방북 수행원 명단 이야기를 꺼냈다. 그러자 비서실장이 회의 끝나고 개인적으로 말씀드리겠다며 얼른 화제를 돌렸다. 물론 회의 직후에 자신이 남아서 잘 챙기겠다고 말씀드렸다. 그렇게 해서 안보실장은 떠나는 자, 비서실장은 남는 자가 되었다.

임종석 실장은 오랜 시간 남북관계에 천착해온 사람이다. 당연히 본인도 무척 가고 싶었을 것이다. 그럼에도 그런 용단을 내려줘서 무척 고마웠다. 참고로 2000년 6·15 정상회담에는 한광옥 비서실장이 방북단에 포함되었고, 2007년 10·4 정상회담 때는 문재인 비서실장이 남았다. 아무튼 고마웠다.

판문점 정상회담과 평양 정상회담 수행원 구성에 과거와 다른 몇 가지 특징이 있었다. 예를 들어 강경화 외교부 장관을 공식 수행원에 포함시킨 것이다. 잘 알다시피 대한민국 헌법은 북한을 인정하지 않는다. 한반도 전체와 그 부속 도서를 대한민국 영토로 간주한다. 다만 평화통일 원칙을 명시해 북한의 존재 자체는 인정하고 있다. 그래서 남북관계의 주무 부처는 외교관계를 담당하는 외교부가 아니라 통일부인 것이다. 그리고 여태껏 정상회담을 할 때 단 한 번도 외교부 장관을 수행원에 포함한 적이 없었다.

그런데 한반도 비핵화 정책을 세계 각국에 설명하고 협조를 구하는 작업은 외교부가 주로 해왔다. 심지어 한반도 비핵화 관련 조직을 외교부 내에 두기도 했다. '한반도평화교섭본부'라고, 꽤 큰 차관급 직제였다(윤석열 정부 출범 이후 폐지되었다). 즉, 일은 외교부가 하면서 실제 대북 접촉에서는 제외되는 측면이 있었던 것이다. 그래서 문 대통령은 판문점 회담부터 외교부 장관을 남북정상회담 수행원에 포함시킬 것을 지시했다.

사실 외교부 장관을 남북정상회담 공식 수행원에 포함한 배경에는 앞으로 인위적인 통일은 지향하지 않겠다는 의미도 담겨 있었다. 즉, 북한을 실체로서 인정하자는 취지였다. 그동안 북한과의 관계는 특수관계와 외교관계의 차이가 존재했는데, 이를 그대로 인정하는 것이었다. 이후 당연히 평양 정상회담에도 외교부 장관은 공식 수행원이었다. 비슷한 사례로 국토부 장관은 남북 철도 연결 사업 때문에 방북 공식 수행원에 포함되었다.

평양 정상회담에는 기업 대표들도 수행원에 포함되었다. 출발 당일, 공식 수행원을 제외한 일반 수행원들은 경복궁 주차장에 집결했다. 대기업 회장들도 마찬가지였다. 세계 유수의 기업을 대표하는 인사들이지만 어쩔 수 없었다. 일반 수행원들과 똑같이 줄을 서야 했고, 기다려야 했고, 같은 대우를 받았다.

갑자기 김정은 위원장이 찾아왔다!

"이제부터 실무회담은 나하고 직접 하자."

2018년 9월 18일 새벽 1시, 평양 백화원초대소 회의실에서 김정은 위원장은 청와대의 일개 비서관에 불과한 나를 붙잡고 한 시간 동안이나 평양 정상회담에 대해 열정적으로 설명했다. 나는 그 모습을 결코 잊을 수 없다.

하지만 2018년의 김정은과 2025년의 김정은은 달라도 너무 다르다. 민족 대신 적대적 두 개 국가론을, 평화 대신 핵 보유를 주장한다. 많은 사람이 김 위원장의 비핵화 의지는 거짓이라고 말한다. 내가 김 위원장에게 철저히 속은 걸까? 그렇게 생각하지 않는다. 최소한 평양 정상회담까지 김정은 위원장의 비핵화 의지는 분명했다고 생각한다.

2018년 9월 17일, 새벽에 청와대를 나섰다. 가야 할 길이 멀었다. 북측과 오전 11시에 약속이 되어 있으니 부지런히 가야 시간에 맞춰 평양에 도착한다. 자유로를 지나 임진각과 파주 도라산역에 있는 남북출입사무소를 거쳐 분단의 현장 군사분계선을 넘었다. 그곳에 북측에서 제공한 차량이 나와 있었다. 오래된 벤츠였다. 북측 출입사무소를 지나면 곧바로 개성이다. 개성 시내 사거리에 있는 고층 아파트를 제외하고는 개성은 우리의 1970년대 풍경과 너무나 흡사하다. 트럭과 우마차 그리고 자전거가 공존하는 세상이랄까.

개성을 벗어나는 데는 그리 오랜 시간이 걸리지 않았다. 이제 개성-평양 고속도로를 달린다. 고속도로 상황은 그리 좋은 편이 아니었다. 피곤으로 얼핏 잠이 들었다가도 도로 상황 때문에 깬 것이 한두 번이 아니었다.

평양에 도착해서 보니 상황은 썩 좋지 않았다. 어제 우리 측 선발대가 도착했는데, 아직 대통령 내외의 숙소조차 확인하지 못하고 있었다. 프레스센터도 갖추지 못한 상황이었다. 북측 관계자를 만나 연유를 확인하니, 모든 게 잘될 거라는 답만 되풀이했다. 답답한 노릇이었다. 곰곰이 생각해보니 북측도 이런 대규모 방북단을 맞이하는 건 십수 년 만의 일이었다. 그동안 유엔 제재 등으로 사실상 봉쇄된 상황이라 이렇듯 큰 행사를 치러보지 못한 것이다.

도리가 없었다. 어떻게 하든 빨리 수습해야 했다. 하루 먼저 와 있던 의전, 보도, 경호 관련 실무책임자를 소집해 급하게 점검하고

방도를 찾았다. 그런 다음 우리가 해결해야 했던 진짜 미션을 위한 협상에 돌입했다.

17일 오전 11시, 1차 실무회담이 열렸다. 북측 관계자와 평양 고려호텔 회담장에 마주 앉았다. 우선 급한 불을 꺼야 했다. 의전 및 일정과 관련해 부족한 부분을 제기했다. 그리고 핵심 논의 사안인 정상회담 의제와 관련해 우리 측 의견을 전달했다. 1차전은 탐색이었다. 오찬을 명분으로 잠시 쉬는 시간을 가졌다.

17일 오후 4시, 2차 실무회담에는 김영철 부장도 나왔다. 김 부장은 기선 제압을 위해서인지 아니면 의도적 역할 분담인지 모르지만, 아주 강하게 나왔다. 세 가지 사항에 대해 강력하게 문제를 제기했다. 첫째, 우리가 제시한 정상회담 합의문에 대한 강한 불만이었다. 자신들이 제안한 회담 합의문은 김정은 위원장의 용단에 따라 남북 양측이 다 받아들일 수 있는 내용으로 준비했으니 무조건 수용하라고 주장했다. 둘째, 우리 측 수행원에 대한 문제제기였다. 특별 수행원으로 포함된 16세 김규연 양에 관한 이야기였는데, 이산가족 상봉 차원에서 북에 계시는 큰할아버지를 만나러 가는 규연 양을 불허하겠다는 것이었다. 북측의 논리는 평양 정상회담이 수뇌 상봉이지 이산가족 상봉 행사는 아니지 않냐는 것이었다. 셋째, 이번 회담을 가장 따뜻하게, 성의를 다해 준비하고 있으니 이에 대해 문 대통령에게 다시금 보고해줄 것을 요청했다. 이는 몇몇 일정에 대해 제대로 협의되지 않는 상황에 대한 불만을 표출한 것이었다. 김 부장은 더 이상 미련 갖지 말라는 식이었다. 아주 강한 의사표현이었다. 우리는 정상회담 합의문을 실무회담에서 확정하기보다는 정상 간에 직접 담판을 짓는 게 낫겠다고 판단했다. 따라서 우리 측이 작성한 합의문 초안을 제시하고, 이후는 양 정상의 논의 결과에 따라 합의문을 수정·보완하자는 원칙적인 입장을 견지했다.

17일 오후 4시 50분에 열린 3차 실무회담에서 북측은 앞서 제기했던 내용을 다시 반복했다. 평양 회담은 정상 간의 수뇌 상봉이지 이산가족 상봉이 아니라는 말과 함께 자신들이 제시한 합의문을 수용해달라는 주문이었다. 아무래도 윗선의 강한 압박이 있는 것 같았다. 몇 차례나 반복적으로 자신들 안을 수용할 것을 주장했으나 우리 역시 일관되게 실무선에서 합의할 수 있는 영역이 아니라는 점을 분명히 했다.

만찬 이후에 순안공항 및 거리 환영 일정 관련 실무협의가 한 차례 있었다.

17일 오후 9시 30분, 4차 실무회담이 열렸다. 북측은 자신들은 이미 남측의 의견을 충분히 반영해서 수정안을 제시했기 때문에 더 이상 손댈 수가 없다는 점을 반복적으로 주장했다. 우리는 말로 입씨름할 사안이 아니며 정상 간의 대화로 풀어가야 한다고 반박했다. 남북 양측의 지루한 공방이 하루 종일 지속되었다.

1차부터 4차까지 남북 사이에 오간 대화 내용은 비슷했지만, 신기하게도 이 과정을 거치면서 합의문의 대략적인 틀과 내용이 서서히 갖춰지고 있었다. 물론 핵심적인 내용, 예를 들어 비핵화 부분은 완결되지 않았지만, 이를 제외하고는 많은 부분이 합의 수준에 이르렀다고 봐도 무방했다. 예를 들어 군사 분야 합의서를 정상회담 부속 합의서 형태로 하는 방안에 대해서도, 처음에는 남북 간에 이견이 있었지만 4차 실무회담에서는 합의를 끌어냈다. 참 신기한 일이었다. 하여튼 늦은 밤까지 계속된 4차 실무회담을 끝으로 내일 오전에 다시 만날 것을 약속하고 헤어졌다.

백화원초대소에 설치된 CP(현장 상황실)에 가보니 그 시간까지도 온통 '난리'였다. 내일 대통령을 맞을 준비가 아직도 끝나지 않은 것이다. 분야별 실무책임자들을 소집해서 상황을 점검하고 보니 시간은 자정에 이르렀다. 내일 있을 정상회담을 위해 조금이라도 잠을 자두는 것이 좋을 것 같아, 새벽에 다시 점검하기로 하고 방으로 들어왔다.

씻지도 않고 그대로 누워 잠을 청하려는 순간, 강한 노크 소리가 들렸다. 리현 노동당 실장이 문밖에 서 있었다. 그가 얼굴이 붉게 상기된 채, 어서 빨리 옷을 입고 1층 회담장으로 내려가자고 재촉했다. 직감적으로 '큰 사고'가 터졌구나 싶었다. 그렇지 않고서야 자정이 넘은 시간에 노동당 핵심 간부가 다급하게 방까지 찾아올 일이 있겠는가.

대충 옷을 입고 나와 리현 실장에게 도대체 무슨 일인데 이리 호들갑이냐고 물었다. 그랬더니 '지금 김정은 위원장 동지가 오셨는데' 급히 나를 보자고 한다는 것이었다.

1층 회담장에 가니 김정은 위원장이 와 있었다. 옆에는 김영철 부장이 서 있었다. 서로 간단한 인사를 나눈 후 긴 탁자를 사이에 두고 앉았다. 김 위원장은 대뜸 첫 일정인 평양 순안공항 대통령 영접 행사부터 시작해 2박 3일간의 평양 정상회담 일정 전부를 나에게 일일이 설명했다. 일종의 일정 브리핑을 한 것이다. 그런데 그냥 대충 알려주는 수준이 아니라 일정 하나하나를 아주 세심하게 설명했다. 예를 들어 대통령 순안공항 도착 영접 행사의 경우는 '리설주 여사가 비행기 정박 위치에서 맞이하고, 한 발짝 앞서 영접 간부를 인사시키고, 곧 의장대 사열이 있는데, 이때 주악(국가)은 울리지 않고, 영접자 보고 및 사열을 한다. 분열 행진은 대각 방향으로 하되, 이때 군중에 대한 가벼운 답례가 필요하다'는 식의 설명이었다. 쉽게 말해 중학교 1학년이 들어도 이해할 수 있을 정도로 세심하게 알려주었다.

평양 시내 연도 환영에 대해서는 이렇게까지 설명했다. "평양시 외곽에 있는 3대혁명전시관 입구에 대통령께서 타신 승용차가 도착하면 연도 환영이 시작된다. 그러면 대통령께서 잠시 차량에서 내려 평양 시민으로부터 꽃다발을 받고, 그곳에서 무개차로 바꿔 타고 함께 이동한다. 백화원초대소까지 가는 동선은 4·25문화회관과 려명거리를 지나 로터리 입구까지 차량에 동승한 상태로 이동하게 된다." 심지어 정상회담장에 들어오는 사진촬영 기사(2명) 및 신문사 기자(1명) 수까지도 이야기해주었다.

능라도 경기장에서 있을 대집단체조 관람에 대해서도 김 위원장은 이렇게 설명했다. "북한 인민이 만든 〈빛나는 조국〉 중에서 골치 아픈 장면, 예를 들어 김일성 주석이 나오는 장면 등은 안 나오게 편안히 만들어놨다. 서로 다른 체제로 문화가 다르게 발전해왔는데, 여유 있게 봐줄 수 있어야 한다. 마음 놓고 보셔도 된다."

김 위원장은 작은 것 하나도 빠지는 것이 없을 정도로 모든 일정에 관해 설명해주었다. 심지어 김정숙 여사의 별도 일정에 관해서도 언급했다. 농담이겠지만 김 위원장은 나에게 "이제부터 실무회담은 나하고 직접 하자"고까지 했다.

놀라운 장면이었다. 세계에서 가장 폐쇄적인 국가인 북한의 최고지도자가 분단 이후 70년 동안 적대적으로 싸워온 대한민국의 청와대 국정상황실장에게 직접 대통령의 일정을 설명하고 있었다. 그것도 영부인 일정까지 단 하나도 빠짐없이 말이다. 충격 그 자체였다. 그런데 김 위원장은 여태껏 내가 본 어떤 의전 책임자보다도 쉽고 간명하게 설명해주었다. 새벽 12시 50분경에 시작된 김정은 위원장의 설명은 새벽 1시 50분이 되어서야 끝났다. 그날은 제대로 잠들 수가 없었다.

평양 정상회담 하루 전날 육로로 평양에 먼저 갔다.
합의문 협상 및 의전, 보도, 경호 관련 준비 상황을
점검하고 정상회담 당일 평양 순안공항에서 대통령
전용기가 도착하기를 기다리던 순간도 긴장을 놓을
수가 없었다.

평양 시민과 만나다

"우리는 5,000년을 함께 살고 70년을 헤어져 살았습니다."

내가 태어난 부산은 '밀면'의 도시다. 부산 사람들은 냉면을 먹는 게 오히려 이상할 정도로 밀면을 많이 찾는다. 생김새는 냉면과 비슷하지만, 내용물은 확연히 다르다. 모든 게 강하다. 육수도 진하고, 양념도 세다. 전해오는 이야기를 들어보면, 한국전쟁 직후 부산에 정착한 실향민들이 냉면을 만들려 했지만 메밀이 귀하고 밀가루가 흔해 밀면을 만들었다고 한다. 즉, 냉면처럼 하되 면을 밀가루로 만든 게 밀면의 시초였던 것이다.

서울로 와서 처음 먹어본 평양냉면은 '사람이 먹는 음식'이 아니었다. 도대체 아무런 맛이 없었다. 하지만 이런저런 기회에 반복해서 먹다 보니 그 '슴슴'한 맛을 잊을 수가 없었다. 특히 평양 옥류관 냉면을 먹은 이후 냉면은 무조건 '평냉'이었다.

2018년 경기도와 북한 당국이 옥류관 지점 개설에 합의한 적이 있다. 당시 고양시, 파주시 등이 앞다퉈 옥류관 지점 유치에 나서기도 했다. 과연 대한민국에서 옥류관 냉면을 맛볼 수 있을까? 현재로서는 불가능하다. 옥류관 자체가 대북 제재 대상은 아니어서 '옥류관'이라는 상호는 사용할 수 있지만 북측 재료 사용이나 인력 파견, 송금 등에 제약이 따른다. 결론적으로 대북 제재로 인해 옥류관 지점 개설은 사실상 불가능하다.

반면 평양 시내에 한국 치킨집이 있었던 적이 있다. 2007년 남북관계가 한창 좋을 때, 평양 시내 한복판에 '락원치킨'이라는 치킨집이 생겼다. 북한 전역에 프랜차이즈를 내겠다는 원대한 꿈을 갖고 시작했지만, 이후 남북관계가 경색되면서 결국 '실패'했다.

한반도 평화는 거창한 게 아니다. 서울에 평양 냉면을 파는 옥류관 지점이, 평양에 부산 밀면을 파는 식당이 생기는 게 바로 평화다.

평양 정상회담 당시 대동강 수산물식당 방문 일정을 추진한 취지는 앞에서 언급했다. 다만 우리가 기획했던 효과를 충분히 얻었는지는 제대로 확인하기 어렵다. 개인적인 판단으로는 상당한 영향이 있었을 것으로 추정한다. 북한 당국이 아무리 언론을 철저하게 통제해도 평양 시민들의 입을 모두 막기는 어렵다. 입과 입을 통해 전달되는 구전은 결코 무시할 수 없다. 선거도 그렇다. 현수막, 팸플릿 등 많은 선거 관련 홍보물이 홍수처럼 쏟아져 나오지만, 유권자들 사이의 구전을 이기지 못한다. 문 대통령 내외의 평양 식당 방문이 한반도 평화 정착에 조금이라도 도움이 되었기를 바란다.

식당 방문 과정에서 내가 느낀 충격은 다른 데 있었다. 평양 시민들이 김정은 위원장과 리설주 여사를 대하는 태도와 행동이었다. 마치 아이돌 스타를 대하는 듯했다. 물론 북한 방송을 통해 보여주는 모습과 일견 다르지 않았다. 하지만 방송 화면이 아니라 현장에서, 그것도 바로 내 눈앞에서 벌어지는 광경은 정말 생경하고 이해되지 않는 모습이었다. 사전에 북한 당국이 당성과 충성심이 강한 시민들을 선별했다 해도, 과연 저 정도일까 싶었다.

당시 북한 경호 당국의 모습도 이해하기 어려웠다. 사실 그날 경호 차원에서만 본다면, 우리의 대통령경호처에 해당하는 북한 호위총국은 분명 임무에 실패했다. 현장의 평양 시민들은 문 대통령과 김 위원장 내외가 1층 수족관을 둘러보고 2층 식당으로 올라가는 데 방해가 될 정도였다. 일부 시민들이 김정은 위원장 내외의 몸과 옷을 만지고 동선을 가로막기까지 했다. VIP 주위의 핵심 코어는 완전 장악 상태여야 하는데, 그게 무너졌다. 대한민국은 물론 미국 등 선진국 수준에서 보더라도 분명 심각한 상황이었다. 더구나 여기는 북한이다. 김정은 위원장의 동선조차 확보되지 않는 수준이라면 문제가 있는 것 아닐까 싶었다. 물론 이 모든 것이 북한 당국에 의해 연출된 장면이었을 수도 있다.

대동강 수산물식당의 회 맛은, 조금 텁텁하고 양념도 내 입맛에 맞지 않았다. 대신 평양냉면 맛은 옥류관이 최고라는 사실은 인정한다. 참 맛있다. 최근에는 매운맛까지 개발해서 다양하게 맛볼 수도 있다. 특히 옥류관 냉면을 먹기 위해 북한 각지에서 모여든 수많은 군중은 신기할 정도다. 마치 어릴 적 경주로 수학여행을 갔던 느낌과 비슷하다. 여태껏 평양을 방문할 때마다 옥류관 냉면을 먹었는데, 매번 종업원에게 들은 말이 있다. 북한 주민들에게 배급되는 양은 200그램인데, 민족 화합을 위해 멀리서 왔으니 곱빼기로 400그램 먹으라고 한다. 나름대로 인정이 있는 곳이다.

평양 정상회담 이후 옥류관 냉면을 이야기하면, 북한 리선권 조평통 위원장의 '냉면이 목구멍으로 넘어가냐'는 말이 떠오른다. 당시 현장에 있었던 사람으로, 그 언론 보도는 다소 왜곡된 부분이 있다. 리 위원장은 평소 말하기를 좋아하는 사람으로, 남측 참석자들에게 기죽기 싫은 마음에 과격한 한두 마디를 했던 것이다. 당시 오찬장 분위기는 매우 좋았고, 옥류관 베란다에서 서로 사진을 찍는 등 화기애애한 상황이었다. 함께 있던 참석자조차 리 위원장의 발언에 대해 전혀 다른 감정을 느끼지 않았을 정도다. 우리 보수 매체가 당시 현장 분위기를 전혀 이해하지 못한 채 몇 마디 단어만 조합해서 악의적으로 보도한 것이다.

평양 정상회담 일정 중에서 가장 인상적인 장면을 꼽으라면, 나는 주저 없이 백두산에서 양 정상이 손을 맞잡은 장면과 능라도 경기장에서의 문 대통령 연설 장면을 꼽겠다. 애초 능라도 연설은 김정은 위원장이 제안한 것으로, 짧은 인사말 수준이었다. 대집단체조 공연이 끝나고 김 위원장이 마이크를 잡고 문 대통령을 소개하면 대통령이 직접 평양 시민에게 인사하는 콘셉트였다.

이 제안 수용 여부에 대해 많은 고민이 있었던 것이 사실이다. 우선 대집단체조 〈빛나는 조국〉의 공연 내용이 적합한가 하는 문제가 있었다. '빛나는 조국'이라는 제목에서 알 수 있듯이, 이 공연은 북한 체제를 선전하기 위한 내용이기 때문에 대한민국 대통령이 그런 공연을 관람하는 것 자체가 우리 국민에게 어떻게 비칠까 하는 우려가 컸다. 북한의 선전선동에 이용만 당했다는 일각의 비난도 예상되었다. 하지만 대통령의 입장은 간명했다. 당신이 던지는 메시지가 중요하다는 것이었다. 평양 시민들에게 한반도 평화와 비핵화 메시지를 분명하게 제시하는 것이 핵심이라고 봤다. 그런 측면에서 나도 적극 찬성이었다.

문 대통령의 능라도 연설을 현장에서 들을 평양 시민은 어림잡아 15만 명 이상일 것이었다. 그 15만 명이 다시 주변 사람에게 이야기하면 파급력은 상상 이상일 것이었다. 15만 명을 대상으로 하는 연설이 아니라, 북한 주민 2,000만 명에게 하는 연설이라고 판단했다. 이런 기회는 좀처럼 오지 않을 거라는 생각이 들었고, 대통령께서 꼭 하셨으면 했다.

대통령의 연설 내용도 참 좋았다. '5,000년을 함께한 민족이 고작 70년을 떨어져 살고 있다'는 쉬운 논리로 접근하면서 한반도 평화 정착의 필요성과 비핵화 의지를 분명하게 보여주었다.

백두산과 삼지연 방문 일정이 확정된 다음 또 다른 문제가 발생했다. 백두산의 급격한 기상 변화 가능성과 그에 따라 수행원들이 입을 옷 문제였다. 9월 중순 백두산 기온이 5도 수준이라, 입고 간 춘추복으로 감당이 되지 않을 수 있기 때문이었다. 실제로 당시 방북한 각계 원로, 장관, 기업 총수 등 수행원 모두가 가벼운 양복 수준의 옷만 준비한 상황이었다. 그렇다고 수행원들의 복장 때문에 일정 보안을 해제할 수도 없고, 참으로 난감한 상황이었다.

어쩔 수 없었다. 무조건 방법을 찾아야 했다. 우선 우리 측 실무진을 보내 평양 시내 주요 백화점과 가게를 돌아보게 했다. 아예 현장 구매를 하자는 생각이었다. 개인별로 일일이 치수를 잴 수도 없는 상황이니, 등산복을 단체 구매해 수행원들에게 나눠줄 심산이었다. 그런데 평양 시내 백화점을 돌아보고 온 실무자의 보고가 재미났다. "도저히 못 입는다"는 것이었다. 등산복 품질의 문제가 아니라, 색상이나 디자인이 우리 것과 달라도 너무 다르다고 했다. 원로, 장관, 기업 총수 등 내로라하는 분들에게 도저히 입힐 수 없다는 것이었다. 오히려 웃음거리만 될 수 있다는 판단이었다. 그리고 수행원 전체가 입을 수 있을 정도로 수백 벌 규모의 같은 디자인 등산복을 확보하기도 어렵다고 했다.

시간이 하루밖에 남지 않았는데, 정말 큰일이었다. 별다른 수가 없었다. 서울로 연락을 취할밖에. 국내 등산복 업체에 그 정도의 재고가 있는지 확인을 부탁했다. 다행스럽게도 가능하다는 답이 왔다. 백두산 산행을 앞두고 남쪽에서 공수해온 등산복을 수행원들에게 나눠줄 때의 일이다. 당시 등산복은 내피와 외피가 따로 있는 옷이었는데, 세계 최고 기업 회장이 외피를 못 받았다며 한참 헤매기도 했다.

백두산에 가기 위해선 평양 순안공항에서 삼지연공항으로 항공편 이동을 해야 한다. 여기서도 문제가 생겼다. 순안공항은 국제공항이라 대통령 전용기 이착륙에 문제가 없었지만, 삼지연공항은 활주로 길이가 짧아서 대통령 전용기처럼 큰 비행기의 이착륙에 다소 제한이 따랐다. 아울러 시간 여유가 없다 보니, 삼지연공항 사전답사 등 생각지 못했던 문제가 제기되었다. 우리 측 항공 관계자가 여러 가지 어려움을 호소했다. 북측 당국의 협조가 반드시 필요한데 쉽지 않아 보인다는 것이었다.

시간은 촉박하고 달리 방법이 없었다. 대동강 수산물식당에서 대통령 내외와 식사하고 있는 김정은 위원장을 찾아갔다. 사실 일반적인 정상회담으로 보면 대단한 결례일 수도 있다. 해당 국가의 주관 부처와 협의하지 않고 곧바로 국가 정상에게 보고한다는 것도 그렇고, 양 정상이 식사하는 자리에 불쑥 끼어드는 것도 그랬다. 그러나 그때는 이것저것 따지고 생각할 겨를이 없었다. 그리고 마침 김정은 위원장이 어려운 게 있으면 직접 이야기하라고 하지 않았던가.

조심스럽게 양 정상 내외가 식사 중인 방으로 들어갔다. 김 위원장에게 청이 있다고 말을 꺼내니, 위원장은 김여정 부부장을 그 자리로 불렀다. 그러고는 "윤 실장 선생이 어려운 일이 있는 모양이니 잘 살펴주라"고 했다. 그 뒤로 벌어진 일은 생각하는 대로다. 모든 문제가 일사천리로 해결되었다.

많은 사람이 2018년 남북정상회담을 기억할 때 도보다리 회담에 관한 이야기를 많이 한다. 나에게도 도보다리 회담에서 양 정상이 무슨 이야기를 나눴는지 묻는 경우가 많다. 하지만 그해 도보다리 회담 못지않은 명장면이 있었다. 바로 삼지연 연못가 산책이다. 삼지연 오찬장은 북측에서 별장으로 사용하는 곳으로 과거 '밀영密營(김일성이 항일투쟁을 위해 설치했다는 비밀 군사기지로, 특히 백두산 밀영은 북한이 김정일 생가라고 주장하는 성지)'이었던 곳이다.

남북 정상을 비롯해 수행원 전원이 그곳에서 오찬을 했는데, 일종의 정상 간 친교 일정으로 양 정상이 연못가를 산책했다. 도보다리 회담과 마찬가지로 주변에 단 한 사람도 없이 오롯이 두 정상만 산책하면서 깊은 대화를 나눴다. 나는 정상회담에서 그런 시간이 무척 중요하다고 생각한다. 배석도 없고, 기록도 없고, 불편한 시선도 없다. 오로지 양 정상만 있는 그런 공간에서야말로 마음속 깊은 이야기를 나눌 수 있다고 본다. 대통령께 무슨 말씀을 나눴는지 물어보지는 않았다. 하지만 그 시간이 한반도 평화를 더 단단하게 만드는 시간이었음을 나는 확신한다.

2018년 9월 20일, 모두의 마음이 하늘에 닿았는지
백두산 정상 날씨는 최고였다. 뚜렷이 보이는 천지
를 뒤로 하고 양 정상이 손을 맞잡아 올렸다.

평양 정상회담 공동선언문을 다시 읽다

금강산 관광은 재개될 수 있을까? 당분간 쉽지 않을 것 같다. 한때 금강산 관광은 남북교류의 상징과도 같았다. 1998~2008년 10여 년 동안 약 195만 명이 금강산을 방문했다. 초기에는 유람선 관광 형태였으나 시간이 지나면서 호텔, 골프장, 온천 등 다양한 시설이 들어섰다.

2019년 비공식적으로 금강산 관광지구를 방문한 적이 있다. 이산가족 상봉 시설 등을 살펴보기 위해서였는데, 간 김에 여러 시설을 둘러보았다. 남북 교류협력이 중단된 시간의 흔적이 너무 짙었다. 골프장 필드의 풀은 사람 키를 넘었고, 해금강호텔은 녹이 슬어 보기 흉한 수준이었다.

최근 북측은 원산 갈마 지역 개발에 힘을 쏟고 있다. 갈마는 김정은 위원장의 핵심 치적 사업으로 손꼽히는 곳으로, 북한 당국이 가용 자원을 총동원해서 개발에 집중했다. 얼마 전에는 러시아 등을 대상으로 일종의 '쇼케이스'를 진행하기도 했다. 대북 소식통에 따르면, 원산 갈마 지역이 인기가 좋아 평양 시내가 한산할 정도라고 한다.

이재명 정부가 제2의 금강산 관광으로 '원산 갈마 지구 개별 관광'을 추진하면 어떨까? 앞에서도 언급했듯이, 개별 관광은 대북 제재를 효과적으로 극복할 수 있는 수단이다. 북측 입장에서도 원산 갈마 지역을 성공시키기 위해선 러시아와 중국 관광객만으로는 쉽지 않다는 사실을 너무나 잘 알고 있다. 또 동해관광공동특구 개발은 9·19 평양 공동선언문에도 담겨 있는 남북합의 사항이기도 하다. 따라서 '원산 갈마 지구 개별 관광'은 남과 북이 서로 윈윈할 수 있는 좋은 아이템이라고 생각한다.

2018년 평양 정상회담 첫날, 김정은 위원장 주최 환영 만찬이 있었다. 사실 그때까지도 공동선언문은 최종 합의되지 않았다. 만찬장 주변 눈치를 보아하니, 첫날 정상회담이 어느 정도 잘돼 우리 측 수행원들이 살짝 긴장이 풀어진 모습이었다. 이래서는 안 되겠다 싶었다. 만찬장 테이블을 돌면서 몇몇 참모에게 금주령을 내렸다. "오늘은 술 먹으면 안 된다, 서울 가서 먹자. 아직 일이 남았다." 그랬다. 실제로 준비해야 할 일이 많이 남아 있었다. 공동선언문이 합의되지 않아 대통령 메시지도 최종 보고되지 않았고, 다음 날 일정 준비도 다 끝난 것이 아니었다. 나는 만찬장에서 대충 허기만 채우고 나왔다.

북측 관계자와 최종 협의를 마치니 자정이 다 된 시간이었다. 우리 측 CP로 돌아와 협상 내용을 공유했다. 나중에 들은 이야기지만, 그때 금주령을 받은 비서관들은 술을 한 잔도 안 마셨다고 한다. 그리고 밤을 새워 각자 맡은 업무를 해냈다. 진심으로 고마운 마음을 전한다.

평양 공동선언문 합의를 위해 늦은 밤까지 북측과 씨름을 했다. 대화하다가, 화를 내다가, 구슬리다가 잠시 휴식하는 패턴이 반복되었다. 마지막에는 표현 하나, 단어 하나가 발목을 잡았다. 예를 들어 북측은 공동선언문에 개성공단과 금강산 관광 사업을 '즉각 재개한다'고 명시적으로 담을 것을 주장했다. 우리는 당연히 그런 취지에는 동의하지만, 유엔 제재로 인해 현실적으로 어려움이 있으니 '즉각 재개한다'는 표현을 수용할 수 없었다. 치열한 토론을 통해 '조건이 마련되는 데 따라'라는 표현을 넣기로 합의했다. 그래서 공동선언문 2조 2항에 다음과 같이 명시되었다. "② 남과 북은 조건이 마련되는 데 따라 개성공단과 금강산 관광 사업을 우선 정상화하고, 서해경제공동특구 및 동해관광공동특구를 조성하는 문제를 협의해나가기로 하였다."

최종적으로 비핵화 등 핵심적인 쟁점 부분은 우리 측이 제안한 내용대로 조율 및 합의되었다. 다만 선언문에서 마지막까지 속을 끓인 한 가지가 있었는데, 바로 김정은 위원장의 답방에 관한 내용이었다. 문 대통령은 시기를 아예 '올해(2018)'로 못박고 선언문에 그 내용을 넣자고 했고, 김 위원장은 시기를 명시하지 말고 '초청에 따라 서울을 방문하기로'라는 수준에서 합의하자고 했다.

회담장 밖에서 합의 타결을 초조하게 기다리는 나를 서훈 국정원장이 불렀다. 양 정상이 합의했는데, '김정은 국무위원장은 문재인 대통령의 초청에 따라 가까운 시일 내로 서울을 방문하기로 하였다'로 최종 정리가 되었다고 했다. 다만 이 내용을 언론에 브리핑할 때 '가까운 시일 내'라는 말은 '올해 안'이라는 의미를 담고 있다고 설명하기로 합의한 것이다. 결국 내용상으로는 문 대통령의 뜻에 따른 것이었다.

당시도 그렇고 지금도 잘 이해되지 않는 것이 바로 이 답방 부분이다. 특사단 방북 당시 김정은 위원장은 그 내용에 충분히 동의했다. 심지어 차기 회담 상봉일까지 합의해두자고 했다. 그런데 막상 정상회담에서는 입장을 선회한 것이다. 이유가 무엇일까? 북한 내부의 강한 반발을 의식한 것인지, 아니면 서울 답방을 일종의 히든카드로 감추고 싶었던 것인지, 또는 비핵화 협상 진척 정도에 따라 여지를 두고 싶었던 것인지… 지금으로서는 알 수 없다. 뒤에 언급할 서울 답방이 무산된 배경과 일정한 연관이 있었던 것이 아닌지 모르겠다. 만약 그렇다면 한반도 평화 정착의 길은 우리가 생각했던 것보다 한참 더 멀다.

평양 공동선언의 부속 합의서인 9·19 군사합의에는 NLL이라는 표현이 담겼다. '북방한계선Northern Limit Line'을 뜻하는 이 단어가 남북 정상 간 합의문에 처음으로 표기된 것이다. 북측은 이전까지 NLL 자체를 인정하지 않았다. 자신들이 정한 '경비계선'이 따로 있었다. 노무현 정부 시절 제안한 '서해 평화수역'이 당시 합의되지 않은 이유도 북한이 NLL을 인정하지 않았기 때문이었다. 하지만 2018년 평양 정상회담에서는 북측도 NLL을 인정했다. 한마디로 말하자면, 우리 군이 피 한 방울 흘리지 않고도 우리 영토를 제대로 지키는 방안이 마련된 것이다. 9·19 군사합의의 효과이기도 했다. 이 부분에 대해서는 문 대통령도 대단히 만족스러워했다. 평양 정상회담 직후 열린 수석회의(10월 1일)에서 참모들에게 NLL을 지켜낸 부분에 대해 강조하기도 했다.

9·19 군사합의의 실질적 효과는 1차적으로는 비무장지대에 있지만, 2차적으로는 장사정포 감축에 있었다. 비무장지대를 진정한 평화지대로 만드는 것이 1차 효과라면, 사실 우리에게 현실적으로 큰 위협이었던 장사정포를 감축한 것은 2차 효과였다. 어쩌면 1차보다 더 큰 효과일 수도 있었다.

대한민국 국군의날과 북한 국방상

윤석열 정부는 10년 만에 국군의날 기념 대규모 시가행진을 재개했다. 이에 대한 여론은 엇갈렸다. 우리 국군이 보유한 첨단무기와 자랑스러운 위용을 멋지게 과시했다는 의견이 있는 반면, 불필요한 대규모 거리 행사로 교통 불편만 일으켰을 뿐, 무력을 통해 국력을 과시하는 시대착오적 행사였다는 의견도 있었다. 어찌 되었건 군사력이 뛰어난 쪽에서는 군이 대규모 군사행진을, 많은 예산과 시간을 써가면서 할 이유가 없다. 통상 군사행진은 저개발국가 또는 독재국가에서 자주 보여주는 모습이다. 예외적인 경우가 아니라면 민주주의가 발전한 국가에서 대규모 군사행진을 하는 일은 찾아보기 힘들다.

그런데 만약 시가행진과는 별개로 대한민국 국군의날 기념식에 북한 국방상(우리로 치면 국방부 장관)이 참석했다면 어떨까? 세계는 우리 대한민국을 어떤 눈으로 바라볼까? 그리고 한반도 평화에는 어떤 영향을 미칠까? 또 우리 국민은 어떻게 느낄까? 윤석열 정부 시절에는 이런 상상을 하는 것조차 정말 부질없다는 생각을 하곤 했지만, 2018년 가을에는 성사 직전까지 갔던 일이다.

2018년 평양 정상회담 직후, 우리는 10월 1일 국군의날 기념식에 북한의 고위급 군사대표단 초청을 제안했다. 물론 갑작스럽게 즉흥적으로 진행된 것은 아니다. 9월 19일에 있었던 평양 정상회담 2일차 회담에서 양 정상 간에 논의한 내용이었다. 사실 정상회담 현장에서는 북측 고위급 군사대표단 방남에 대해 큰 틀에서 의견이 일치했다.

서울로 돌아와서 평양 정상회담 후속 조치로 인민무력상(지금은 국방상) 초청을 공식 제안했다. 북한의 고위급 군사대표단이 대한민국 국군의날 기념식에 참석한다면, 이는 평양 공동선언문 부속 합의서로 채택된 9·19 군사합의 이행에 대한 남북 양측의 신뢰를 전 세계에 보여주는 상징적 사건이 되리라 판단했다.

북측에서 답이 왔다. 우선 우리의 군사대표단 초청 제안에 관해 고맙다고 화답했다. 하지만 불과 며칠 전에 있었던 정상회담 당시 논의와는 분명한 온도 차가 있었다. 북측은 곧 남북 국방장관회담이 예정된 상황에서 우선은 이 부분에 집중하는 게 중요하다면서, 군사대표단 방남 문제에 대해선 한발 뺐다. 무슨 연유인지 구체적인 사정은 언급하지 않았지만, 내용은 정중히 거절하는 것이었다. 이제 와 생각해보면, 당시의 정중한 거절 연유가 김정은 위원장의 답방 무산 이유와도 관련이 있었을지 모르겠다.

가끔 상상한다. 대한민국 국군의날에 북한 국방상이 참석해 한반도 평화를 약속하고, 반대로 북한 건군절에 대한민국 국방부 장관이 참석해서 한반도 평화를 재확인하는 모습이야말로 진정한 평화가 아닐까?

5

흔들린 약속

가을걷이를 덮친 먹구름

겉으로 보기에는 모든 게 잘돼가는 것 같았지만 속으로는 꽤 답답한 시간이었다. 바로 평양 정상회담 전후 상황이다. 판문점 회담을 계기로 남북관계가 어느 정도 회복된 후 핵심 과제는 비핵화 대화였다. 문제는 북미 간 비핵화 대화가 전혀 속도를 내지 못하는 것이었다. 심지어 북미 양국은 우리에게 제한된 정보만 제공하고 있었다. 그것을 바탕으로 분석하고 판단하는 건 온전히 우리 정부의 몫이었다.

사실 냉정하게 보면 우리가 할 수 있는 게 없었다. 남북관계를 개선하려고 하면 유엔 대북 제재에 걸리고, 북미관계에 개입하고자 하면 마땅한 레버리지를 확보하기 어려웠다. 게다가 이웃 일본은 '고춧가루'만 뿌리고 있었다. 가을걷이를 앞두고 있는데 저 멀리 먹구름이 몰려오는 느낌이었다.

분명 무슨 일이 일어날 것 같은데, 그것도 작은 일이 아니라 엄청난 일이 일어날 것만 같은데 마땅한 수를 찾을 수 없는 그런 상황이었다. 지금에서는 그때 '담대한 상상력'이 필요했다고 말할 수 있지만, 당시에는 그걸 생각할 여유조차 없었다.

이재명 정부도 지금의 고비를 잘 넘긴다면 비슷한 상황을 맞을 수 있다. 해서 지면을 빌려 당부드린다. 어려울 때일수록 많이 듣고, 많이 만나고, 많이 대화해야 한다. 한반도 평화는 여태껏 가보지 못한 길을 가야만 성공할 수 있다. 문재인 정부 등 이전 정부가 걸어갔던 길을 그대로 갈 게 아니라, 그 길을 참고해서 새로운 길을 만들어갈 때 진정한 평화에 이를 수 있다.

북미관계, 먹구름이 몰려오다

"저는 갈 수 있습니다. 많은 감사를 전해주십시오."

_프란치스코 교황

일각에서는 한반도 평화의 모멘텀을 다시 살리기 위해 교황 레오 14세의 북한 방문을 거론하기도 한다. 특히 2027년 서울에서 열리는 제20차 세계 청년의날World Youth Day, WYD을 계기로 교황의 방한을 기대하면서, 그와 함께 얼어붙은 동토의 땅 북한도 방문하면 좋겠다는 희망 섞인 아이디어를 제시한다.

교황의 방북은 2018년 평양 정상회담에서도 언급된 바가 있다. 당시 프란치스코 교황께서 일본 방문을 계획하고 있어, 북한의 초청 의지만 있다면 역사적인 교황 방북이 가능한 상황이었다. 교황청에 비공식적으로 확인한 바에 따르면, 만약 북한이 공식적으로 초청한다면 교황께서도 마다하지 않을 것으로 보였다. 문 대통령은 정상회담 과정에서 김 위원장의 의사를 타진했다. 김 위원장은

'바티칸으로 가는 건 쉽지 않지만, 교황께서 오시면 열렬히 환영한다'는 입장이었다. 다만 정식 초청 의사에 대해선 구체적으로 확답하지 않았다.

평양 정상회담 이후의 대북 접촉에서도 교황 방북은 몇 차례 언급되었다. 우리는 정상회담 후속 조치의 하나로 교황청의 메시지를 북측 관계자들에게 그대로 전해주기도 했다. 당시 전달한 내용은 다음과 같다(2018년 10월, 판문점).

김정은 위원장에게 감사드립니다. 그분을 위해 기도합니다. 그분에게 모든 좋은 일들을 기원합니다. 이 초대에 감사드립니다. 문재인 대통령께서 전해주신 내용으로 충분하지만, 초대장을 보내주시면 감사하겠습니다. 초대장이 오면 호응하겠습니다. 저는 갈 수 있습니다. 많은 감사를 전해주십시오.

여러 경로를 통해 북측 관계자들을 만났을 때도 비슷한 의견을 전했다. 우리가 확인한 바에 따르면 교황의 방북이 가능하고, 그럴 경우 북미 비핵화 대화 및 한반도 평화 정착에 큰 도움이 될 수 있다는 사실을 설명했다. 하지만 무슨 연유인지 북측 관계자들은 이에 대해서만큼은 일절 언급하지 않았다. 자신들에게 생각이 있으니 맡겨두라는 식이었다. 이것은 남측이 제기할 사안이 아니라는 뜻이었다. 아무래도 교황 방북보다는 북미 비핵화 대화가 우선이라고 판단한 듯싶었다.

지금은 북측도 그때와는 꽤 달라지지 않았을까? 교황의 방북은 한반도 평화 정착에 큰 도움이 될 것이다. 적극적인 검토가 필요하다.

평양 정상회담 이후 후속 조치들이 진행되었다. 크게 세 가지 방면으로 추진되었는데, 첫 번째는 민간교류 관련 부분이었다. 10·4 정상회담 기념식, 대大고려전, 겨레말큰사전 제작, 예술단 공연, 기업인 방문 등이었다. 두 번째는 남북 당국 간의 협력 사업에 관한 부분이었다. 산림 협력, 철도 연결, 전사자 유해 발굴, 군사합의 이행 등이 동시에 추진되었다. 세 번째는 비핵화 대화에 관한 부분으로, 북미협상이 제대로 진행될 수 있도록 우리가 할 수 있는 모든 조치를 하는 것이었다.

김정은 위원장은 2018년 3월 남측 예술단의 평양 공연에서 서울 답방 공연을 '가을이 왔다'로 작명한 바 있다. 서울 공연은 평양 공동선언문 4조 1항에 명시되어 있었다. "① 남과 북은 문화 및 예술 분야의 교류를 더욱 증진시켜 나가기로 하였으며, 우선적으로 10월 중에 평양예술단의 서울 공연을 진행하기로 하였다."

우리는 우선 10월 중으로 가능한 공연장을 알아봤다. 예술공연에서 가장 중요한 것은 제대로 공연할 수 있는 장소이기 때문이다. 서울, 광주, 창원 등을 대상으로 북측 예술단 공연이 가능한 곳을 수배했다. 조명, 음향, 무대시설 등도 꼼꼼히 챙겼다. 10월이면 시일이 임박해 마땅한 장소를 찾기 쉽지 않았지만 전국적으로 가능한 몇 군데를 우선 확보해놓았다.

하지만 북측의 상황이 그리 좋지 않았다. 북측의 설명에 따르면, 11월 초에 중국에서 수백 명의 문화공연단이 방북하고, 또 외국 정상급 지도자들의 평양 방문이 예정되어 있는 등 정치 일정이 너무 많다는 것이었다. 마음 같아서는 당장 보내고 싶은데 그럴 형편이 아니라고 양해를 구했다. 11월 말이나 12월 초에 시도할 수 있다는 이야기였다.

분명한 건 '가을이 왔다' 공연에 대한 북측의 호응이 지난 4월과 달리 그리 뜨겁지 않았다는 점이다. 이유가 무엇이었을까? 여러 가지 짐작 가는 바는 있었지만, 확인할 수는 없었다.

문 대통령은 한국전쟁 전사자 유해 발굴 사업에 각별한 관심을 보였다. 남북이 함께 추진할 수 있는 사업이며, 북미 비핵화 대화에 중요한 지렛대가 될 수 있고, 무엇보다 인도적 사업으로 대북 제재의 영향을 덜 받는다는 장점이 있었다.

정상회담이 끝나고 얼마 지나지 않은 날이었다. 청와대 회의에서 대통령은 아주 강한 어조로 전사자 유해 발굴에 정부가 특별한 관심을 가져야 한다고 강조했다. 특히 가족 DNA를 현재보다 많이 확보해야 한다고 지적했다. 당시까지 한국전쟁 전사자 가운데 유해를 찾지 못한 인원은 약 15만 명 규모로 추정되었다.

유해 발굴 사업은 김대중 정부에서 시작하고 노무현 정부에서 본격적으로 추진되어, 지금까지 약 13,121건의 실적을 거뒀다 (2022년 12월 31일 기준). 문제는 확보된 가족의 DNA가 약 4만 건에 불과해 찾은 유해 중 일부만이 가족의 품으로 돌아간 것이다. 문 대통령은 일종의 국민 캠페인을 통해서라도 전사자 가족 DNA 를 확보해야 한다고 강조했다.

평양 정상회담 이후 북미 비핵화 대화는 곡절 끝에 재개되었다. 지난 8월에 전격 취소된 폼페이오 국무부 장관의 방북이 2018년 10월 7일 당일치기 일정으로 진행되었다. (1차 2018년 3월 말, 비공개 / 2차 2018년 5월 9일, 공개 / 3차 2018년 7월 6일, 공개)

김정은 위원장을 만나지 못한 세 번째 방북과는 달리, 네 번째 방북에서는 오찬을 포함해 5시간 30분이나 김 위원장과 대화를 나눴다. 분명하게 9월 평양 남북정상회담의 영향이 있었던 것으로 보인다(평양 정상회담에서 문 대통령은 김 위원장에게 반드시 폼페이오 장관을 만날 것을 강하게 설득한 바 있다). 폼페이오 장관은 방북 직후 서울을 방문해서 문 대통령에게 회동 결과를 보고했다. 이렇듯 2차 북미정상회담을 위한 양국 간의 협상이 본격적으로 시작되었다.

당시 폼페이오 장관의 방북은 북미정상회담 의제를 구체적으로 협의하는 차원이라기보다는 2차 북미정상회담 개최를 위한 분위기 조성용 성격이 컸다. 회담에서 미국은 2차 북미회담 장소와 관련해 제네바, 워싱턴, 마러라고 트럼프 별장 등을 제안한 것 같다.

김정은 위원장은 워싱턴 등 특정 장소에 대한 부담은 없었던 것으로 보인다. 특히 트럼프 대통령이 마러라고 별장을 제안한 건 호의이자 배려라고 생각하는 듯했다. 다만 북한은 그곳까지 갈 수 있는 이동수단이 없었다. 김정은 위원장의 전용기(참매 1호)로는 최대 항속거리로 가능한 지역이 하와이 정도였다. 결국 기차로 이동하는 것 외에는 방법이 없었다. 그래서 몽골 등이 대안으로 제시되었다. 몽골은 북미정상회담의 자국 내 개최에 대해 환영하는 입장이었다. 사실 몽골은 1차 북미정상회담에서 북한이 미국에 제안한 장소였으나 미국 측이 고사했다.

북한은 싱가포르가 1차 북미정상회담 장소로 선정되면서 중국에 신세를 졌지만, 2차 회담에서도 다시 신세를 질 수는 없는 노릇이었다. 그러나 미국은 북한의 이런 사정을 제대로 이해하지 못하는 듯했다.

김정은 위원장은 폼페이오 장관을 배려해서 김영철 부장을 오찬에만 배석시켰다(직전에 김영철 부장이 미국을 향해 아주 독한 메시지를 편지 형태로 발신한 적이 있다). 북미 양국은 동창리 실험장 폐쇄와 영변 핵시설 폐쇄 등에 대해 논의했고, 구체적인 합의 사항은 없었지만 회담 분위기는 좋았다고 한다.

하지만 폼페이오 장관 방북 이후 순조로울 것 같았던 북미 비핵화 대화는 또다시 교착 국면에 빠졌다. 애초 10월 말경(10월 28~29일)으로 예정되었던 북미 고위급 접촉은 11월 초(11월 7~8일)로 1차 연기되었고, 다시 11월 중순으로 미뤄졌다. 아울러 북미 간의 물밑 논의도 사실상 개점휴업 상태가 되었다. 북한은 '행동 대 행동' 원칙에 따른 미국의 변화된 조치를 요구했고, 미국은 북한의 신뢰할 수 있는 선조치를 요구하는 등 양국 간의 힘겨루기가 계속되었다. 멀리서 먹구름이 몰려오는 것 같은 시절이었다.

제재에 걸리지 않는 협력 사업을 찾아라

평양에 갔을 때의 일이다. 북측 관계자가 평양 시내 한복판에 있는 동평양발전소 굴뚝을 가리키며 대기오염 문제를 이야기했다. 적잖이 놀랐다. 매번 한반도 평화와 핵 등 정치·군사적 이슈에 관해 대화하다 불쑥 환경 이슈를 꺼내는 것도 그렇고, 평양도 환경 문제가 심각하다는 점도 그랬다.

2018년 평화의 봄이 왔을 때 남북 탄소배출권 공동 사업을 제대로 매듭짓지 못한 게 참 아쉽다. 북한은 온실가스 배출 감축에 관한 국제협약에는 그다지 적극적으로 참여하지 않고 있지만, 자연환경 파괴가 심하고 에너지 효율이 낮아 탄소 감축 잠재력이 매우 큰 국가로 평가받는다. 이 말은 남북이 협력하면, 북한의 낙후된 에너지 인프라를 개선하거나 친환경 사업을 추진하는 과정에서 탄소 감축 효과를 충분히 볼 수 있다는 뜻이다.

대북 제재만 벗어날 수 있다면, 친환경 사업에 대한 남북 공동 투자를 통해 경제협력 기반을 마련하고, 꽤 짭짤한 배출권 거래 수익도 올릴 수 있다. 남북 탄소배출권 공동 사업은 기후위기에 적극적으로 대응하면서 경제적 이득은 물론이고 평화적 이득도 누릴 수 있는 일석삼조 사업이다.

오래전 우리에게도 '민둥산'이라는 게 있었다. 산에 나무가 없어, 예전 까까머리 중학생의 머리처럼 민낯이 드러난 산을 그렇게 불렀다. 연탄은 물론이거니와 장작도 구할 수 없어 산의 나무를 베어 때던 시절이었다. 북한의 경우, 고난의 행군을 거치면서 대부분의 산이 민둥산이 되었다.

2018년 평양을 방문했을 때의 일이다. 많이 나아졌다고는 하지만 개성-평양 고속도로 상의 산들은 여전히 민둥산인 경우가 많았다. 비행기를 타고 평양 순안공항을 갈 때도 마찬가지였다. 평양 주변은 그나마 낫지만, 변방으로 갈수록 정도가 심했다. 김정은 체제가 들어서면서 산림 조성을 역점 사업으로 추진했지만, 성과가 충분하지는 않은 것 같았다.

2018년에 추진한 남북 산림 협력은 양묘장 건설 사업이 대표적이었다. 북한에 양묘장을 만들어 민둥산에 심을 묘목을 키워내는 것이었다. 1970년대 산림 조성 사업을 성공적으로 추진한 우리의 기술과 경험을 북한에 전수하는 것이기도 했다. 북측 관료들은 남북 산림 협력 사업에 관심이 컸다.

북한의 조림 사업은 우리에게도 대단히 매력적인 분야다. 남북은 서로 떨어져 있는 것이 아니라 붙어 있다. 서로 오고 가지는 못하지만, 환경적인 측면에서는 연결된 하나의 땅이다. 북의 환경은 남의 환경에 직접적으로 영향을 미친다. 그리고 탄소배출권 등을 활용한다면 향후 기후위기에도 효율적으로 대응할 수 있다. 한마디로 꿩 먹고 알 먹는 사업이다. 더구나 남북 산림 협력 사업은 군사적으로 전용될 수 있다는 우려도 전혀 없다. 민둥산에 나무 심는 것이 미사일 개발과 무슨 상관이 있겠는가?

하지만 이런 남북 산림 협력 사업조차 유엔 대북 제재로 인해 속도를 내지 못했다. 묘목 등은 대북 제재 물품에 포함되지 않았지만, 양묘장을 건설하는 데 필요한 기자재(비닐하우스 건설 자재, 전기모터 등)가 제재 물품이었기 때문이다. 양묘장과 미사일 개발은 전혀 상관이 없는데도 말이다. 이렇게 불합리한 부분을 미국 행정부에 끊임없이 제기하고 설득했지만, 그들은 요지부동이었다. 비핵화 합의가 진행되지 않는 상황에서 그 어떤 제재도 해제할 수 없다는 것이었다. 답답한 노릇이었다. 속된 표현으로 '자기 땅이면 그럴까' 싶었다.

더욱 희한한 사례도 있었다. 판문점 정상회담에서 남북은 철도 협력 사업에 합의했다. 남북 철도 협력은 말 그대로 끊어진 남쪽의 철도와 북쪽의 철도를 다시 연결하는 것이다. 장기적으로는 철도 연결을 통해 물류 운송 등의 경제적 효과를 기대하는 사업이었다. 지금 대한민국은 대륙으로 가는 길이 막혀 있으니 사실상 섬과 같다. 그래서 물류 운송은 항공과 선박을 이용할 수밖에 없다. 그런데 만약 평화로운 시대가 도래해서 대륙으로 가는 육로(철도)가 열린다면, 이는 천지개벽과도 같다. 그렇기에 역대 정권은 진보, 보수를 떠나 남북 철도 협력 사업에 많은 관심을 가져왔다.

남북의 철도를 연결하기 위해선 우선 선행되어야 할 일이 있다. 바로 북한 철도에 대한 대대적인 실태조사가 필요하다. 알다시피 북한 철도는 우리 철도와 궤도의 차이가 있어 바로 연결할 수가 없고, 우리와 비교 불가할 정도로 노후화되었다. 따라서 남북 정상이 합의한 철도 협력 사업을 추진하기 위해서는 사전조사가 절대적으로 필요했다. 철로 등 기반시설을 조사하려면 실제로 기차를 운행해봐야 어떤 문제가 있는지 파악할 수 있다. 그런데 기차를 움직이는 데 필요한 연료가 대북 제재 품목이라 조사를 허가할 수 없다는 것이었다. 남북의 철도를 연결하자는 것이 아니라, 당장은 조사를 위한 시험 운행이라고 해도 미국은 요지부동이었다. 이 부분을 설득하는 데도 몇 달이 걸렸다.

당시 비공식적으로 들은 이야기로는, 중국이 북한 철도 현대화 사업에 상당한 관심을 표명했다고 한다. 사회 인프라를 제공하고 그로 인한 이득을 보겠다는 것이다. 중국이 아시아 및 아프리카 국가들을 대상으로 하는 일대일로一帶一路 사업과 비슷한 맥락이다. 생각해보라, 만약 중국이 북한 내 철도 현대화 사업을 수행한다면 그 후과가 어떻겠는가?

이렇듯 우리를 가로막고 있는 벽은 너무 높았다. 유엔 대북 제재를 고수하려는 미국의 입장을 모르는 바는 아니었지만, 대북 제재는 단 한 발자국도 후퇴해선 안 된다는 교조적 입장은 핵 문제를 풀어가는 데 전혀 도움이 되지 않았다.

타미플루가 DMZ를 못 넘어간 이유

봇짐이든, 지게든, 수레든 우리가 이고, 지고,
끌고라도 가야 했다.

남북 정전협정을 관리하는 '유엔군사령부'라는 부대가 있다. 흔히 알고 있듯이 판문점 공동경비구역JSA 과 비무장지대DMZ를 관리하는 곳이다. 그런데 이곳 사령관을 주한미군사령관이 겸임하고 있다는 사실을 아는 국민은 많지 않다. 심지어 주한미군사령관은 한미연합군사령관도 겸직해 사령관직을 세 개씩이나 맡고 있다. 통상 미군 4성장군이 하는데 몸은 하나지만 직책은 세 개가 되는 셈이다. 이는 유엔군이 갖는 역사적 특성에서 기인했다. 유엔군은 '유엔'이라는 이름은 사용하지만(한국전쟁 당시 유엔 안보리 결정으로 조직된 다국적군이기 때문), 실질적으로는 미군 주도의 군대다.

유엔군은 1950년 7월에 결성되었으니 올해로 75세가 되는 셈이다. 사람 나이로 치면 고희를 훌쩍 넘겼는데, 이제는 유엔군사령부에 대한 진지한 고민이 필요한 시기가 되었다. 유엔군사령부는 일종의 평화유지군이다. 엄격하게 말하면 유엔 산하 기구는 아니고 미국이 주도하는 평화유지군이다. 한국전쟁 직후 정전협정을 관리하고 한반도 평화를 유지하기 위해 유엔군사령부의 존재가 필요했지만, 지금 상황에서도 그런지 진지한 성찰이 필요하다. 특히 유엔군사령부의 실질적 기능이 가능한지도 살펴봐야 한다. 주한미군사령부가 사실상 주도하고 있는 상황에서 한반도 평화유지군이라는 외형과 명목이 필요할까? 향후 남북관계 개선 국면에서 반드시 검토되어야 할 부분이다.

개인적인 희망을 전제로, 비무장지대에 유엔 기구를 설치하면 좋겠다. 이는 남북 간의 무력충돌을 방지해 한반도 평화에 큰 도움이 될 수 있다. 다만 환경 문제가 해결된다는 전제하에서다. 그리고 북측도 반대할 이유가 없는 사안이다. 이재명 정부에서 본격적으로 추진했으면 하는 바람이다.

'타미플루'라는 의약품이 있다. 쉽게 말해 독감 치료제다. 역대 대한민국 정부는 북한의 인플루엔자(독감) 확산을 막기 위한 인도적 차원에서 종종 타미플루를 지원해왔다. 이명박 정부 시절인 2009년 12월에 타미플루 40만 명분을 지원한 것이 가장 최근 일이다. 2018년 가을에도 타미플루 대북 지원을 추진했다. 평양 정상회담 후속 조치의 일환이기도 했다. 남북은 평양 정상회담에서 '전염성 질병의 유입·확산 방지를 위한 긴급조처와 방역·보건의료 분야 협력 강화'에 대한 공동선언문을 채택한 바 있다. 따라서 남북 보건의료 분과회담(2018년 11월 7일)과 실무회의(2018년 12월 12일) 등을 거쳐 타미플루 지원을 결정한 것이다.

2018년 12월 21일, 한미 양국은 '워킹그룹Working Group' 회의를 개최했다. 여기서 양국은 북한에 대한 타미플루 지원에 합의하고 아울러 철도 연결 착공식, 남북 간 유해 발굴 사업 진행 등에 대해서도 합의했다. 특히 타미플루 지원에 대해서는 한미 양국이 조금도 이견이 없었다. 의약품이라서 인도적 지원 대상이며, 유엔 대북 제재 대상에 포함되지도 않았다. 당시 우리 정부의 지원 규모는 타미플루 20만 명분과 신속진단키트 5만 명분이었다. 이 가운데 신속진단키트(10억 원어치)는 민간 업체가 지원하기로 해, 민관이 합작한 인도적 대북 지원 사업이 되었다. 타미플루 지원은 문재인 정부 출범 이후 정부 예산이 투입되는 첫 번째 인도적 대북 협력 사업이기도 했다.

그런데 2019년 1월 11일, 막상 타미플루를 경의선 육로를 통해 북측에 전달하기로 약속한 날 문제가 생겼다. 유엔군사령부가 타미플루를 실은 트럭의 휴전선(정확히는 군사분계선) 통과를 허락하지 않은 것이다. 휴전선을 포함한 비무장지대 관할권은 유엔군사령부가 갖고 있다(정전협정에 기인). 유엔군사령부의 설명은, 타미플루 자체는 의약품으로 인도적 지원이라 대북 제재 품목은 아니지만, 이를 실은 트럭은 제재 대상이라는 것이었다. 말도 안 되는 억지였다. 우리는 타미플루만 북측에 내려놓고 트럭은 다시 돌아올 거라고 설명했지만 유엔군사령부는 듣지 않았다. 트럭은 유엔의 제재 대상이기 때문에 아예 북으로 갈 수 없다고 했다. 아니, 짐 싣는 트럭이 미사일이나 핵 개발과 무슨 관련이 있단 말인가? 곧바로 한국으로 돌아온다고 해도 말이 통하지 않았다. 특히 타미플루 지원은 워킹그룹 회의를 통해 미국 국무부 대표와 사전 합의까지 했는데도 유엔군사령부는 요지부동이었다.

뒤통수를 제대로 맞았다. 미국 행정부의 일종의 이중플레이에 당한 것 같았다. 한미 당국(차관급 회의, 워킹그룹) 간 사전 합의를 유엔군사령부가 반대하고 나선 것이다. 유엔군사령관은 주한미군사령관이 겸직하니, 말이 유엔군사령부지 사실상 주한미군이다. 어이가 없었다. 미국의 개입과 의도가 없었다고 보기 힘든 일이었다.

후문으로는 북측 관계자들은 타미플루를 받기 위해 3일 동안 개성(판문점)에서 기다렸다고 한다. 당시 그들의 심정이 어땠을까? 실무협의를 통해 의약품을 지원받기로 하고, 받으러 나오라고 해서 약속 장소에 나왔는데, 3일 동안 기다려도 오지 않았다면, 그리고 그걸 미국에서 반대했다는 사실을 알았다면 어떤 심정이었을까? 당연히 북측은 미국이 약속을 파기했다고 생각할 것이다. 싱가포르 합의와 평양 공동선언을 통해 인도적 지원을 약속했는데, 명분도 전혀 없는 석연찮은 이유를 대며 방해한 것이다. 특히 타미플루라는 의약품은 인도주의적 차원에서 평소 남측은 물론 국제사회에서도 자주 지원해온 물품인데, 갑자기 유엔군사령부의 방해로 지원이 무산되었다면 북한은 미국에 다른 의도가 있다고 의심하기에 충분한 것이었다. 본질은 거기에 있었다. 북미 비핵화 대화에서 북한이 미국에 갖는 불신의 벽은 그렇게 쌓여갔다.

이후 우리 정부는 타미플루 대북 지원을 위해 유엔군사령부와 다시 협의에 돌입했다. 외부로는 기술적·실무적 준비에 문제가 있어서 지원 일정이 계속 늦어지고 있다고 발표했지만, 실상은 앞서 언급했듯이 유엔군사령부의 이해할 수 없는 고집 때문이었다. 유엔군사령부는 외형적으로 '군사분계선 이북으로 물자를 반출하려면 48시간 전에 유엔군사령부에 통행 계획을 통보해야 한다'는 조항을 거론하며 시비를 걸었다.

몇 주간 시간을 들여 유엔군사령부를 어렵게 설득(?)했지만 이제는 북한이 받지 않았다. 타미플루를 보내겠다고 몇 번이나 연락했지만, 북측은 응하지 않았다. 자존심이 상할 대로 상한 것 같았다. 세상 누구라도 그렇지 않았을까 싶다. 말로는 크게 인심 쓰며 주겠다고 해놓고, 막상 받겠다고 하니까 이런저런 핑계를 대며 주지 않으려 머리를 굴리는 모습을 보였다. 북한 입장에서는 마치 아무 일도 없었던 것처럼 다시 연락사무소로 나와 타미플루를 받아가야 하는데, 그게 쉬운 일은 아니었을 것이다.

개인적으로 대북 사업 가운데 가장 아쉬웠던 부분 중 하나가 바로 타미플루 지원이다. 우리 대응에 순발력이 부족했다고 생각한다. 까놓고 말해, 미국의 이중플레이는 있을 수 있었다. 미국 측도 자신들의 국익을 위해 선택한 것이니 그걸 타박하거나 핑곗거리로 삼으면 수준이 낮아진다. 그보다는 우리가 더 적극적으로 대처했어야 했다는 아쉬움이 큰 것이다. 봇짐을 들고라도 가야 했다. 유엔군사령부가 트럭 때문에 휴전선 통과가 안 된다고 했다면, '그래 좋다! 우리가 봇짐을 메고 가겠다'고 했으면 어땠을까? 봇짐이든, 지게든, 수레든 우리가 이고, 지고, 끌고라도 가겠다고 했으면 최소한 남북관계의 신뢰는 지킬 수 있지 않았을까? 그럴 때만이 북미관계가 어려워도 남북관계로 그 틈을 메울 수 있지 않을까 생각한다.

비건 대표와의 만남과 워킹그룹

비핵화와 평화를 위해선 한미동맹과 남북관계라는
두 발이 필요하다.

미국 백악관은 누구로부터 대한민국 정보를 얻을까? CIA 한국지부, 대사관 정무라인 등 관계기관을 통해 정보를 수집하겠지만, 중요한 건 해당 정보의 출처가 어디인가의 문제다.

지난 8월 한미 정상회담 직전에 트럼프 대통령은 자신의 소셜미디어 플랫폼인 트루스소셜Truth Social에 다음과 같은 글을 올렸다. "한국에서 무슨 일이 일어나고 있는 것인가? 숙청 또는 혁명이 일어난 것 같다. 우리는 그것을 수용할 수 없다. 나는 거기서 사업을 할 수 없다. 나는 새 대통령(이재명 대통령)을 오늘 백악관에서 만난다." 물론 이 일은 한순간의 해프닝으로 끝났지만, 트럼프 대통령은 이와 같은 정보를 과연 어디에서 얻었을까? CIA 등 세계 최고의 정보기관에서 이처럼 허접한 정보를 미국 대통령에게 보고하지는 않았을 것이다. 따라서 정치적 의도가 있는 특정 세력에 의한 정보 제공이었다고 보는 것이 합리적이다.

해방 이후 수십 년 동안 권위주의 정권이 이어져온 탓에 미국 주요 인사와의 관계는 아무래도 진보보다는 보수가 더욱 친밀할 수밖에 없다. 단적으로 미국의 한반도 전문가들이 〈조선일보〉를 많이 볼까, 〈한겨레신문〉을 많이 볼까? 굳이 설명이 필요 없는 부분이다. 따라서 우리 정부 관료들은 미국 정부 기관이나 주요 한반도 전문가들에게 편향된 시각의 정보가 아닌 균형 있는 정보를 적극적으로 제공할 필요가 있다. 가만히 손 놓고 있다가는 제2, 제3의 트럼프 대통령 SNS 사태가 일어나지 말라는 법이 없다.

2018년 평양 정상회담이 끝난 10월 어느 날이었다. 안보실을 통해 스티브 비건 미국 대북정책특별대표가 나를 만나고 싶다는 뜻을 전해왔다. 미국 측의 특별한 요청이 있었다고 했다. 뜬금없었다. 미국 특별대표가 왜 갑자기 청와대 상황실장을 만나자고 하는지 이유를 알 수 없었다. 그러나 못 만날 이유도 없었다. 미국은 종종 남북이 자신들이 모르는 다른 주머니를 갖고 있다고 의심하기 때문에 평소 충분하게 설명해줘야 서로 오해를 피할 수 있다.

당시 국내 언론은 비건 대표의 방한에 대해 상반된 두 가지 흐름으로 보도했다. 우선은 미국 행정부 내에서 대북 정책을 전담하는 자신의 입지를 강화하기 위해 방한한 것이라는 시선이었다. 다른 한편으로는 비건 대표가 한미 간 이견을 조율하기 위해 방한했다는 견해도 존재했다. 외형상으로 한미 양국의 공감대 수준은 매우 높다고 하지만, 실상은 한미 간 이견을 조율하고 해소할 필요가 있으며, 이를 위해 한미 워킹그룹을 만들었다는 것이었다.

지금에서야 이야기하지만, 당시 비건 대표의 방한은 두 번째 이유가 컸다고 본다. 물론 국무부 내 자신의 입지 강화를 위한 목적도 있었겠지만 보다 우선적인 것은 한미 양국의 이견을 조율하고 해소하는 것이었다. 평양 정상회담 이후 북미 비핵화 대화가 재개되기는 했지만, 폼페이오 장관 방북 관련 협의 등이 속도감 있게 진행되지는 못했다. 이와는 다르게, 외적으로 볼 때 남북관계는 평양 정상회담의 영향으로 상당한 속도를 내고 있는 것처럼 보였다. 물론 내적으로는 유엔 대북 제재로 인해 별다른 진전이 없는 상태였다.

이런 와중에 미국 측 상황이 좋지 않다는 믿을 만한 정보가 입수되었다. 미국이 우리에 대한 불만을 여기저기에 표출하고 있다는 것이었다. 실제로 당시 미국 재무부가 콘퍼런스콜을 통해 직접 통일부를 압박하기도 했다. 관련 내용을 문 대통령께 보고할 수밖에 없었고, 대통령은 몇몇 참모를 소집했다.

대통령은 "수면 아래 있던 이슈들이 한꺼번에 몰려드는 상황이다. 심각하게 봐야 되는 것 아닌가?"라고 참모들에게 물었다. 안보실장이 관련 상황을 보고했다. 청와대 안보실과 백악관 채널이 수주째 제대로 가동되지 않는다는 것이었다. 또 외교부와 국무부 채널도 제대로 작동되지 않는다고 했다. 그런 와중에 비건 대표가 대북 제재 관련 세 가지 조건을 제시하고 나섰다는 것이었다.

안보실장이 밝힌 비건 대표의 세 가지 조건은 다음과 같다. 첫째, 남북협력 사업 중에서 대북 제재 해제가 필요한 사업은 사전에 신청할 것. 둘째, 남북협력 사업은 계획 단계부터 사전에 협의할 것. 셋째, 남북협력 사업은 비핵화에 기여하는 방향으로 갈 것. 안보실장은 이 가운데 첫째와 셋째 조항은 수용할 수 있지만, 두 번째는 도저히 수용할 수 없다는 입장을 이미 전달했다고 했다.

보고를 받은 문 대통령은 최근 미국 국무부의 움직임이 트럼프 대통령의 뜻인지, 아니면 폼페이오 장관의 뜻인지 알 수는 없지만 좋지 않은 시그널이 몰려드는 상황이니 정신 바짝 차리고 대응하라고 당부했다. 우선 비건 대표가 올 때까지 한미 간 소통 채널을 재개할 것을 지시했다. 아울러 한반도 비핵화 협상이 매우 중요한 국면에 돌입했기 때문에, 미국과 불필요한 갈등을 일으킬 필요가 없으니 단계적으로 해나가자고 당부했다. 다만 인도적인 조치만큼은 하루라도 먼저 할 수 있도록 미국을 설득해야 한다고 했다.

당시 이렇듯 좋지 않은 상황이 벌어진 건 여러 가지 변수가 꼬여 국면을 더욱 악화시켰기 때문이었다. 우선 한미 간 다양한 소통 채널이 일시적으로 '작동 중지' 상황에 빠졌다. 그리고 무엇보다 북미 대화가 지연되는 등 제대로 된 결과를 내지 못하고 있었던 것도 중요한 변수였다. 반면 상대적으로 남북관계는 평양 정상회담 등으로 잘 풀리는 것처럼 보였던 부분도 미국을 자극했을 것이다.

이렇게 몇몇 변수가 꼬이는 상황에서, 미국은 자신들이 국내에 구축해둔 기존 정보망으로만 대한민국 정보를 수집하면서 문제를 더욱 어렵게 만들었다. 예를 들어 미국은 종종 국내 보수언론(〈조선일보〉 등)으로부터 정보를 얻는데, 그중 상당 부분은 왜곡된 내용이었고, 그것이 결과적으로 미국 담당자들을 자극하고 있었다. 소통 채널이 일시적으로 무너진 상황에서 다소 편향된 정보만 보고되는 악순환이 일정 기간 이어지면서 문제가 꼬였던 것이 아닐까 추측해본다. 만약 이런 원인이 아니라면 그건 훨씬 심각한 문제였다. 미국 국무부가 모든 정보를 제대로 파악하고 있었음에도 당시 한국 정부를 그렇게 압박했다면 그건 분명 다른 의도가 있었을 것이기 때문이다.

당시 비건 대표와는 청와대 서별관에서 비공개로 만났다. 나는 비건 대표에게 북미 비핵화 대화와 남북관계를 '양발론'에 비유해서 설명했다.

"한반도 비핵화와 평화를 인간의 신체 중 몸이라고 가정한다면, 한쪽 발은 굳건한 한미동맹이고, 나머지 한쪽 발은 활발한 남북관계다. 인간은 절대 한쪽 발로는 오래 걷지 못한다. 예를 들어 달리기를 하더라도 한쪽 발로 어떻게 오래 뛰겠는가? 아무리 특별한 능력을 갖췄다고 해도 먼 거리를 갈 수 없다. 인간이 제대로 걷고 뛰기 위해서는 양발이 필요한 것이다. 즉, 비핵화와 평화를 위해선 한미동맹과 남북관계라는 두 발이 필요하다. 이걸 미국이 믿어야 한다. 문재인 정부는 절대 따로 가려고 하지 않는다. 한미는 한 몸이다. 남북관계 진전과 평화를 위해서는 한미동맹이 절대적으로 필요하고, 반면 비핵화 대화를 위해서 남북관계의 진전이 크게 도움이 된다."

모르겠다. 비건 대표가 나의 의견에 얼마나 동의했는지는 모를 일이다. 나는 한반도 문제에 있어, 미국 특별대표가 최소한의 균형감은 가졌으면 하는 마음에서 진심으로 설명했다.

대화에 임하는 비건 대표의 태도는 정중했다. 하지만 나는 솔직히 서글픈 심정이었다. 대한민국의 차관 또는 차관보급 인사가 외국에 나가 그 나라 대통령실의 비서실장이나 안보실장, 내각의 외교부 장관이나 통일부 장관을 사실상 마음대로 만날 수 있는가? 상상도 할 수 없는 일이다. 나에 대한 그의 태도는 정중했지만, 발언 내용은 그렇지 않았다. 참 서글픈 만남이었다.

그 후 2년이 지나 워싱턴DC를 방문했을 때, 미국 국무부 청사에서 비건 부장관을 다시 만날 수 있었다. 그는 여전히 예의 바르게 나를 맞이했다.

진보 진영 일각에서는 워킹그룹에 상당히 부정적인 인식을 갖고 있다. 그들은 2018년 11월 워킹그룹이 만들어지면서 우리가 남북관계를 주도적으로 진전시키지 못했다고 비난한다. 워킹그룹은 남북관계 진전에 조금도 도움이 되지 않았고 오히려 한반도 평화 정착에 걸림돌이 되었을 뿐이라는 것이다.

그 마음을 이해하지 못하는 바는 아니지만, 그 주장에는 동의할 수 없다. '피할 수 없으면 즐겨라'라는 말이 있다. 당시나 지금이나 마찬가지인데, 남북교류를 막고 있는 유엔 제재는 너무나도 촘촘하다. 그것이 객관적인 사실이다. 사실상 모든 남북교류가 불가능할 정도라고 봐도 무방하다. 그렇다면 유엔 제재라는 벽을 어떻게 극복할 것인가? 수출로 먹고사는 대한민국 처지에서는 유엔 제재를 결코 무시하거나 어길 수 없다. 북한과 같이 유엔 제재에 따른 경제 보복 조치를 단 하나만 받아도 대한민국 경제에는 직격탄이 된다. 그렇다면 길은 하나밖에 없다. 유엔 제재를 풀어내는 것이다. 이는 물론 애초 북한의 핵실험과 미사일 발사 등에서 비롯되었으니 근본적으로 해결하는 게 맞다. 하지만 거기까지 이르는 과정에서 어떻게 유엔 제재를 극복할 것인가 하는 문제다. 그 길은 바로 유엔 제재를 풀 수 있는 미국을 움직이는 것이다.

그런 차원에서 문재인 정부는 미국이 제안한 '워킹그룹'을 수용하게 된 것이다. 즉, 유엔 대북 제재를 극복하기 위해서는 미국의 힘과 조력이 절대적으로 필요했던 것이다. 사실상 유엔을 움직이는 게 미국이니까, 우리 입장에서는 미국을 설득해서 남북관계를 진전시켜 나가고자 했던 것이다. 워킹그룹 제안을 오히려 기회로 삼아보자는 생각도 있었다. 예를 들어 남북 산림 협력 같은 경우 외교부, 국방부, 산림청, 국토부 등 많은 부서가 각각 미국과 협의하면서 유엔 제재를 풀어야 하는데, 그런 통로를 단일화해서 협의하면 시간과 비용을 줄일 수 있다고 판단했다. 지금보다 훨씬 속도를 낼 수 있다는 차원에서 접근한 것이었다.

판문점 프로젝트

  이런 설명에 대해 일부에서는 '대단히 순진했다'고 비난할 수
도 있다. 미국을 어설프게 보면 안 된다는 것이다. 맞다. 미국도 철
저히 자국의 국익에 따라 행동하기 때문에 만만하게 보면 안 된다.
그러나 반복해서 주장하지만, 이 방법 외에 다른 선택은 없었다. 미
국과 충돌을 감수하는, 소위 '진실의 순간'은 한두 차례 결행할 수
있지, 일상적으로 반복할 수는 없는 것이었다.

서울 답방을 둘러싼 남과 북의 고민

"우리를 믿고 북한도 과감하게 해야 한다."

역사에 '만약'은 없다. 원인이 있고 그에 합당한 결과만 있을 뿐이다. 하지만 만약에 1941년 12월 7일, 일본이 진주만공습 전에 미국과 협상을 먼저 했다면 2차 세계대전은 어떻게 되었을까? 만약 일본이 마음을 바꿔먹고 공습보다는 외교적 수단을 우선했다면, 미국의 참전은 지연되었을 것이고, 전쟁은 더욱 늦게 끝났을 것이다.

2018년 평화의 봄 시기에 대해서도 마찬가지다. 만약 김정은 위원장이 서울 답방을 먼저 하고, 그 후에 2차 북미정상회담을 가졌다면 어떻게 되었을까? 역사에 만약은 없다지만, 참 아쉬운 대목이다. 분명한 건, 김 위원장의 서울 답방이 하노이 북미정상회담을 성공으로 견인하는 데 매우 큰 역할을 했을 것이라는 점이다.

국정운영에 참여한 후에는 이렇듯 후회되는 지점이 여럿 생긴다. 당시에는 잘 보이지 않지만, 지나고 보면 보인다. 일종의 ‘미련’이다. 국정운영의 성공은 이런 미련을 많이 남기지 않는 데 달려 있다. 이재명 정부는 미련을 남기지 않았으면 좋겠다.

2018년 가을, 김정은 위원장의 서울 답방에 대한 전략적이고 종합적인 판단이 필요했다. 서울 답방과 북미 비핵화 대화의 상호 관계에 관한 판단이 매우 중요한 시기였다. 2차 북미정상회담의 구체적인 일정이 합의되지 않는 등 비핵화 대화 진전이 더딘 상황에서, 김 위원장의 서울 답방이 긍정적인 영향을 미칠 수도 있고, 아니면 우리 의도와는 달리 부정적인 영향을 미칠 수도 있기 때문이었다. 이는 비핵화 대화의 핵심 축인 북미관계가 풀리지 않는 상황에서 남북대화를 어느 정도 진전시킬 것인가 하는 문제와 연결되어 있었다. 문 대통령은 조심스러운 접근 방식이 필요하다고 봤다. 남북관계를 계속 진행시켜야 한다는 강박을 가지고 일을 추진해서는 안 된다는 생각이었다. 초조하게 생각하지 말고 차분하고 치밀하게 진행하자고 했다. 즉, 일부러 늦출 이유도 없지만 그렇다고 조급할 이유는 더욱 없다는 의미였다.

당시 문 대통령은 북미관계, 즉 2차 북미정상회담을 우선순위에 두었다. 다른 무엇보다도 북미 비핵화 대화 상황을 최대한 고려하는 게 중요하다고 판단했다. 어쩌면 김정은 위원장의 서울 답방은 2순위였다. 일이 술술 풀려 서울 답방이 먼저 진행되면 좋겠지만, 그렇지 않다면 2차 북미정상회담 이후에 해도 무방하다는 것이었다.

10월 말경 대통령의 이런 뜻을 북측에 전달하기 위해 비공개 만남을 가졌다. 우리는 양 정상 간에 합의된 김 위원장의 '연내 답방'에 대해 올해 안으로 이루어졌으면 하는 뜻을 분명히 갖고 있지만, 북미정상회담이 추진되는 상황에서 김정은 위원장의 상황과 판단을 존중한다고 밝혔다. 그리고 김 위원장 서울 답방 자체가 역사적인 대사건인 만큼 북미회담 전에 결행된다면 크게 환영한다는 뜻도 함께 전달했다. 아울러 답방 행사는 워낙 준비할 것이 많으니 최소 45일 전에는 결정되어야 한다고 요청했다.

북측 관계자는 평양 정상회담 이후 문 대통령께서 유엔 총회 방문 등 여러 외교 일정을 통해 트럼프 대통령과 유엔 사무총장, 마크롱 프랑스 대통령, 메이 영국 총리 등을 만나 한반도 비핵화 문제를 풀기 위해 참으로 정열적으로 활동한 것에 대해 감사를 표했다. 김정은 위원장도 문재인 대통령을 더 믿게 되었다는 이야기도 전했다.

그러고는 그 자리에서 내밀한 속사정을 털어놓았다. 북미관계가 교착 상태에 빠져 있다는 것이었다. 폼페이오 장관의 방북 이후 추진 속도가 떨어지고 있다고 했다. 자신들은 미국의 구체적인 변화가 없으면 계속적인 비핵화 조치를 취할 용의가 없다고 했다. 그리고 이미 자신들은 비핵화 실현을 위한 선결적 조치를 취했기 때문에, 더 이상 할 조치가 없다는 말을 반복했다. 이제는 미국이 움직여야 할 때이며, 미국이 움직이지 않는다면 자신들은 1밀리미터도 더 움직일 곳이 없다고 했다. 김정은 위원장은 '형편이 이러니 북과 남이 미국을 설득하기 위해 노력해야 한다'는 취지의 이야기를 했다는 말도 전했다.

미국과 북한이 물밑에서 치열한 기싸움을 한다는 느낌을 받았다. 물밑 협상을 통해 북한은 '행동 대 행동' 원칙에 따라 미국에 구체적인 조치(제재 완화 등)를 요구하는 듯했고, 반면 미국은 북한이 말한 비핵화 의지를 확인할 수 있는 구체적인 행동(리스트 제출 등)을 요구하는 듯했다.

북측 관계자들은 2차 북미회담과 서울 답방의 순서에 대해 고심이 깊은 것 같았다. 그들은 "애초 북미정상회담을 먼저 하고 그 다음에 서울 답방을 하려고 했는데, 2차 북미회담 개최가 2019년 1월로 논의되는 상황에서 그 전에 답방할 것인지, 아니면 그 후에 할 것인지 고민이 깊다"고 했다. 그러면서 자신의 개인적인 생각임을 전제로, 2차 북미회담이 1월에 이루어진다 해도 그 전에 서울 답방을 하는 것이 좋겠다는 뜻을 피력하기도 했다.

이처럼 당시 접촉했던 북측 관계자는 김정은 위원장의 서울 답방에 대해 긍정적인 입장이었다. 남측에 좋은 일이 있을 것으로 전망한다는 말을 하기도 했다. 그들은 '남북이 힘을 합쳐 미국을 설득해야 된다'는 주장을 계속 했는데, 이는 북미 비핵화 대화에서 유리한 입장을 선점하기 위한 것으로 보였다. 답방에 따른 일종의 '선물'이 필요하다는 식이었다.

북측은 11월 중순부터 김정은 위원장 답방 관련 실무 접촉을 갖자고 제안했다. 그리고 김 위원장의 지시에 관해서도 전해주었다. 김 위원장이 서울 답방에 어떤 의미를 부여할 수 있고, 어떤 결과물을 낼 수 있는지 알아보라고 내부적으로 지시했다는 것이었다. 김 위원장은 민족 화해의 결정적 계기가 된다면 답방을 마다하지 않을 것이라고 했다면서, 자신들은 서울 답방을 통해 무엇을 얻을 수 있는지에 대한 고민이 깊다고 말했다.

우리는 북미 비핵화 대화의 물꼬를 틀 수 있는 '김여정과 이방카 회담'을 제안했다. 이방카는 트럼프 대통령의 딸로 중요한 고비마다 큰 역할을 하고 있고 김여정 부부장도 마찬가지이니, 두 사람의 회담이 교착 상태의 북미 비핵화 대화를 뚫을 수 있는 계기가 될 거라고 설명했다. 아울러 미국이 풍계리와 동창리 시설을 참관할 때 남측도 같이 가는 것이 좋겠다는 의견을 피력했다. 국제사회에 던지는 메시지가 다를 것이라고 봤다.

당시 우리는 김정은 위원장 답방에 대해서는 '앞으로 토론을 통해 답을 찾아보자'는 원칙적인 입장을 견지했다. '급하게 먹는 밥이 체한다'는 말이 있듯이, 차분하고 전략적인 대응이 필요하다고 판단했기 때문이었다.

답방 이슈와 별개로 북측은 유경식당 여종업원 문제를 또 제기했다. 북으로 돌아오고 싶어 하는 여종업원들을 위협, 공갈한 사례가 남측 언론에 보도되고 있다고 했다. 평양에 있는 여종업원 부모들이 많이 힘들어한다면서 북으로 오겠다는 사람은 다 보내달라고 요구했다. 북한 내부에서도 강한 문제제기가 나오는 상황으로, 인도주의적 사업을 진행하는 데 심각한 장애가 되고 있다고 했다.

북측과 접촉 이후, 김정은 위원장의 서울 답방 의사에 관해 문 대통령께 보고했다. 당시 북미 비핵화 대화에 대한 문 대통령의 반응을 보다 사실적으로 보여줄 필요가 있어 대통령이 한 이야기를 가급적 원문의 취지를 살려 정리했다. 다만 아래 내용은 개인의 주관적인 기억에 의존한 것임을 밝힌다.

"(비핵화 대화는) 북미 간에 해야 할 일이나 우리는 최선을 다하고 있다. 그러나 한계가 있다. 북측 입장을 지나치게 대변하면 대내외적으로 공격을 받는다. 이런 사실을 북측에 알려줘야 한다. 협상 전술로 버티면 판이 깨지는 수가 있다는 것을 알려줘야 한다. 판이 깨지면 그 부담은 감당 불가다. 서로 간의 불신에 대한 북의 입장도 이해가 간다. 하지만 북한도 미국에 대한 불신을 언급해서는 안 된다. 우리를 믿고 북한도 과감하게 해야 한다. 그러면서 미국을 견인해야 한다. 주고받는 식으로만 되풀이하면 안 된다. 이 상황이 지속되면 어려워진다. 명시적으로 경고해야 한다."

"비핵화 대화 관련, 새로운 카드로 ICBM, IRBM이 없다는 것을 활용할 필요가 있다. 김정은 위원장이 나에게 '북에는 ICBM, IRBM이 없다'고 했다. 만드는 대로 실험 발사했고 추가로는 없다고 했다. 따로 갖고 있는 것이 없다는 사실을 나에게 이야기해서 미국에 알려 줬다. 북측도 미국도 발설하지 않았다. 그리고 김정은 위원장이 대외비를 부탁한 적도 없다. 새로운 카드로 '풍계리+동창리+ICBM과 IRBM 없음'을 묶어서 할 수 있을 듯하다. 즉, 영변 이전 카드가 될 수도 되지 않을까 싶다."

'답방 협상'의 시작

2018년 11월 어느 날, 북측에서 갑자기 연락이 왔다. 임종석 비서실장과 나를 보자는 것이었다. 평소와는 달리 급작스러운 연락이었다. 게다가 비서실장까지 찾는 그들의 의도가 무엇인지 설왕설래가 있었다. 김정은 위원장 답방 이슈 때문은 아닌 듯하다는 것이 대체적인 분석이었다. 남북관계 개선 속도가 더딘 것에 관한 강한 문제제기가 있을 것이라는 예상이 다수였다. 만약 답방 이슈를 다룰 것이라면 굳이 비서실장 등 새로운 채널을 찾을 이유가 없었다. 의논한 결과, 북측 요청대로 비서실장과 내가 북측과 만나기로 했다.

연락 온 다음 날 만나고 보니 뜻밖의 내용이었다. 북측에서는 김○○ 부장이 대표로 나왔다. 김 부장은 김정은 위원장의 서울 답방 문제를 논의하기 위해 남측 정상회담 이행추진위원장인 임종석 실장과 청와대 상황실장인 나를 보자고 요청한 것이었다. 우리 예상이 보기 좋게 빗나갔지만, 기분은 좋았다. 김 부장은 우리에게 김 위원장 서울 답방에 대한 의지가 있는지 확인하고자 했다. 우리는 당연히 정상선언 합의대로 준비하고 있으며 초청 의사에 변함이 없다는 사실을 분명히 했다.

김 부장은 이미 상당한 준비를 한 것 같았다. 우리에게 질문하는 내용도 매우 구체적이었고, 의지도 확고해 보였다. 우선 답방 일정을 1박 2일로 할지, 2박 3일로 할지에 대한 남측 의견을 물어서 우리는 평양 정상회담을 고려할 때 2박 3일은 필요하다고 답했다. 북측은 육로 이동과 항공 이동의 경우 어떤 환영 행사를 하게 되는지, 한라산 등반 계획은 어떻게 되는지, 숙소는 어디로 생각하는지, 정상회담 횟수는 몇 회로 예정하는지, 회담의 방식은 평양 또는 판문점 회담 방식으로 생각하는지, 그리고 산업시설 등 참관 대상과 영부인 일정 등에 대한 우리 측 의견을 확인했다. 우리는 이럴 때를 대비해서 준비한 내용을 차분하게 알려주었다. 만약 준비된 내용이 없었다면? 지금 생각해도 오싹한 일이다.

당시 회동에서 매우 인상 깊었던 부분이 있다. 김 부장과의 이런저런 대화 속에서 당시 북미 비핵화 회담이 제대로 진행되지 못하고 있다는 느낌을 받았다. 김 부장은 폼페이오 장관이 방북했을 때 많은 이야기를 나눴는데, 돌아가자마자 김정은 위원장 앞에서 했던 이야기를 뒤집고 제재 압박을 거론하고 있다며 불만을 털어놓았다. 자신들은 미국이 움직이지 않으면 단 1밀리미터도 움직이지 않겠다는 말을 다시 언급하면서, 경제 중심 노선 변경도 재고해야 되지 않겠느냐고까지 했다. 그리고 애초에는 북미정상회담을 연내에 하기로 했는데, 미국 마음대로 내년 초로 넘기고 있다면서 분통을 터뜨렸다. 그러고는 우리에게 북미회담과 남북회담의 관계에 대해 의견을 물었다. 우리는 원칙적인 입장을 견지했다. 북미관계에 대해 별도로 언급하는 것은 적절치 않다, 하지만 북미관계 개선이 늦어진다고 남북정상회담을 미룰 이유는 없다는 점을 분명히 했다.

우리 측 답을 들은 김 부장이 정말 중요한 부분을 이야기했다. 그대로 옮겨보면 다음과 같다(개인의 기억에 의존한 것이기에 정확하지 않을 수 있다).

"조미朝美 관계 속도에 북남관계 속도를 맞추라는 것이 미국의 요구인데, 그건 상관없다고 하니 고맙다. 미국이 아무것도 갖고 오지 않는 회담은 더 이상 의미가 없을 듯하다. 풍계리 실험장 폐기는 불가역적 조치로 미래 핵을 없앤 것과 같다. 미국은 무엇을 했나? 싱가포르 회담에서 동시 행동 원칙을 강조했는데 지금까지 한 것이 없다. 조미 수뇌 상봉과 관계없이 북남 수뇌 상봉을 연내 추진한다는 것을 확인했다. 김정은 위원장 서울 답방 세부 일정에 대해선 2~3일 내로 회신을 주겠다."

김 부장으로부터 "조미관계 속도에 북남관계 속도를 맞추라는 것이 미국의 요구인데"라는 말을 듣는 순간 머리가 띵했다. 과연 미국이 북측에 저런 요구를 했을까? 아니면 한미관계를 갈라놓으려는 이간계인가? 또는 일종의 속임수인가? 이런 생각들이 김정은 위원장 답방을 준비하는 동안 계속 머릿속을 떠나지 않았다. 그리고 최종적으로 답방이 무산된 후에도 그 질문은 여전히 답을 찾지 못한 채 남아 있다.

당시 우리는 미국이 김정은 위원장의 서울 답방을 탐탁지 않게 생각할 수는 있지만 반대할 수는 없다고 봤다. 그럴 명분이 없었기 때문이다. 답방의 핵심 키는 김정은 위원장이 쥐고 있다고 판단했다. 만약 김 부장의 주장이 맞다면, 우리 판단은 반은 맞고 반은 틀렸던 셈이다. 미국에 대해서는 오판했고, 북한에 대해서는 그럭저럭 맞았다.

우리는 이방카와 김여정 회담 가능성과 교황 방북에 대해서도 언급했다. 북측은 이방카 측의 직접 요구인지를 확인했지만, 교황 방북 건에 대해서는 별다른 언급이 없었다.

북한 지도자의 서울 방문을 준비하다

김정은 위원장이 서울에 오면 어떤 일이 벌어질까? 2018년 2월 김영철 북한 노동당 통일전선부장이 평창올림픽 폐막식 대표단 자격으로 육로를 이용해 서울에 왔다. 당시 극우보수단체들은 파주 통일대교를 점거해서 김 부장의 방남을 막겠다고 엄포를 놓았으며, 실제로 김 부장이 머무는 호텔 정문 앞에서 수십 명이 반대 집회를 하기도 했다.

김정은 위원장의 서울 답방을 준비할 때의 일이다. 극우단체들의 반대 집회와 시위에 대한 고민이 깊었다. 광화문광장에서의 반대 집회는 애교 수준으로 봐줄 수 있으나, 양 정상의 친교 일정과 숙박 시설 등에 대해서는 걱정이 많았다. 구체적으로 양 정상이 영등포 타임스퀘어 내에 있는 식당에서 식사한다고 하면, 그 일대를 완전하게 장악해야 경호상의 문제를 해결할 수 있었다. 또 청와대 내에는 외국 정상의 숙박 시설이 없기 때문에 시내 호텔을 이용해야 하는데, 그에 대한 안전 조치도 신경이 많이 쓰이는 부분이었다.

하지만 당시에도 그랬고 지금도 큰 걱정은 하지 않는다. 대한민국 국민의 민주적인 시민의식을 믿기 때문이다. 일부 극우단체의 소요는 있을 수 있지만, 다수 국민은 북한 최고지도자의 방남을 차분하게 지켜보며 한반도 평화 정착을 뜨겁게 응원할 것이다.

2018년 11월 북측과 비공개 접촉 직후 곧바로 청와대로 돌아와 대통령께 보고했다. 대통령은 그 자리에서 몇 가지 쟁점에 대해 신속하게 정리해줬다. 우선 비서실장이 아이디어 차원에서 북측에 언급한 국회 연설에 대해서는 반대하는 입장이었다. 국회가 100퍼센트 요구하지 않으면 섣불리 밀어붙일 일이 아니라는 것이었다. 아울러 예술단 공연과 한라산 방문 계획, 전통의장대 활용 방안, KTX를 이용한 수원 삼성 방문(어려울 시 경주 방문), 공항 환영 행사 및 경호 조치 등에 대해 당신의 의견을 제시했다.

이로써 김정은 위원장 서울 답방에 대한 본격적인 준비가 시작되었다. 우리는 김 위원장 서울 답방 일정의 별칭을 '북한산'으로 정했다. 곧 있을 북측과의 협의를 위해 부지런히 움직여야 했다. 무엇보다 숙소 잡는 일이 가장 급했다. 연말에 서울 시내 호텔 전체를 잡는 것은 하늘의 별 따기와 같다. 시내 특급 호텔 몇 곳을 확인해봐도 쉽지 않았다. 무엇보다 경호에 적합한 곳이어야 했다. 그리고 북측 대표단을 수용할 수 있는 규모에, 특히 김정은 위원장 내외가 묵을 수 있는 곳이어야 했다.

이곳저곳을 알아보다 남산 밑에 있는 반얀트리호텔을 추천받았다. 경호 측면에서 최적의 장소였다. 호텔 규모가 작아서 대표단 전체를 수용할 수는 없었지만, 인근 신라호텔을 이용한다면 큰 문제가 없어 보였다. 마침 반얀트리호텔 대표가 현대 정주영 회장의 며느리이자 고 정몽헌 회장의 부인인 현정은 회장이었다. 북측 대표단 숙소로 안성맞춤이었다. 우리 측 인사가 방문해서 현정은 회장을 만나 전후 사정을 설명하고 협조를 요청했다. 현 회장은 흔쾌히 동의했다.

이로써 숙소는 해결되었다. 다음으로 공연장을 찾아야만 했다. 대규모 인원을 수용할 수 있는 공연장의 연말 예약은 이미 꽉 찬 상황이었다. 서울 전역을 뒤져보니 고척돔이 가능했다. 돔 경기장이라 음향 등 다소 한계는 있었지만 그만한 장소는 더 이상 없었다. 이제 공연장도 해결되었다. 다음으로 양 정상이 함께 방문할 산업시설을 정해야 했다. 이구동성으로 삼성전자를 추천했다. 삼성전자는 이동수단으로 KTX가 가능하다는 장점이 있었다. 크게 고민하지 않고 삼성전자로 확정했다.

마지막으로 양 정상이 대중적인 공간에서 식사하는 일정을 준비하고자 했다. 평양 대동강 수산물식당 만찬과 비슷한 콘셉트였다. 검토 대상으로 떠오른 곳이 롯데타워, 남산타워, 강남 코엑스, 영등포 타임스퀘어 등이었다. 사전 점검이 필요한데, 만약 보안이라도 누설된다면 큰일이었다. 우선 믿을 만한 청와대 동료의 도움을 받아 급하게 현장답사를 했다. 몇 군데 후보가 추려졌다. 서울 시민과 함께하고 소통하는 콘셉트, 발전된 서울의 변화를 느끼는 콘셉트 등 여러 버전의 오찬 일정을 마련했다.

며칠 뒤 '북한산' 일정을 협의하기 위한 남북 간 비공개 접촉이 있었다. 북측은 지난 만남과 마찬가지로 김○○ 부장이 대표로 나왔다. 이 자리에서 우리 측은 '북한산' 일정의 세부 내용을 설명했다. 우선 2박 3일 일정을 제시했다. 첫날은 공식 환영 행사(청와대), 숙소 이동, 개별 오찬, 1차 정상회담(청와대, 같은 시간 영부인 별도 일정), 공식 환영 만찬(청와대)으로 진행되고, 둘째 날은 2차 정상회담(청와대), 서명식과 기념식수, 공동 오찬(대중적인 공간), 삼성전자 공장 방문(KTX 이동), 공동 만찬, 예술단 공연으로 진행되며, 셋째 날은 전용기를 이용해 제주 이동, 한라산 등정(헬기), 마라도 방문, 환송 오찬(서귀포) 후 평양으로 출발하는 일정이었다. 그리고 만약 기상 조건으로 제주행이 어려운 경우 경주 또는 부산 방문을 검토하고 있다고 했다. 숙소는 서울 남산 자락에 있는 반얀트리호텔을 제안했다.

우리가 구체적인 일정을 제안한 후 북측의 질문이 쏟아졌다. 예를 들어 육로 이동과 서해 직항로 이동 중 어느 쪽이 더 편하고 안전한지를 묻거나, 일정 중 극우단체 등에 의한 문제는 없는지 등 경호 분야에 대해 많은 부분을 확인하고자 했다. 우리 측은 어떤 경우에도 경호 분야는 완벽하게 준비할 것이라는 점을 분명하게 밝혔다.

북측은 김정은 위원장의 뜻이라는 점을 전제로, 12월 10~15일 사이에 답방하겠다면서 1박 2일 일정을 요청했다. 연말이라 2박 3일은 아무래도 무리라는 것이었다. 연내 일정이 복잡하고 앞으로 서울 갈 일이 많을 테니 이번만큼은 1박 2일로 하자고 했다. 그리고 제주 일정에 대해선 마음은 고맙지만 다음에 가고, 둘째 날 참관 일정을 마지막으로 평양으로 돌아왔으면 한다는 것이었다. 회담 형식은 정상 간의 허심탄회한 대화를 위해 판문점 회담 형식을 따르자고 했다. 비공개 실무 접촉은 다음 주부터 하고, 선발대는 2~3일 전에 도착하며, 북측의 서울 방문단 전체 규모는 평양 정상회담 시 우리 측 수행원 규모였던 200명으로 생각하고 있다고 했다.

그로부터 며칠 후 대통령께 '북한산' 일정 준비 상황을 보고했다. 고척돔 환영 공연 준비 상황, 이동 경로, 하차선 영접(일반적 관례에 따라), 숙소 영접(통일부 장관), 친교 일정(녹지원 산책) 등의 내용이었다. 전체 일정은 북측 요청대로 1박 2일로 하고, 둘째 날 고척돔 환영 공연 직후 평양으로 출발하는 일정으로 조정했다. 오찬 장소는 영등포 타임스퀘어에 있는 '한일관'으로 잠정 결정했다.

당시 고민이 많았던 북미 비핵화 대화와 '북한산' 일정의 연결은 우선 북미고위급회담 발표를 시작으로, 서울 정상회담 발표, 북미고위급회담 개최, 김정은 위원장 서울 답방, 북미정상회담 순으로 의견을 모았다. 다만 문 대통령은 계속해서 북미고위급회담 개최가 지연된다면, 이와 같은 순서에 대해 탄력적으로 진행해도 된다는 지침을 내렸다.

'북한산' 일정 준비가 완료된 후 북측과 비공개 접촉을 통해 준비된 계획을 자세히 설명했다. 12월 13~14일 1박 2일 일정이었다. 당시 북측에 최종 전달한 4차 서울 남북정상회담 일정은 다음과 같았다.

- 1일차: △군사분계선 또는 공항 환영, △식전 퍼레이드(청와대 분수대), △공식 환영식(청와대), △공식 환담, △개별 오찬, △1차 정상회담(영부인은 DDP 한복패션쇼 관람), △청와대 경내 산책, △환영 만찬 등
- 2일차: △개별 조찬, △2차 정상회담, △서명식, △언론 발표, △공동 오찬(타임스퀘어), △KTX 이동(수원, 기흥, 천안 중 선택) 삼성전자 공장 방문, △환송 만찬(남산타워), △예술단 공연(고척돔), △환송 등

우리는 제안한 거의 모든 일정을 문재인 대통령 내외가 함께하는 것으로 했다. 아울러 11월 26일 남북이 동시에 서울 정상회담 개최 사실을 발표할 것을 제안했다. 문재인 대통령이 다음 날인 27일부터 12월 4일까지 G20 관련 외국 순방이 계획되어 있었기 때문이다. 북측은 우리 측 제안을 듣고, 남측의 준비에 지장 없도록

곧바로 회신하겠다고 했다.

다음 날 문 대통령께 북측과의 실무협의 상황을 보고했을 때의 일이다. 대통령은 대외관계, 즉 김 위원장 답방 추진에서 미국 및 중국과는 문제가 없는지 살펴보도록 지시했다. 아무래도 북미 비핵화 회담이 진전되지 못하고 교착 국면에 있는 것이 마음에 걸리는 듯했다. 안보실장은 미국에는 일정 정도의 내용을 사전에 설명했다고 보고했다. 하지만 대통령은 그것으로는 부족하다고 판단했다. 남북의 최종 협의 이전에 관련 내용을 미국에 충분히 알려줄 것을 안보실장에게 지시했다. 대통령은 마지막까지 미국 변수에 많은 신경을 썼다.

마지막 순간에 '스톱'을 외친 북한

"북한 노동당 역사에서 처음 있는 일!"

1945년 분단 이후 80년 동안 남북정상회담은 지금까지 다섯 차례 있었다. 2000년 6월 15일, 2007년 10월 4일, 2018년 4월 27일, 2018년 5월 26일, 2018년 9월 19일 등이다. 그런데 2018년 4월 판문점 회담을 제외하고는 매번 남측 지도자가 북으로 가서 정상회담을 했다. 이제는 북측 지도자가 내려올 때가 되었다. 이 책에서 여러 번 언급한 바와 같이 남북정상회담은 셔틀외교처럼 일상화되어야 한다. 한쪽만 일방적으로 가서는 지속하기도 힘들고 성과를 제대로 낼 수도 없다.

남북이 김정은 위원장 서울 답방을 공식적으로 발표하기로 한 날 하루 전인 2018년 11일 25일, 최종 협의를 위해 북측과 비공개

판문점 프로젝트

접촉을 했다. 북측은 김○○ 부장이 대표로 나왔는데, 자리에 앉자마자 충격적인 이야기를 했다. 서울 답방이 무산되었다는 것이었다. 청천벽력과도 같은 이야기였다. 그 말을 듣는 순간, 나도 모르게 '아!' 하는 탄식과 함께 깊은 한숨이 나왔다.

김 부장은 당 정치국회의 핑계를 댔다. 최고지도자의 서울 답방 같은 중요한 사안은 노동당 정치국회의에서 논의하고 결정해야 하는데, 지난 23일 그 회의가 소집되어 답방 계획을 토의하는 순간 자신도 처음 보는 상황이 벌어졌다는 것이었다. 북한은 김정은 위원장의 뜻을 따라 한결같이 집행하는 일사불란한 사회고, 이는 북한 노동당 내에 세워진 엄격한 규율과도 같은데, 이번에는 정말 예외적이었다고 했다. 자신도 그런 회의 광경은 처음 목격했다면서, 답방에 대해 모두가 옥신각신하며 이구동성으로 절대로 허용할 수 없다며 완강하게 반대했다는 것이었다.

만약 김정은 위원장이 서울을 방문하겠다고 하면 도로를 막겠다는 위원, 정치국 위원직을 사퇴하겠다는 위원도 있었다고 했다. 김 위원장이 진지하게 거듭 설득했으나, 정치국 위원들의 반대 입장을 돌리는 데 실패했다고 했다. 처음 있는 일이고, 자신도 처음 봤다면서, 만약 김 위원장이 13일 서울로 내려간다는 소식만 나오더라도 북한 인민들이 고속도로 전 구간에 나와 몸으로 막아나설 것같이 느껴졌다는 것이었다.

김 부장은 아직도 북한 사람들이 내적 감정으로는 김 위원장의 서울 방문을 선뜻 수용하지 못하고 있다고 했다. 또한 김 위원장을 받드는 인민과 군의 감정은 특별한 것으로, 아직 서울 방문이 성숙되지 못했다는 걸 수용할 수밖에 없다는 것이었다. 김 위원장도 정치국 위원들의 뜻을 무시하고 서울을 방문할 수는 없으며, 그들의 뜻을 따르지 않을 수 없다고 했다. 요지는 정치국 등 북한 내부가 아직 서울 방문을 수용할 수준이 안 되고, 김 위원장의 경호 및 안전에 대한 걱정이 너무 커서 예정된 서울 답방을 백지화할 수밖에 없다는 것이었다.

김 부장은 이런 북한 내 사정을 오랜 시간 구구절절 설명하면서 북측 내부가 지금 비상 상황이라는 점을 강조했다. 심지어 2018년 8월 남미 베네수엘라에서 발생한 마두로 대통령에 대한 드론 테러 사건까지 언급했다. 우리는 김정은 위원장의 안전 문제는 확실하게 보장한다는 점을 분명히 했지만 요지부동이었다.

김 부장은 2018년 2월 특사단이 평창올림픽을 위해 서울을 방문했을 때 보수세력의 거리 시위가 있었다는 점을 지적하면서, 북한 정치국 위원들도 그런 사실을 모두 알고 있으며, 김정은 위원장의 서울 방문 시에도 보수세력이 난동을 부린다면 북한으로서는 도저히 수용할 수 없는 일이라고 했다. 아울러 그런 측면에서 정치국 위원들의 김 위원장의 신변 안전에 대한 우려를 이해할 수 있다는 것이었다.

우리는 김정은 위원장의 경호와 안전에 대해서는 문재인 대통령이 확실하고 완벽하게 보장할 것을 약속했다는 점을 거듭 강조했다. 군사분계선을 넘는 순간부터 다시 돌아가는 순간까지 철저한 경호와 안전을 문 대통령이 직접 약속했다면서, 예정된 서울 정상회담이 무산되어서는 안 되는 이유에 대해 지속적으로 설득했다. 우리 측 이야기를 들은 김 부장은 김 위원장에 대한 신변 안전 담보가 필요하다면서, 대통령과 청와대 차원에서 공식적으로 약속할 수 있는지 물었다. 즉, 김 위원장의 신변 안전 문제에 관해 북한 노동당 정치국, 인민, 군을 납득시킬 수 있는 방안을 만들어야 한다는 것이었다.

우리는 김 위원장의 신변 안전을 확실하게 보장할 테니 예정대로 12월 13~14일 서울 정상회담을 하자고 거듭 제안했으나, 북측은 우선 예정된 계획을 취소하고 김 위원장의 신변 안전 문제에 대한 보장을 약속해달라는 말만 반복했다. 즉, 처음부터 다시 시작하자는 것이었다.

회의 중간에 김 부장이 옆에서 준 메모를 보더니 잠시 밖에 나갔다 들어왔다. 그러고는 평양에서 전화가 왔다고 했다. 최룡해 국무위원회 부위원장이 전화했는데, 지금 회담 상황을 보고 있는데 남측 주장을 못 믿겠다면서 정치국에서 결정한 것(12월 13~14일 회담 취소)은 변경할 수 없다고 했다는 것이었다. 또 신변 안전에 대해 신중하고 깊게 연구해서 답을 달라고 했다.

남북의 비공개 접촉 상황을 평양에서 실시간으로 보고 있다는 주장의 진위 여부를 떠나, 북측은 이미 방침을 정한 듯했다. 그 정도에서 접촉을 마무리할 수밖에 없었다. 곧바로 청와대로 돌아와 대통령께 보고했다.

문 대통령은 북측의 정확한 의도를 파악하는 것이 우선이라고 봤다. 북미관계에서 기인한 것인지, 아니면 말 그대로 김 위원장의 신변 안전 문제 때문인지, 그도 아니면 북한 내부 사정이 있는 것인지 등 정확한 정보 파악을 주문했다. 그리고 북측에는 솔직하게 터놓고 이야기해보자고 했다. 서울 답방을 미루고 싶은 건지, 미국과의 회담을 먼저 하고 싶은 건지 등 터놓고 이야기하는 게 가장 좋은 방안이라고 설득했다. 아울러 김 위원장의 신변 안전에 대해서는 최대한 준비할 것을 지시했다. 당시 G20 순방 때문에 대통령이 27일 출국해야 하는 상황이라 관련 내용에 대해서는 전권을 위임했다.

당시 회의에 참석했던 참모 중 상당수는 이번 북측의 답방 일정 취소 건은 북미관계에서 비롯되었다기보다는 김 위원장의 신변 안전에 대한 우려와 정치국회의 등 내부 결정 과정상의 문제가 상대적으로 컸던 것으로 분석했다. 하지만 나는 생각이 달랐다. 분명 미국 변수가 크다고 봤다.

대통령이 부재중인 상황에서도 '북한산' 일정은 논의 및 준비되었다. 북측에서 제기한 신변 안전 문제를 최우선에 두고 관련 내용을 준비했다. 북측과도 비공개 접촉을 이어갔다. 꺼져가는 불씨를 살리는 심정으로 최선을 다해 준비했다. 숙소부터 이동, 그리고 공연까지 일정 하나하나를 점검하고 또 점검했다.

대통령 순방 직후에 북측과 다시 비공개 접촉을 가졌다. 우리는 김정은 위원장의 신변 안전에 대한 대통령의 약속을 친서 형태로 전달했다. 북측은 즉시 평양으로 가서 대통령의 안전 보장 약속을 보고하겠다고 했다. 그리고 정치국회의를 개최해서 좋은 결정을 내도록 하겠다고도 했다. 북측의 반응이 나름대로 긍정적이었다. '정치국 결정이 나오면 모여 앉아 의논할 수 있을 것'이라고도 했다. 우리는 북한 〈로동신문〉의 보도 등을 통해, 정치국회의 개최 사실을 이미 알고 있었기 때문에 그 회의 결과를 확인하고자 했다. 북측은 3일에 정치국회의는 열렸지만 오늘 접촉을 보고받고 최종 판단하기로 결정을 유보한 상황이라고 답했다. 즉, 오늘 전달된 친서 등을 본 다음 최종 결정한다는 것이었다.

일말의 기대가 다시 살아났다. 마음 졸이면서 세심하게 준비한 결과인 듯했다. 우리는 12월 13~14일 1박 2일 일정을 예정대로 철저하게 준비하고 있다는 점을 알렸다. 숙소, 공연, 행사, 장소, 경호 등 모든 영역에서 만반의 준비가 끝났다고 했다. 그러자 김 부장은 꽤 놀란 표정을 지으면서 '13~14일 정상회담 준비가 끝났는지'에 대해 재차 확인했다. 우리는 전혀 문제 없으며 완벽하게 준비되고 있다고 확인해주었다. 언제까지 회신을 줄 것인지 물으니, 정치국회의 끝나고 곧바로 답을 주겠다고 했다.

꺼져가던 불씨가 다시 살아난 듯했다.

김정은 위원장의 서울 답방 취소 전말

결국 김정은 위원장은 서울 답방을 결단하지 못했다. 정치 지도자로서 우유부단했던 건지, 아니면 전략적 판단을 한 건지 모르겠지만, 결과적으로 자신이 내뱉은 말을 책임지지 못한 것이다. 남북관계가 다시 좋아진다면 직접 만나 꼭 확인하고 싶은 부분이다.

많은 사람이 김정은 위원장은 어떤 사람인지 묻는다. 현존하는 세계 유일의 3대 세습 당사자로서 어떤 능력과 리더십을 갖고 있느냐는 것이다. 현장에서 내가 본 인상비평보다는 훨씬 오랜 시간, 훨씬 많은 대화를 나눈 문재인 대통령의 단상으로 대신한다.

2019년 5월 어느 날로 기억한다. 문 대통령이 회의에서 김 위원장을 '유연한 지도자'로 느꼈다면서 한 이야기다. 일례로 판문점 정상회담 합의문 발표 과정에서 이견이 있었는데, 김 위원장이 우리 측 제안에 동의해서 발표문 전체를 내보내는 것으로 결정했다고 한다. 또 결과 발표도 그때까지 단 한 번도 경험해본 적 없는 기자회견 방식을 김 위원장이 현장에서 수용해 진행했으며, 기자회견이 끝난 뒤 문 대통령에게 자신이 제대로 한 것이냐고 물어보기도 했다는 것이었다.

이런 사례가 여럿 있었다고 한다. 판문점 회담 당시 군사분계선을 넘자마자 '나는 문재인 대통령의 초청으로 남쪽 땅을 밟았는데, 문재인 대통령은 언제 북쪽 땅을 밟아보냐'고 말하면서 함께 군사분계선을 넘기도 했다. 회담을 마치고 평화의집 앞에서 헤어지기 전에 즉석에서 기념 촬영을 제안하고, 능라도 연설을 앞두고 문 대통령이 '시간은 어느 정도 하면 되겠냐'고 묻자 '전적으로 알아서 하시라'고 했다고 한다. 또 삼지연공항 사정으로, 어쩌면 하루 더 평양에서 숙박해야 할 상황에서 문 대통령이 새벽 출발을 제안하니 김 위원장이 흔쾌히 결단을 내려 수용했다는 일화도 언급했다.

어쨌든 2018년 12월 초 어렵게 살린 그 불씨는 오래가지 못했다. 며칠 후 확인된 정보에 의하면, 북측은 서울 답방을 연기하겠다고 결정했다. 북한 최고권력자의 서울 방문을 통해 한반도 평화 정착과 비핵화를 실현하겠다는 나의 꿈은 점점 멀어졌다. 정말 아쉽고 허탈했다. 나는 김 위원장의 서울 답방을 '평화의 제도화'와 함께 가장 중요한 계기가 될 것으로 판단했다. 한반도 평화를 돌이킬 수 없는 불가역적 상황으로 만들기 위해선 첫째가 제도화 영역이고, 그다음 답방이 필요하다고 생각했는데, 너무나 아쉬웠다.

북측은 어쩔 수 없다는 입장이었다. 북한 당국은 2019년 1년 구상에 돌입하는 듯했다. 당시 제기되었던 2차 북미정상회담, 시진핑 중국 주석의 방북, 김 위원장의 방러, 김 위원장의 방남 등 여러 변수를 놓고 전략적인 배치를 시작한 것 같았다. 그에 따라 서울 답방도 유보된 것이었다. 다만 북측의 이런 결정에 따라 앞으로 북미관계에 남북관계가 종속될 우려가 커졌다. 즉, 답방 연기는 단순한 시기 문제가 아니라, 향후 남북관계가 움직일 여지를 좁히는 결과를 낳았다.

곰곰이 돌아본다. 김 위원장은 왜 마지막 순간에 서울 답방을 유보했을까? 먼저 제안해놓고, 다소 석연치 않은 정치국회의 상황을 근거로 답방을 유보한 배경은 무엇일까? 신변 안전 등 노동당 정치국회의 핑계를 댔지만, 과연 그게 진짜 이유였을까? 내게는 아직껏 풀리지 않는 실타래처럼 의문이 남아 있다.

나는 당시 김 위원장 답방 유보에는 북미관계가 강하게 영향을 미쳤을 것으로 추측한다. 북한 체제 특성을 고려할 때 서울 답방이라는 중차대한 사안에 대해 하루아침에 뒤집을 수 있는 존재는 김정은 위원장 본인과 미국밖에 없다. 정치국회의 운운한 건 궁색한 변명에 불과하다.

당시 김정은 위원장은 남북관계 진전보다는 북미 비핵화 대화(북미관계 개선)에 집중할 필요가 있다고 판단했던 것 같다. 또는 미국의 직간접적인 언질이 영향을 미쳤을 수도 있다. 어떤 요인이 결정적이었는지는 김 위원장 본인만 알고 있다. 하지만 당시 정황들을 종합해볼 때 후자의 영향도 분명 있지 않았을까 싶다. 김 위원장은 어떤 식으로든 국면을 돌파하고자 하는 의지가 강했던 시기였고, 만약 실패한다면 그 책임은 온전히 자신이 감당해야 한다는 것을 너무나 잘 알고 있었다. 아울러 11월 말과 12월 초를 지나면서 미국과 중국 등 주변국의 움직임이 빨라지고 있었다. 예를 들어 북측 외무성 관계자와 미국 국무부 관계자가 몽골을 다녀갔고, 김창선 부장과 김철규 호위사령부 부사령관의 북경 방문이 확인되기도 했다.

가을까지 지지부진하던 북미 비핵화 대화는 겨울이 되면서 속도가 급격히 빨라졌다. 트럼프 대통령과 김정은 위원장은 서로 친서를 주고받으며 2차 북미정상회담에 대해 의견을 나누고 있었다. 2018년 12월 24일 트럼프 대통령이 김 위원장에게 먼저 친서를 보냈다. 그에 대한 답신의 형태로 하루 뒤인 25일 김 위원장은 트럼프 대통령에게 친서를 보냈는데, '북미 고위급 접촉을 시급히 열어 회담 장소 등의 문제를 은밀하게 논의하자'고 제안했다. 트럼프 대통령은 3일 뒤인 28일 곧바로 정상회담 장소에 대해서는 북측을 고려해서 열어놓겠다고 답신을 보냈다. 이렇듯 2차 북미정상회담이 빠른 속도로 진행되고 있었던 것이다.

개인적으로도 북미 비핵화 대화의 분위기가 완전히 달려졌다고 느낀 계기가 있었다. 2019년 1월 초였다. 그해 1월 북측과의 비공개 접촉에서 김○○ 부장은 미국이 달라졌다면서, 신년사에서 김정은 위원장이 밝힌 만큼 북미 비핵화 대화가 잘될 것이라고 했다. 불과 한 달 전과는 확연한 온도 차가 있었다.

답방 논의 과정에서 북측 대표가 우리에게 문재인 대통령과 청와대 차원의 안전 보장 약속을 요구한 것은 개인적인 아이디어였을 가능성도 있다. 당시의 곤궁한 상황을 모면하고자 하는 의도로 보였다. 그게 아니라면 상황이 급변할 경우를 대비한 보험용이었을 수도 있겠다. 북미관계가 예상대로 진행되지 않을 경우를 대비해서 말이다. 그런데 그렇다면 너무 수가 얕은 것이다.

이유가 어떻든 김정은 위원장의 서울 답방은 유보되었다. 김 위원장 본인의 판단이든, 미국의 영향이든, 아니면 두 가지 요인이 복합적으로 작용했든, 북한 최고권력자의 서울 방문은 기약 없이 미뤄졌다.

2018년을 마감하면서 12월 30일 북측과 비공개 접촉이 있었다. 북측에서는 김○○ 부장이 나왔다. 김 부장은 서울 답방 유보에 대해 매우 아쉬움을 표하면서 김정은 위원장의 친서를 전달했다. 두 장 분량의 친서에서 김정은 위원장은 내년에도 문 대통령과 자주 만나 한반도 평화와 번영을 위한 논의를 진척시키고 한반도 비핵화 문제도 함께 해결해나갈 용의가 있음을 밝혔다. 연내 서울 답방이 무산된 아쉬움과 '서울을 방문하겠다는 강한 의지'를 드러내면서 내년에 추가 남북정상회담을 개최하자는 뜻도 확실히 밝혔다. 당시 김 부장은 남북정상회담에 대한 김정은 위원장의 뜻은 확고하다는 것을 재차 강조했다.

친서를 받은 문 대통령은 이번 친서는 김정은 위원장의 연내 답방 불가에 대해 양해를 구하는 것이니 국민께 알리는 게 좋겠다고 했다. 그리고 내용이 왜곡되지 않도록, 있는 그대로 친서의 내용을 공개하도록 지시했다.

이제 와 돌이켜보면, 김 위원장은 비슷한 시기에 문 대통령과 트럼프 대통령에게 친서를 보냈다. 남측에는 연내 성사되지 못한 서울 답방에 관한 아쉬움과 재추진에 대한 강한 의지를 담고, 미국 측에는 내밀하게 만나서 2차 북미정상회담을 논의하자고 제안했다. 어찌 보면 전형적인 '양다리' 전략이다. 결과적으로 김 위원장은 서울 답방이 아니라 2차 북미정상회담을 선택한 것이다.

6

대통령의
마지막 승부수

충격적 실패, 하노이 회담

하노이 회담이 다가오면서 우리 정부는 모든 것에 신중하게 접근했다. 북미 비핵화 대화가 본격화되는 와중에 이런저런 정보를 확인했지만, 성공을 기대하며 지켜보는 것이 최선이었다. 중재자 역할은 상황이 좋지 않을 때 필요한 것인데, 당시에는 북미 간에 나름대로 대화가 진전되는 상황이었기 때문에 차분하게 지켜보는 게 우선이었던 것이다.

대신 우리는 물밑 준비에 돌입했다. 북미 비핵화 대화가 성공적으로 이뤄진다는 전제하에 남북 교류협력 사업이 속도를 낼 수 있는 기초적 준비를 해두는 데 집중했다. 예를 들어 김 위원장의 답방(3월 말 또는 4월 초), 북한 지역에 대한 미세먼지 저감 사업, 철도 연결 사업, 비무장지대 평화공원 사업 등을 준비했다. 그리고 이런 내용을 2019년 2월 중순 북측에 전달했다. 우리의 제안에 대해 북측은 별다른 반응이 없었다. 당분간 북미정상회담에 주력하겠다는 분위기가 느껴졌다. 다만 우리가 제안한 3·1운동 공동 기념식에 대해선 다소 부정적인 견해를 보였다. 북측은 우리가 3·1운동 90주년 기념식을 준비하면서 임시정부를 강조하는 게 불만이었다. 남북이 함께하기 위해선 서로 다른 인식을 가진 부분(임시정부 등)은 제외하고 순수하게 3·1운동 90주년 그 자체로 기념하자고 했다. 그리고 속뜻은 모르겠지만 표면적으로는 북미정상회담 준비가 잘 진행되고 있다고 언급하며 좋은 분위기를 전해주었다.

일각에서는 하노이 회담 실패를 거론하면서, 하노이 북미정상회담 이전에 문재인 대통령이 김정은 위원장과 정상회담을 하거나, 또는 트럼프 대통령과 만나는 등 좀 더 적극적인 행보를 했어야 한다고 주장한다. 하지만 당시는 대외적인 이벤트보다 내실을 만드는 게 중요했다. 북미 간의 핵심 쟁점인 '선先 신고 요구'에 대해서는 배제해야 한다는 우리 측 의견이 반영되었고, 구체적 비핵화 조치에 상응하는 제재 해제 부분은 '선 이행과 상응 조치의 선순환 구조'에 대해 미국 측이 동의했기 때문이다.

하노이 회담의 충격

트럼프 대통령과 김정은 위원장의 북미 비핵화 대화는 전형적인 톱다운top-down 방식이었다. 통상적인 미국 국무부의 대북 접근 방식인 보텀업bottom-up 방식과는 완전히 대별된다. 기존과 다른 접근 방식은 아무래도 트럼프 대통령의 리더십 스타일에서 비롯된 것으로 보인다.

어쩌면 지난 세 차례의 북미정상회담이 가능했던 것도 톱다운 방식이었기 때문일 수 있다. 미국 국무부가 기존 방식으로 추진했다면 그토록 신속한 결정과 실행은 불가능했을 것이다. 예를 들어 판문점에서 개최된 3차 북미정상회담처럼 단 며칠 만에 정상회담이 성사되는 일은 아예 존재하지 않았을 것이다.

그렇다고 해서 톱다운 방식이 비핵화 대화를 성공으로 이끄는

데까지 이르지는 못했다. 비핵화 대화에서 최적의 접근 방식은 무엇일까? 양국 정상의 리더십 스타일을 고려하고 이해관계를 슬기롭게 조정하기 위해선 균형을 찾아야 한다. 이전처럼 오로지 양 정상에게만 맡겨두는 톱다운 방식은 실패할 확률이 높다. 두 가지를 적절하게 혼합하는 하이브리드hybrid 전략이 필요하다. 전략적 결심은 톱다운 방식으로 하되, 세부 실행은 보텀업 방식으로 하는 등 합리적인 균형을 도모해야 한다. 그래야 실패를 되풀이하지 않을 수 있다.

많은 사람이 소위 '하노이 노딜no deal'을 예상했는지 묻는다. 솔직히 고백하건대, 개인적으로는 하노이 회담의 실패를 예견하지 못했다. 물론 잘못될 가능성을 배제하지는 않았지만, 그토록 완벽하게 실패할 거라고는 생각하지 못했다. 이는 김정은 위원장도 마찬가지였던 듯하다.

우선 김정은 위원장의 머릿속에 '노딜'은 없었을 것이다. 김 위원장은 평양에서 하노이까지 70시간 넘게 기차를 타고 이동했다. 70시간을 가면서 무슨 생각을 했을까? 경우에 따라서는 '노딜'도 가능하다고 생각했을까? 전혀 그렇지 않았을 것이다. 이동수단 문제(장거리 이동 가능한 전용기 부재)도 있었지만, 만약 노딜 가능성을 조금이라도 예측했다면 대대적인 평양역 환송 행사를 비롯해 70시간 여행길을 선택하지 않았을 것 같다.

통상의 정상회담 사례를 보더라도, 노딜은 상상하기 어렵다. 일반적으로는 사전 실무회담을 거쳐 최소한의 협상안을 마련한 다음 정상 간의 회동을 추진한다. 하물며 전 세계가 지켜보는 북미정상 회담이었다.

다만 미국은 달랐다. 존 볼턴을 비롯한 매파들은 하노이 회담을 앞두고 지속적인 방해 작업을 펼쳤다. 볼턴의 회고록《그 일이 일어난 방The Room Where It Happened》에 의하면, 하노이 회담 준비를 위한 첫 브리핑에서 매파들은 트럼프 대통령에게 '레이건과 고르바초프의 레이캬비크 회담 사례'를 보고했다. 즉, 회담에서 마지못해 동의하는 것보다 아예 회담을 결렬시키는 것이 더 낫다는 것이었다. 하지만 이는 결과적으로 일종의 '이중플레이'로 볼 수 있다. 북미정상회담의 실무책임자인 비건 대표는 하노이 회담 직전 스탠퍼드대학 특강에서 '행동 대 행동' 원칙에 동의하고, 북한의 비핵화 조치에 따른 미국의 상응 조치를 공언했다. 미국 측은 비건 대표의 공개 특강을 통해 이런 대응 기조를 밝힌 다음, 방북을 통해 트럼프 대통령의 의중을 전달했다. 그런 과정을 거쳐 하노이 북미정상회담 개최가 합의된 것이었다.

그렇다면 하노이 회담은 왜 실패로 끝났을까? 미국 매파(일본 포함)들의 끈질긴 방해 작업과 당시 미국 국내 정치 상황이 복합적으로 작용한 것으로 분석된다. 볼턴의 회고록에 따르면, 트럼프 대통령은 머릿속으로 이런 생각을 하면서 하노이로 향했다고 한다. '나는 레버리지를 갖고 있다.' '나는 서두를 필요가 없다.' '나는 (협상을) 박차고 나올 수 있다I could walk away.' 매파들의 지속적인 사전 작업 속에서 트럼프 대통령의 머릿속에 '노딜'이라는 단어가 자리 잡기 시작한 것이다. 즉, 매파들의 끈질긴 설득(예를 들어 볼턴 보좌관은 하노이 회담에서 북미협상의 판을 깨기 위해 생화학무기까지 포함해야 한다고 주장했다)과 미국 내 정치 상황이 맞물려 트럼프 대통령으로 하여금 '노딜'을 선택하게 한 것이다.

하노이 회담이 진행되는 내내 미국에서는 '코언 청문회'가 열렸다. 언론 보도에 따르면, 트럼프 대통령은 하노이에서도 밤늦게까지 코언 청문회를 시청했으며, 아침에 예정된 브리핑도 취소할 정도로 본국에서 진행되는 청문회에 집중적인 관심을 보였다. 마이클 코언은 트럼프 대통령의 개인 변호사였다. 즉, 트럼프 대통령의 사적 비밀에 대해 누구보다 잘 아는 사람이었다. 그런 그가 의회 청문회에서 트럼프 대통령의 부패 및 윤리 문제를 증언한 것이다. 트럼프 대통령에게는 아마 지옥 같은 경험이었을 것이다. 관심과 신경이 온통 코언 청문회에 쏠려 있었다고 해도 무방할 정도였을 것이다. 그런 상황에서 북미정상회담이 열린 것이다.

북한은 단계적 해법을 제시했다. 영변+알파α를 제시하면 미국으로부터 어느 정도 제재 완화를 얻어낼 것으로 판단한 것이다. 하지만 그 예상은 빗나가고 말았다. 트럼프 대통령은 영변+알파에 더해 추가조치를 요구했다. 그렇게 예상치 못한 변수가 발생함으로써 판이 깨져버렸다.

회담이 끝나고 트럼프 대통령도 '노딜'에 대해 많은 아쉬움과 우려가 있었던 것 같다. 트럼프 대통령은 참모들의 반대에도 불구하고 회담 직후 일부 대북 제재 취소를 명령했다. 그리고 김정은 위원장에게 친서를 보내는 등 상황 관리를 모색했다. 트럼프 대통령이 친서를 보낸 시기는 하노이 노딜 후 채 한 달도 지나지 않은 때였다. 친서에서 트럼프 대통령은 '김 위원장은 저의 친구고 앞으로도 항상 그럴 겁니다' 하는 식으로, 두 사람의 친밀한 관계를 구구절절 적었다. 이 또한 상식적이지 않다.

하노이 회담을 빅딜big deal과 스몰딜small deal로 구분하는 것에 동의하지 않는다. 어쩌면 이런 구분은 철저하게 미국 시각에서 바라본 분석이다. 역지사지해 북한 입장에서 보면 애초 스몰딜은 존재하지 않았다.

관건은 영변 핵시설을 어떻게 바라보느냐였다. 미국은 영변 핵시설이 북한 핵전력에서 차지하는 비중이 그리 크지 않다고 간주했지만, 북한 입장은 정반대였다. 즉, 영변 핵시설을 바라보는 북미 양국의 시각 차이가 있었던 것이다. 하노이 회담에서 김정은 위원장은 영변 핵시설을 폐기하면 북한 핵전력의 상당 부분을 제거하는 것이니, 이에 상응해서 일정한 대북 제재 해제를 요청한 것이고, 트럼프 대통령은 영변 핵시설로는 불충분하다는 것이었다. 그리고 김 위원장은 '행동 대 행동' 방식으로 단계적 접근을 요구했고, 트럼프 대통령은 포괄적 접근을 주장했다.

그렇다면 영변 핵시설이 북한 핵전력에서 차지하는 비중은 어느 정도일까? 전문가마다 다소 차이는 있지만, 북한 핵전력에서 상당 부분을 차지한다는 것이 공통된 의견이다. 특히 영변을 방문한 적이 있는 최고의 북핵 전문가인 미국의 해커 박사는 영변 핵시설의 규모에 대해 절대 과소평가해서는 안 된다고 주장한다. 그는 특히 북한이 하노이에서 제안한 핵연구소까지 포함하면 북한 핵시설에서 결정적인 부분을 차지한다고 분석했다. 하지만 미국 매파들은 이런 부분을 제대로 평가하지 않았다. 의도적인 평가절하라고 볼 수밖에 없다.

한 가지 아쉬운 부분은 미국 내 매파들에 관해 철저하게 대비하지 못했다는 점이다. 사실 어떻게 보면 미국과 일본 매파들의 방해 공작은 일정 정도 예견되었던 부분이다. 남북관계가 북미 비핵화 대화보다 앞서가는 느낌이 들 때마다 걱정했던 부분이기도 했다. 미국 입장에서는 남북관계가 잘되면, 그 이면에 대한 궁금증이 생길 수도 있다. 특히 우리가 비핵화 대화를 주도하는 듯한 느낌이 들면 불편할 수도 있다. 트럼프 대통령과 같이 다소 변칙적인 스타일인 경우에는 더욱 그렇다. 볼턴도 자기중심적 사고가 매우 강하기 때문에 트럼프 대통령의 결정에 부정적인 영향을 미쳤을 가능성이 크다. 그런 부분을 제대로 대비하지 못한 점은 뼈 아프다. 물론 이런 영역에서 우리 정부가 관여할 수 있는 여지가 어느 정도였는지는 또 다른 문제다.

한편으로 미국이라는 나라도 트럼프 대통령 마음대로는 안 되는구나 하는 생각도 들었다. 이유가 무엇이든 간에 트럼프 대통령은 뭐라도 하려고 하는데, 볼턴 등 주변 인사들에 의해 막힌다는 느낌이 종종 들었다. 트럼프 대통령도 모든 걸 자신 뜻대로 관철해 내지 못하는 것이다. 트럼프 대통령이 문 대통령에게 약속했던 핵 잠수함 판매 건도 백악관 참모들이 반대하니까 결국 약속을 지키지 못했다.

하루라도 빨리 수습해야 한다

이재명 대통령은 2025년 9월 23일 유엔 총회 기조연설을 통해 E exchange·N normalization·D denuclea-rization 이니셔티브를 제안했다. 꽉 막힌 남북관계를 뚫기 위해 남북 간 상호 '교류'를 확대 및 다양화하고, 남북 및 국제사회의 '관계를 정상화'하며, 북한 핵미사일 능력을 중단-축소-'비핵화'로 단계적으로 이끌자는 제안이다.

현재 대한민국 정부가 선택할 수 있는 여지가 많지 않은 상황에서 적절한 한반도 평화 비전과 구상으로 평가한다. 일각에서는 현실성이 낮고, '중단-축소-비핵화' 접근법이 모호하다는 등의 지적을 하지만, 현실적으로 다른 방안을 찾기가 어렵다는 점을 고려하면 이보다 나은 구상은 나오기 어렵다.

물론 이 대통령의 END 이니셔티브 제안에 당장 북한이 응할 가능성은 낮아 보인다. 따라서 장기적인 비전과 목표를 제시하는 것과 별개로 지금은 남북 간의 연결 채널을 복원해서 우발적 충돌 가능성에 대비하는 등 보다 현실적인 대안에 집중할 필요가 있다. 지금은 긴 호흡으로 인내심을 갖고 임해야 할 시기다.

2018년 2월 말 하노이 회담 직후, 휴일(3월 1일)임에도 대통령은 외교안보 참모들을 관저로 불렀다. 하노이 회담을 평가하고 대응 방안을 모색하기 위해서였다. 분위기는 침울했다. 기대가 컸던 만큼 당연히 실망도 컸다. 향후 대응 방안에 관해 이야기를 나눴다. 문 대통령은 우선은 다양한 방법을 동원해 남북, 북미 간의 대화 동력을 살려내는 데 집중해야 한다고 했다. 아울러 하노이 회담 실패 원인을 철저히 분석하고, 북미협상 흐름에 관한 충분한 정보를 확보하도록 지시했다.

곧이어 문 대통령이 NSC를 직접 주재했다. 대통령은 모두발언을 통해 북미, 남북 모두 조속히 대화에 나서도록 하고, 대북 제재의 틀 내에서 남북관계 발전이 가능한 영역을 찾아서 적극 추진할 필요가 있음을 강조했다.

사실 하노이 회담 실패로 북측은 상당한 타격을 입은 반면, 미국은 얻은 게 많았다. 미국은 영변 핵시설 폐기, 핵실험 금지 등 북측의 협상 카드를 확인할 수 있었다(물론 합의에 이르지는 못했지만). 반면 미국이 약속한 건 하나도 없었다. 북측은 관영매체를 통해 애써 하노이 회담에 의미를 부여했지만, 실상은 얻은 게 없었다. 결과적으로 우리가 해야 할 일은 상당한 타격을 받은 북측을 잘 다독여서 어떻게든 끌고 가는 것이었다.

북한을 관리해야 하는 것은 트럼프 대통령도 마찬가지였다. 앞에서 언급한 대로 트럼프 대통령은 참모들의 강한 반대에도 대북 제재를 일부 해제했고, 김정은 위원장에게 친서를 보냈다. 그리고 국무부와 CIA 등을 통해 물밑 대화 복원을 추진하기도 했다.

하노이 회담을 지켜보면서 답답했던 지점은 미국이 적시에 충분한 정보를 제공하지 않는다는 것이었다. 예를 들어 영변 핵시설에 대한 부분도 사후 설명이 모순되었고, '스냅백snap back(북미 합의에 따라 한시적으로 완화했던 제재를 북측이 약속을 위반할 경우 즉시 원래대로 복원시키는 방식)'에 대해서도 충분한 설명이 없었다. 아울러 비건 대표가 스탠퍼드대학에서 한 강연 내용과 하노이 회담 당시 미국 측의 주장은 상당한 차이가 있었다. 미국이 우리에게 모든 것을 이야기하지 않고 있다는 강한 의구심이 들었다.

어떻게 하든 돌파구가 필요한 시점이었다. 외교안보 참모들은 문 대통령께 미국 측에서 제안한 방미 일정을 수용할 것을 건의했다(3월 20일). 한미 정상 간의 대화를 통해 해결 방안을 마련하는 것 외에 다른 길은 없는 상황이었고, 그것이 최선의 길이라 판단했다. 방미 전에 대북 특사를 보내 한반도 운전자로서 역할을 다하자는 내용도 포함되어 있었다. 이런 내용을 갖고 북측과 비공개 접촉에 나섰다. 하지만 3월 22일, 북측은 일방적으로 개성 연락사무소 철수를 공표했다. 북한은 점점 문을 닫고 있었다.

김정은 위원장은 마음이 떠난 것처럼 보였다. 연이은 두 차례의 북미정상회담에서 빈손으로 돌아간 그는 과거로 돌아갈 준비를 하는 듯했다. 북한 공식 매체를 통해 나오는 소식도 그렇고, 비공개 접촉에서 확인되는 흐름도 그랬다. 어떻게 하든 돌려놓아야 했다. 한반도 운전자로서 무엇인가 해야 하는 순간이었다.

문 대통령은 방미 길에 올랐다. 방미 직전에 대통령은 참모들에게 3차 북미정상회담을 6월 12일(1차 북미정상회담 기념일) 전후로 판문점 또는 제주 앞바다 해상에서 하는 방안을 추진해보자고 했다. 판문점에서 개최하면 이동수단과 경호 등의 문제를 해결할 수 있으며, 제주 앞바다는 김정은 위원장과 트럼프 대통령 양쪽을 고려한 장소였다.

한미정상회담에서 문 대통령이 트럼프 대통령에게 3차 북미정상회담 장소로 판문점과 제주 앞바다를 제안하자, 그는 "마음에 든다I like it"라고 했다고 한다. 다만 3차 회담은 내용에 대한 합의가 우선되어야 하겠다는 점도 함께 밝혔다.

당시 우리는 북미 양국이 비핵화 목표에 대해 상호 합의를 이루는 게 우선이라고 생각했다. 북미 양쪽이 합의할 수 있는 내용은 완전한 비핵화를 목표로 북한은 핵 관련 시설, 물질, 무기 등을 단계적으로 폐기하고, 미국은 단계적 조치에 상응해 북한의 경제 발전을 지원한다는 것이었다. 그다음으로 목표에 이르기까지의 단계적 로드맵도 포괄적으로 합의할 필요가 있다고 봤다. 예를 들어 1단계는 영변 핵시설과 ICBM 부존재 확인, 2단계는 영변 외 핵시설, 3단계는 핵무기와 핵물질, 4단계는 생화학무기 등으로 하되, 단계마다 이에 상응하는 대북 제재를 해제하는 것이다.

원포인트 정상회담을 제안하다

이재명 대통령은 정상회담을 추진하기 전에 남북 정상 간의 핫라인부터 복원했으면 좋겠다. 앞서 언급한 바와 같이 핫라인은 남북 간의 우발적 군사충돌을 방지하는 데 꼭 필요하다. 서해교전 등에서 알 수 있듯이 핫라인이 있고 없고는 천지 차이이다. 핫라인으로 양 정상이 자주 소통하면 좋겠지만 굳이 그러지 않아도 된다. 말그대로 꼭 필요한 순간에 한 번씩 사용하면 충분하다.

그리고 핫라인은 절대적으로 비밀과 보안을 유지했으면 한다. 양 정상과 몇몇 제한된 인원만 알면 된다. 그래야 핫라인의 효능이 제대로 살아난다. 물론 핫라인이 만들어지면 그에 대한 기록은 철저히 남겨야 한다. 그 기록을 지금 당장 공개하는 게 아니라, 역사에 남기는 의미다. 그렇게 함으로써 소위 '장난'을 칠 수 없도록 만드는 것이다. 남북문제에 있어 정치가 개입할 여지를 최대한 없애야 한다.

2019년 하노이 북미정상회담 이후 북한은 점점 대화의 문을 닫고 있었다. 비핵화 대화와 남북관계에 있어 북한을 다시 대화의 장으로 견인해내는 게 무엇보다 급선무였다. 당장 액션 프로그램이 필요했다. 4월 27일 판문점 남북정상회담 1주년을 계기로 원포인트 정상회담을 검토했다.

4월 19일 북측과 비공개 접촉을 했다. 기존 북측 파트너였던 김○○ 부장이 아니라 다른 사람이 나왔다. 그는 자신을 '신임 통일전선부장 장○○'이라고 소개했다. 북한 통전부장이 바뀐 것이다. 아무래도 하노이 회담의 영향인 것 같았다.

우리는 판문점 남북정상회담을 기념하는 차원에서 4월 27일 JSA에서 평화음악회를 준비할 예정인데, 김정은 위원장을 그 음악회에 모시고 싶다는 의사를 전달했다. 만약 그게 여의치 않다면, 원포인트 정상회담만 해도 좋다고 덧붙였다. 우리 제안을 들은 장 부장은 많이 경직된 모습이었다. 쭉 통일전선부에서 활동했지만 그동안 공식·비공식 접촉에는 나서지 않은 인물이었다. 그는 원론적 수준에서 답을 했다.

결론적으로 북측은 원포인트 회담 제안에 응하지 않았다. 아무래도 당시 추진 중이었던 북러정상회담이 큰 이유인 것으로 보였다. 김정은 위원장과 푸틴 대통령은 4월 25일 블라디보스토크에서 열네 번째 북러정상회담을 가졌다. 물론 북측은 사전에 북러정상회담에 관한 내용을 우리 측에 알려왔다.

북러정상회담 이후 대북 식량 지원에 대한 논의가 있었다. 당시 북한은 10년 이래 최악의 식량난을 겪는 심각한 상황이었다. 유엔식량농업기구FAO 등 국제기구에서 대북 식량 지원을 추진하면서 우리 정부에도 요청한 상황이었다. 청와대에서는 논쟁이 벌어졌다. 지금 시기에 식량 지원이 필요한지에 대한 치열한 토론이 벌어졌다. 결론은 '추진하자'였다.

그 와중에 신경 쓰인 부분이 미국의 반응이었다. 하노이 북미정상회담이 성과 없이 끝난 상황에서 만약 미국이 반대한다면 난처한 일이었다. 몇몇 외교안보 참모는 북한의 진전된 비핵화 조치가 없는 상황에서 미국 행정부 관료들은 반대할 것으로 예상했다. 하지만 그들의 예상은 보기 좋게 빗나갔다. 트럼프 대통령은 국무부 등의 반대에도 불구하고 흔쾌히 대북 식량 지원에 찬성했다. 오히려 우리가 제안한 지원 규모보다 더 확대하자고 했다. 한마디로 트럼프 대통령다운 역발상이었다. 김정은 위원장에 대한 신뢰를 분명히 하면서 비핵화 협상을 끌고 가겠다는 그다운 유연함이었다. 오랫동안 기업을 경영한 트럼프 대통령의 협상가로서의 기질을 볼 수 있는 사례였다.

하지만 대북 식량 지원은 이뤄지지 않았다. 사실상 북측이 거부했다. 지금은 때가 아니라는 것이었다. 겉으로는 지금은 남북교류의 시기가 아니라, 정상선언과 군사합의 이행이 우선이라는 입장이었다. 적절한 때가 오면 교류를 도모하자고 했다. 하지만 내 생각에는 북미정상회담에 집중하기 위해서가 아닌가 싶었다. 하노이 회담 실패 이후 불필요한 이슈를 만들고 싶지 않았던 것 같다.

동북아 시계가 빠르게 돌아갔다. 2019년 6월 20~21일 김정은 위원장은 시진핑 주석과 평양에서 정상회담을 가졌다. 북중정상회담 직후 북측과 비공개 접촉을 했다. 지난 4월에 제안한 바 있는 판문점에서의 원포인트 회담을 재차 제안했다. 문 대통령의 G20 순방 일정이 6월 27일부터 계획되어 있으니 그 전에 하자는 것이었다. 만약 27일 이전에 회담을 하기 어렵다면, 북측에서 특사를 파견할 것을 요청했다. 동시에 우리도 문 대통령의 특사를 보낼 의지가 있음을 알렸다. 이런 제안의 배경에는 G20 정상회담과 트럼프 대통령의 방한을 계기로 비핵화 대화에 중대한 전환적 상황이 마련될 것이라는 인식이 있었다.

어쩌면 마지막 기회일 수도 있다고 생각했다. 우리가 할 수 있는 대북 압박을 최대치로 끌어올렸다. 그래야 할 만큼 당시 북측은 문을 닫겠다는 의지가 강해 보였고, 한반도를 둘러싼 국가들의 움직임이 심상치 않은 상황이었다. 특히 김정은 위원장은 이례적으로 푸틴 대통령과의 회담(4월 25일)과 시진핑 주석과의 회담(6월 20~21일)을 연이어 개최했다. 역대 북한 최고지도자는 대외정책에 큰 변화를 주기 직전에 중국 또는 러시아와 정상회담을 하곤 했다. 따라서 일련의 정상회담에 우리는 긴장할 수밖에 없었다.

　문재인 대통령은 트럼프 대통령의 방한에 주목했다. 우리의 외교력을 총동원해야 하는 순간이었다. 상황은 급박하게 전개되었다. G20 정상회의(6월 28~29일, 일본 오사카)와 트럼프 대통령의 방한(6월 29~30일)을 계기로 판문점에서의 북미정상회담 개최가 구체적으로 논의되었다. 문 대통령이 제안한 '북미 정상 간의 판문점 회담'이 현실로 다가온 것이다. 우리가 입수한 첩보에 의하면, 백악관은 긍정적인 반응을 보이기 시작했고, 북측도 나쁘지 않았다.

판문점에 선 세 남자

"대통령님, 고맙습니다. 우리끼리 따로 뵙도록 하겠습니다."

한반도 평화와 상상력은 어떤 관계가 있을까? 평화와 통일을 이야기하는 데 굳이 상상력이 필요할까 싶겠지만, 전혀 그렇지 않다. 한반도 평화 정착에 꼭 필요한 게 바로 상상력이다. 생각해보라. 트럼프 대통령과 김정은 위원장이 판문점에서 정상회담을 할 것이라고는, 그 전에는 꿈도 꾸지 못했다. 미국 대통령이 대한민국 대통령과 함께 비무장지대DMZ를 방문하는 것만으로도 금기를 깨는 것이었다. 그러나 2019년 6월 30일, 남북미 정상이 판문점에서 손을 맞잡았고, 3차 북미정상회담이 개최되었다. 상상이 현실이 된 것이다.

평화 정책은 기존 관행과 관례에 얽매일 가능성이 상대적으로 높다. 북한이라는 아주 고전적인 형태의 상대가 존재하고, 그 업계가 안정적인 정책 추진을 선호하기 때문이다. 소위 '사고만 안 나면 기본은 한다'는 인식이 강하다.

하지만 앞으로 한반도 평화 정책은 '사고'를 많이 내야 한다. 내각에서 규모나 예산 면에서 가장 작은 부처 가운데 하나인 통일부 입장에서는 보다 적극적으로 자기 목소리를 내야 그나마 주목을 받을 수 있다. 그냥 목소리를 내는 게 아니라 기존과 다른 참신한 접근을 해야만 국민의 관심을 얻을 수 있다. 그래서 상상력이 어느 부처보다 더 필요하다.

통일부는 명심해야 한다. 기존 관행이나 관례대로 하면 바꿀 수 있는 게 없다. 지금까지 통일부의 모습이 그 점을 여실히 보여주고 있다. 신임 정동영 장관 취임 이후에는 제 목소리를 내는 듯하다. 이럴 때 통일부 구성원들이 받쳐줘야 한다. 그래야 유의미한 성과를 낼 수 있다.

2019년 6월 29일, 트럼프 대통령이 트위터로 'DMZ에서 김 위원장을 만나 손을 잡고 인사하고 싶다'는 글을 올리자, 북한 최선희 외무성 부상이 '매우 흥미로운 제안이다. 분단의 선에서 조미 수뇌 상봉이 성사되면 두 수뇌분들 사이에 존재하는 친분관계를 더욱 깊이 하고 양국 관계 진전에 또 하나의 의미 있는 계기가 될 것'이라고 응답했다. 그즈음 판문점에서 북미 간 실무 접촉을 한다는 첩보를 입수하기도 했다. 웃지 못할 에피소드가 있다. 그때는 북미 양국 간 연결 채널이 완전히 무너진 상황이라, 미국 측 관계자가 판문점으로 가서 확성기로 북측에 '30일 3차 북미정상회담'을 위한 실무 접촉을 제안했다는 '웃픈' 이야기다.

6월 29일, 문 대통령은 관저로 참모들을 소집해 트럼프 대통령으로부터 전달받은 내용을 알려주었다. 30일 3차 북미정상회담이 판문점에서 개최된다는 것이었다. 아울러 30일 오전에 문 대통령과 트럼프 대통령이 함께 GP를 방문하기로 했다고 했다. 사실 트럼프 대통령의 비무장지대 방문은 2018년에도 추진되었으나, 기상 조건 악화로 헬기가 이륙하지 못해 불발되었다. 미국 대통령 단독으로 비무장지대 내에 있는 GP를 방문한 적은 있지만, 한미 양국 정상이 함께 간 적은 없었다. 한미 양 정상의 방문 자체가 평화 메시지로 충분한 것이었다. 양 정상은 양복 차림으로 GP를 방문했는데, 이 또한 의미가 컸다. 방탄복을 입지 않고 방문한 최초의 국가 정상이었던 것이다. 문 대통령은 GP 방문 시에 트럼프 대통령에게 개성공단의 중요성을 설명하기도 했다.

문 대통령은 참모들에게 판문점 '삼자회동'에 대해 집착하지 말 것을 몇 번씩이나 강조했다. 혹시라도 작은 것을 쫓다가 큰일을 그르칠 수도 있다는 우려 때문이었다. 한미정상회담 때 트럼프 대통령에게 북미정상회담 장소로 판문점을 제안할 때도 단순한 장소 제공 의미였을 뿐, 삼자회동을 제안한 것은 아니었다. 지금 가장 중요한 것은, 북미 양 정상이 하노이 회담을 이어가는 것이라고 봤다. 그러기 위해서는 북미 양자가 만나 꼬인 매듭을 푸는 것이 급선무였다. 삼자회동은 트럼프 대통령과 김정은 위원장에게 맡겨두자는 것이었다. 다만 분위기를 좋게 만들기 위해, 필요하다면 삼자회동을 검토할 수 있다고 했다. 즉, 문 대통령은 우리는 북미대화의 가교 역할을 하는 것으로 충분하다고 인식하고 있었다.

청와대 실무 인력들을 급히 소집했다. 판문점 일대의 경호 조치와 한미 양 정상의 GP 방문, 그리고 판문점 북미정상회담을 위한 벼락치기 준비에 들어갔다. 우선 회담장으로 사용할 공간과 집기의 상태 등을 살펴봤다. 북미정상회담 장소로는 2018년 판문점 정상회담이 열렸던 평화의집이 적합했다. 문제는 회담 당시 사용한 탁자와 의자 등 집기를 몽땅 빼버린 것이었다. 빌린 물품이라 반납한 건 어쩌면 당연한 일이었다. 늦은 시간이라 다른 방법이 없었다. 청와대가 보유하고 있던 집기 중에서 쓸 만한 것을 찾았다. 그리고 새벽에 대형 트럭에 실어 판문점으로 보냈다. 마치 번갯불에 콩 구워 먹듯이 급하게 준비했다.

밤을 꼬박 새웠다. 새벽 동이 트자 경호, GP 방문, 회담장 등 물리적인 준비는 어느 정도 끝났다. 하지만 제일 중요한 것이 아직 결정되지 못했다. 바로 문재인 대통령의 참여 여부였다. 백악관 측은 완강한 반대 입장을 표명했다. 논거는 간단했다. 북한이 반대한다는 것이었다. 그렇다고 그냥 있을 수는 없었다. 대통령의 '삼자회동을 고집하지 말라'는 지침이 있었지만, 그걸 곧이곧대로 수용할 수는 없었다. 대통령은 그렇게 말했지만, 준비하는 실무자 입장에서는 다르다. 판문점은 엄연히 대한민국 영토다. 대한민국 영토에서 북미정상회담이 개최되는데 대한민국 대통령이 빠진다는 것은 있을 수 없는 일이다. 당연히 문 대통령이 판문점으로 가야 된다고 판단했다.

날이 밝자 무작정 판문점으로 출발했다. 현장에 가서 어떻게든 풀어가야 했다. 판문점에 도착해서 현장을 살펴보고 있는데, 곧이어 백악관 국장 등 미국 측 관계자들이 도착했다. 회담 장소로 평화의집을 안내했다. 이동 동선과 시설 등을 보여주고, 성공적인 북미정상회담을 위해 최대한 협조하겠다는 뜻을 전했다.

이곳저곳을 둘러본 백악관 관계자들이 황당한 이야기를 했다. 회담장으로 JSA의 견학 시설인 자유의집을 사용하겠다는 것이었다. 사실 자유의집 내부 회의실은 매우 작아(2~3평 규모) 양국 국기를 놓기에도 비좁을 정도였다. 경호 측면에서도 자유의집은 트인 공간(로비 등)이 많아 회담장으로 사용하기에 적절치 않았다. 그런데도 백악관 관계자들은 회담장으로 자유의집을 사용하겠다고 우겼다. 이해할 수 없는 이상한 노릇이었다. 백악관 관계자에게 이유를 물었더니 황당한 답을 했다. "미스터 문Mr. Moon이 한 곳(평화의집)은 노No!"라는 것이었다. 정말 한심스러웠지만 대꾸할 말이 생각나지 않았다. 어쩔 수 없이 백악관 측에서 하자는 대로 따랐다.

백악관 관계자를 만나 판문점 삼자회동의 필요성을 제기했다. 그는 북한이 반대하기 때문에 힘들다고 답했다. 내 생각으로는 북측이 반대할 이유가 없을 것 같은데, 백악관은 북측 핑계를 댔다. 북측 관계자들은 아직 판문점에 도착하기 전이었다. 그래서 백악관 관계자들에게 "좋다, 북한 관계자가 오면 확인해보자. 삼자회동이 필요한지 아닌지 3국이 모여서 판단하자"고 이야기했다.

잠시 후 김창선 부장 등 북한 준비 인원이 통일각을 거쳐 판문점에 나타났다. 간단한 수인사를 나누고, 현장에 대한 설명과 그때까지의 상황을 공유했다. 그러고는 곧바로 김 부장에게 물었다. "북측은 판문점 삼자회동을 반대하는가? 우리는 필요하다고 본다. 북측 입장은 무엇인가?" 김 부장은 "일없다"고 했다. 자신들은 반대할 이유가 없다는 것이었다. 옆에 있던 백악관 관계자에게 확인시켰다. "북한이 반대한다고 하더니 전혀 다르지 않나, 찬성한다는 입장이다. 당신들이 확인해봐라. 이제 우리는 문 대통령을 모시고 오겠다." 백악관 관계자는 아무 말도 하지 못했다.

문 대통령은 3차 북미정상회담이 열리는 내내 자유의집 내 별도 공간에서 차분하게 회담이 끝나기를 기다렸다. 개인적으로는 그 순간을 평생 잊지 못한다. 대한민국 대통령이, 대한민국 영토에서, 당신이 제안했던 북미정상회담이 열리는 것을 지켜보고 있었다. 삼자회동이든 양자회동이든 뭐든지 주장할 수 있었고, 자신의 공을 내세워도 충분한 상황인데 문 대통령은 그러지 않았다. 그저 묵묵히 기다렸다. 마음이 짠했다.

분단의 상징 판문점에 남북미 세 나라 정상이 손을 잡고 섰다. 역사적인 순간이었다. 가운데 선 김정은 위원장이 오른쪽에 있는 문재인 대통령의 손을 잡았다. "대통령님, 고맙습니다. 우리끼리 따로 뵙도록 하겠습니다.”

회담이 끝난 후, 문 대통령으로부터 트럼프 대통령이 군사분계선을 넘어 월경한 에피소드를 들었다. 트럼프 대통령은 문 대통령에게 ‘월선’이 가능한지 물었다고 한다. 문 대통령은 군사분계선 앞에서 김정은 위원장을 맞이하고 그런 다음 ‘월경’하는 것은 괜찮다고 했다. 아무래도 트럼프 대통령은 애초부터 욕심이 있었던 것 같다. 현장에서 경호팀장에게 두세 번 되풀이해서 군사분계선을 넘어도 되는지 물었다고 한다.

판문점 남북미 삼자회동은 적대관계를 종식하고 새로운 평화 시대를 만들자는 약속과도 같았다. 삼자회동은 문재인 대통령의 유효적절한 중재와 트럼프 대통령의 파격적인 제안 그리고 김정은 위원장의 과감한 호응이 조화를 이룬 결과였다. 상식을 뛰어넘은 상상으로 출발한 아이디어가 현실이 된 것이다.

하지만 다음 날 일본 정부는 우리에게 아무런 사전 통보도 없이 과거사 문제를 핑계로 반도체산업 수출 규제 조치를 발표했다. 한마디로 잔칫날에 재를 뿌린 격이었다.

2019년 6월 30일, 분단의 상징 판문점에서 남북미 세 나라의 정상이 함께 섰다. 이날의 삼자회동은 어떻게든 한반도 평화를 위한 대화의 불씨를 이어가고자 했던 이들의 노력이 만들어낸 역사적 장면이었다..

판문점 자유의집에서 열린 3차 북미 정상회담 이후 한미 정상이 함께 서서 소회를 발표했다. 이날 북미는 빠른 시일 내에 양국간 실무회담을 하기로 약속했지만, 그날 이후 상황도 마음처럼 흘러가지 않았다.

모친상에 보낸 조의문에 담긴 것

남북관계는 남과 북 이외의 다른 변수에 의해 많은 영향을 받는다. 그게 주변국일 수도 있고, 코로나 팬데믹처럼 전혀 무관해 보이는 외적 변수일 수도 있다. 그렇기 때문에 남북 양측이 잘한다고 해서 모든 게 잘되는 건 아니다. 어떻게 보면 '운7 일3' 같다. 운이 그만큼 따라줘야 남북관계에서 성과를 낼 수 있다. 하지만 아무리 '운'이 좋아도, 준비가 되어 있지 않으면 눈앞에 찾아온 '운'도 놓칠 수밖에 없다.

우호적인 환경 변화와 주체적 여건이 성숙되는 과정에서는 신속한 '기회 포착'이 중요하다. 상황 변화를 읽는 눈이 어느 분야보다 필요한 곳이 바로 한반도 평화 정책이다. 이재명 정부도 안보실, 국정원 등 관계기관을 통해 면밀하게 살피고 있겠지만, 언제 다가

올지 모르는 기회를 놓치지 않도록 철저하게 대비해야 한다. 모르긴 몰라도 이재명 대통령 임기 중에 기회가 그리 많이 올 것 같지는 않다.

판문점 3차 북미정상회담이 끝나고 4주 후인 2019년 7월 25일, 북한은 단거리 전술유도무기를 발사했다. 그리고 일주일도 되지 않아 신형 대구경조종방사포를 발사했다. 이어 8월 2일, 6일, 10일 등 8월 말까지 연달아 미사일을 발사했다.

북한의 이런 도발은 분명한 의미를 담고 있었다. 미국에 대한 불만을 직접적으로 표출한 것이다. 3차 정상회담에서 북미 정상은 2~3개월 이내에 양국 간 실무회담을 하기로 약속했다. 하지만 7월 말이 되도록 실무회담은 논의조차 이뤄지지 않았다. 단지 7월 25일경, 미국 국무부 담당자가 북측 관계자를 접촉해 트럼프 대통령의 친서를 전달하면서 8월 중순 이후 실무회담을 제안했을 뿐이었다. 미국은 제대로 된 후속 조치를 취하지 않았고, 북측은 그동안 미사일을 쏘아댄 것이다.

9월 유엔 총회까지 북미 실무협상은 진척되는 게 아무것도 없었다. 스톡홀름에서 북미 실무협상 등을 진행했지만(10월 5일) 시원치 않았다. 비건 대표는 대북 제재 1년 유예안을 제시하고, 북측은 연합훈련 중단 등을 요구하는 등 소득 없는 줄다리기가 지루하게 계속되었다. 지금도 궁금하다. 왜 트럼프 대통령은 후속 조치를 제대로 하지 않았을까? 판문점 북미정상회담에 임한 트럼프 대통령의 속뜻은 무엇이었을까? 비핵화는 관심 없고 선거를 앞둔 관심 끌기용 이벤트 또는 상황 관리에 불과했던 것인지도 모르겠다.

　이런 상황이 이어지던 10월 29일, 점심 직후 대통령이 조용히 나를 불렀다. 모친께서 오늘 중으로 임종하실 것 같다고 했다. 잡혀 있던 일정을 연기하고 조속한 시일 내에 다시 추진할 것을 지시했다. 그리고 여당 쪽에는 조용히 장례를 치르겠다는 뜻을 전달하고, 일반인 조문은 마음만 받겠다고 했다.

　문 대통령은 담담한 표정이었다. 얼마 전부터 부산에 계시는 모친의 상황이 좋지 않다는 것을 알고 있었기에 마음의 준비를 하신 듯했다. 나는 대통령께 북한에 계신 친인척에게도 소식을 전해야 되지 않겠느냐고 물었다. 다들 알다시피 대통령은 이산가족이다. 흥남철수작전으로 피난 온 부모님 사이에서 1953년 거제에서 태어났다. 북에는 이모님 등 외가 쪽 친척이 있었다. 정확하게 어떤 이가 생존해 있는지는 모르지만, 부고를 전할 필요가 있다고 봤다. 물론 이를 통해 남북관계에 조금이라도 도움이 되었으면 하는 개인적인 바람도 있었다. 대통령은 북측에 알리는 것에 동의했다.

　바로 다음 날이었다. 북측에서 연락이 왔다. 접촉을 해보니, 북측 간부가 김정은 위원장의 조의문을 가지고 왔다. 어제 통보한 것에 대한 즉각적인 반응이었다. 얼어붙은 것 같은 땅속에도 그나마 남북 정상 간의 신뢰는 남아 있었던 모양이다.

　조의문을 들고 곧바로 부산 남천동성당으로 갔다. 대통령께 김 위원장의 조의문을 전달하고 관련 상황을 보고했다.

장례를 마치고 문 대통령은 감사의 뜻으로 김 위원장에게 친서를 보냈다. 하지만 대통령의 모친상을 계기로 대화의 물꼬를 터보려고 했던 일은 결과적으로 지속되지 못했다. 다만 양 정상 간 신뢰의 끈은 이어져 있다는 사실만 확인했을 뿐이다.

2020년 1월 6일, 청와대에서 나와 현실 정치에 뛰어들었다. 많은 고민이 있었다. 문재인 정부의 시작과 끝을 함께하고 싶었고, 무엇보다 어려운 여건에서 일하는 동료들을 두고 청와대를 나간다는 것은 쉽지 않은 결정이었다. 남아 있는 동료들에 대한 미안함에 마지막 순간까지도 주저했다. 만약 대통령께서 필요하다는 한마디만 했어도 한 치의 머뭇거림 없이 남았을 것이다.

우여곡절 끝에 총선 출마를 결심하고, 국정상황실장으로서 맡고 있던 업무를 후임자에게 빠짐없이 인계했다. 그런데 한 가지 문제가 생겼다. 남북관계 관련 업무는 후임자가 맡기에는 한계가 있었다. 무척 아쉬운 부분이었다. 만약 총선에 출마하지 않고 계속 청와대에 있었다면 남북관계에 조금이라도 도움이 되지 않았을까 하는 아쉬움은 지금까지도 마음의 빚으로 남아 있다.

한반도 평화에 대한 미련과 아쉬움은 국회의원이 된 후 국회 상임위를 외교통일위원회로 선택하게 만들었다. 21대 국회가 개원하면서 원내대표실에서 의원들에게 각자 희망하는 상임위를 제출하도록 했다. 대부분은 국토위나 정무위 등 소위 인기 있는 상임위를

문재인 대통령의 모친이 돌아가신 후 북측에서 김 정은 위원장의 조의문을 보내왔다. 사진은 북측에 서 보내 온 조의문을 부산 남천동 성당에서 대통령 께 보고하는 모습이다.

원했지만, 나는 주저 없이 외교통일위원회를 선택했다. 사실 외통위는 인기 없는 상임위라 원하는 사람이 많지 않아 어렵지 않게 갈 수 있었다.

답답한 노릇이었다. 남북관계와 북미 비핵화 대화가 제대로 풀리지 않는 상황에서 국회의원으로서 할 수 있는 일이 많지 않았다. 이리저리 다니며 상황을 알아봐도, 들려오는 소식은 답답한 것뿐이었다.

당시 한반도 상황은 손가락 하나 움직일 틈이 없었다. 북미 비핵화 대화는 꼬일 대로 꼬여 있었다. 북측은 세 차례의 북미정상회담 합의가 제대로 지켜지지 않는다는 불만을 노골적으로 드러냈다. 자신들은 최대한 성의를 보였는데, 미국은 자신들 이익만 챙기고 약속은 하나도 지키지 않는다는 것이었다. 2020년 11월, 미국 대선이 코앞으로 다가온 상황에서 북한은 더욱 조바심을 내고 있었다.

남북관계 역시 마찬가지였다. 북미 비핵화 대화의 공전은 대북 제재의 벽을 더욱 강고하게 만들었고, 남북관계 개선의 구체적 모멘텀은 더욱 찾기 어려워졌다. 문 대통령은 2020년 신년사를 통해 '개별 관광'으로 남북관계의 돌파구를 마련하고자 했다. 일종의 고육지책이었다. 하지만 상상도 하지 못했던 일이 벌어졌다. 바로 전 세계를 셧다운시킨 코로나 팬데믹 변수가 발생한 것이다. 모든 국가는 국경을 일시 폐쇄했고, 관광 사업을 하고 싶어도 할 수 없는 상황이 펼쳐졌다. 개별 관광이라는 수단이 전혀 작동될 수 없는 형국이었다. 아울러 2020년 4월 총선이라는 정치 일정이 있다 보니, 남북관계를 공격적으로 펼쳐나가기에는 한계가 있었다. 자칫 잘못하다가는 정치적 논란에 휘말릴 수밖에 없었다. 공세적으로 남북관계 개선을 시도하기가 더욱 어려워졌다.

팬데믹 상황이 북한에 미친 영향은 가히 역대급이었다. 마치 '고난의 행군' 시절로 돌아간 듯했다. 장기간의 대북 제제 국면에서도 북한이 그나마 버틸 수 있었던 것은 중국과 러시아라는 뒷배와 밀수를 포함한 국경 무역 등이 있었기 때문이었다. 하지만 팬데믹으로 국경은 완전히 봉쇄되었고, 중국과 러시아를 대상으로 한 국경 무역도 전면 금지되었다. 코로나 백신이 전혀 없는 북한으로서는 어쩔 수 없이 '국경 봉쇄'라는 초강수를 둘 수밖에 없었다. 엎친 데 덮친 격으로 북한 내 식량 사정이 매우 좋지 않았다. 외신을 통해 보도된, 철길을 통해 북한을 탈출하는 러시아 외교관 사진은 당시 북한 상황을 상징적으로 보여주었다.

한반도 평화의 틈은 점점 벌어지고, 북한의 도발은 점점 거세져만 갔다.

2019년 6월 12일, 김여정 부부장에게 이희호 여사
의 조전을 전달받고 있다. 하노이 노딜 이후 북한
은 점점 대화의 문을 닫고 있었다. 마지막 기회일
수도 있다고 생각했기에 우리가 할 수 있는 대북
압박을 최대치로 끌어올렸다.

폭파된 남북연락사무소

미국은 명실상부한 세계 초강대국이다. 최근 중국이 부상하고 있다고는 하지만, 아직 미국의 상대가 되지 않는다. 따라서 세계의 화약고라 불리는 중동 지역, 러시아-우크라이나 전쟁, 주요국과의 관세 협상 등 미국 행정부가 챙겨야 할 이슈가 정말 많다. 그렇다면 미국 입장에서 한반도 이슈는 몇 번째일까? 그리고 미국이 관심을 두고 적극적으로 챙기는 게 꼭 우리에게 도움이 되는 걸까? 물론 그럴 때도 있고 그렇지 않을 때도 있을 것이다.

미국 행정부의 대對 한반도 전략은 주로 '현상 유지형'과 '적극적 개입형'으로 나뉜다. 전자는 오바마 행정부의 '전략적 인내' 전략으로, 북한의 도발에 단기적으로 반응하지 않고 압박을 유지하면서 북한 스스로 변화하거나 협상에 나오기를 기다리는 것이다.

바이든 정부 또한 이와 유사한 전략이었다. 반면 트럼프 행정부는 '최대 압박과 관여' 전략으로, 기존 민주당 정부의 전략과는 파격적으로 달랐다.

'현상 유지형'과 '적극적 개입형' 전략 중에서 어떤 게 한반도 평화 정착과 비핵화에 도움이 될까? 전문가마다 의견이 다를 수 있다. 하지만 나는 똑같다고 생각한다. 결론적으로 미국은 모든 면에서 자국의 이익 우선이다. 한반도 평화보다 자국의 국익을 우선시하는 게 외교의 본질이자 냉엄한 국제질서다. 우리가 명심해야 할 부분은 바로 이 점이다.

느낌이 좋지 않았다. 특히 대북 전단에 대한 북측의 공세가 심상치 않았다. 남북 양측이 전단 배포를 하지 않기로 한, 2018년 판문점 공동선언을 지키라는 것이었다. 그 외중에 북한 중앙방송이 평양 시내 인쇄공장의 대남 삐라 제작 장면을 방영한 것은 분명한 시그널이었다. 그리고 우리 정부를 향한 여러 메시지의 질이 너무 좋지 않았다. 미국 트럼프 대통령에 대해서도 마찬가지였다. 특히 백두혈통인 김여정 부부장이 직접 대남 공세에 나선 것은 심상치 않은 징조였다.

결국 일이 터지고 말았다. 2020년 6월 16일, 북한은 개성에 있는 남북연락사무소 건물을 폭파했다. 남북 화해와 평화의 상징과도 같은 건물을 일방적으로 폭파시킨 것이다. 전통적으로 사용해온 '벼랑 끝 전술'이었다. 그들은 세 차례 북미정상회담과 남북정상회담의 약속이 지켜지지 않았다는 것을 명분으로 삼았다. 제재 해제 등 기대했던 조치가 제대로 진행되지 않는 상황에서 북한 내부를 결속시키고 미국과 우리를 강하게 압박하기 위해 과시성 도발을 한 것이지만 완벽한 오판이었다. 특히 방송을 통해 모든 국민이 폭파 장면을 생생히 보게 되면서 그동안 한반도 평화 프로세스를 통해 쌓아올린 북한의 긍정적인 이미지가 한 번에 무너져버렸다. 북미 비핵화 대화가 막혀 있고 미국 대선을 코앞에 둔 상황에서 극단적 조치를 통한 압박 전략이었겠지만 명백한 전략적 실패고 잘못이었다. 변명의 여지가 없었다. 부부싸움을 하더라도 할 말이 있고 절대 해서는 안 되는 말이 있다. 북한은 절대 넘지 말아야 할 선을 넘은 것이다.

남북공동연락사무소가 폭파되고 한 달도 지나지 않은 2019년 7월 10일, 김여정 부부장이 담화를 통해 "가능하다면 앞으로 (미국) 독립절 기념행사를 수록한 DVD를 개인적으로 꼭 얻으려 한다는 데 대하여 위원장 동지로부터 허락을 받았다"고 다소 뜬금없는 내용을 밝혔다. 연락사무소 폭파에 이어 미국에 대해서도 정상회담은 필요 없다는 등의 폭언을 거침없이 쏟아내다가 갑자기 미국 독립절 DVD를 얻고 싶다는 다소 황당한 이야기였다.

전문가들은 'DVD를 달라'는 담화 내용을 액면 그대로 해석하지 않았다. 당연하다. 유튜브 등 시중에서 너무나 쉽게 구할 수 있는 영상을 백두혈통인 김여정 부부장이 콕 짚어 언급한 이유가 있는 것이다. 이것은 분명한 대미 신호다. 트럼프 대통령에게 보내는 북한의 전략적 메시지인 것이다. 특히 당시 미국 내에서조차 비판받은 독립기념일 행사를 언급한 것은 트럼프 대통령을 향한 일종의 유화 제스처라고 볼 수밖에 없다. 이는 2018년 트럼프 대통령이 폼페이오 국무부 장관을 통해 엘튼 존의 〈로켓 맨〉 CD를 김정은 위원장에게 선물하려 했던 상황과 오버랩되기도 한다.

어쩌면 이는 트럼프 대통령을 향한 북한의 마지막 시도였을지 모른다. 무엇을 위한, 어떻게 하기 위한 것이었는지는 김정은 위원장과 트럼프 대통령만 알 것이다. 분명한 것은 DVD라는 상징을 통해 북한이 미국에게 만나자고 제안했다는 점이다. 사실 미국 관료들도 북한이 왜 이런 메시지를 내는지 정확하게 알고 있었다. 7월 말경, 앤드루 김 전 CIA 한국 지부장은 언론 인터뷰를 통해 북한의 이런 모습에 대해서 '북미협상의 문을 열어둔 것'이라고 규정했다. 그리고 "이 담화문을 보고 북한이 미국 측에 '누군가 DVD를 가지고 북한을 방문하라'거나 '자신들을 미국에 초청하라'는 의미를 전하는 것이라고 생각했다"면서 "북한은 미국에 공을 넘긴 것"이라고 말했다.

북한은 이 시기에 왜 미국을 향해 이런 DVD 구애를 했을까? 답은 미국 대선 시기와 관련되어 있다고 본다. 미국 대선까지 4개월 남은 상황이었다. 김정은 위원장은 미국 대선 이전에 어느 정도 성과를 낼 필요가 있다고 봤던 것 같다. 2020년 상반기부터 긴장을 최고조로 끌어올린 상황(그 정점에 남북공동연락사무소 폭파가 있다)에서 트럼프 대통령에게 마지막 승부수를 던진 것이다.

북한의 승부수에 대한 미국의 반응은 미적지근했다. 이러지도 저러지도 않았다. 적극적으로 북한을 대화 국면으로 견인하지도 않았고, 그렇다고 아예 대화의 문을 닫지도 않았다. 예를 들어 물밑 대화 채널은 살려두지만 고위급 대화 채널은 복원하지 않는 식이었다. 미국의 이런 태도가 일견 이해되지 않는 것은 아니었다. 트럼프 대통령은 철저하게 자기 선거의 유불리를 기준으로 판단했을 것이다. 아무래도 그는 대선 전에 북미 비핵화 대화를 통해 정치적 이득을 보겠다는 생각은 접었던 것 같다. 굳이 이런저런 위험부담을 감수하지 않는 편이 낫다고 판단했을 것이다. 북한 변수를 위기관리 차원에서 관리하는 수준으로 끌고 간 것이다.

반대로 북한은 트럼프 대통령과의 비핵화 대화에 마지막까지 기대를 걸었던 것으로 보인다. 북미 비핵화 합의가 트럼프 대통령의 재선에 도움이 되기 때문에 미국이 대화에 적극성을 띨 것으로 예측한 것 같다. 그래서 DVD 구애 같은 대화 제스처를 했던 것이다. 결과적으로 북미 양국 간에 일정한 '미스매치'가 발생한 것이다.

마지막 승부수, 종전선언

역사적으로 종전선언에는 여야가 없었고
진보와 보수도 없었다.

시간이 흐를수록 마음은 급해졌다. 북미 양국의 셈법은 뻔히 보이는데, 우리가 활용할 수단이 많지 않았다. 10월로 접어들면서 우리가 할 수 있는 것은 점점 사라져갔다. 답답한 노릇이었다. 미국 대선을 앞두고 마지막까지 최선을 다했지만 소용없었다. 미국, 보다 명확하게는 트럼프 대통령의 반응이 없었다. 시쳇말로 미국 대선 결과에 따라 한반도 시계視界가 정해질 터였다. 한동안 시계 제로인 상황으로 돌입했다.

미국 대선 결과 바이든이 승리했다. 기대와 우려가 공존했다. 미국 민주당 외교통으로 한반도 평화에 대한 이해는 높지만, '전략적 인내'로 대표되는 미국 민주당의 불편한 전략이 또다시 반복될까 걱정스러웠다. 당장은 적극적인 상황 관리가 필요했다. 우리 정부는 북미 양국을 대상으로 갈등이 증폭되지 않도록 세심한 상황 관리에 들어갔다.

우선 바이든 정부의 출현으로 동요할 수 있는 북한을 관리해야 했다. 북한에 대해서는 바이든 정부가 합리적인 한반도 전략을 제대로 수립할 때까지 기다려줄 것을 요청했다. 새로운 정부에게 충분한 시간을 줘야 한다고 했다. 하지만 북한에게 시간을 달라는 것은 결코 쉬운 이야기가 아니었다. 그들은 2018년 싱가포르 북미정상회담 이후 만 3년이 되도록 구체적인 성과를 얻지 못했다고 생각했기 때문이다. 그동안 충분히, 많이 참았다고 생각하는 사람에게 무조건 더 참으라고 하는 식이었다.

바이든 정부에는 거꾸로 시간이 많지 않다는 점을 설득해야 했다. 북한이 마냥 기다려주지 않을 테니 빨리 답을 줘야 한다는 점을 이해시키기 위해 노력했다. 특히 북미 비핵화 대화의 출발선을 어디로 삼을 것인가는 매우 복잡하고 민감한 문제였다. 김정은 위원장은 트럼프 대통령을 세 번이나 만나 이런저런 이야기를 다 하고, 여러 가지 합의를 했는데, 바이든 대통령이 되었다고 해서 다시 처음부터 시작하자고 한다면 과연 수용할 수 있겠는가? 쉽게 받아들이지 않을 것이다. 반면 바이든 대통령도 김 위원장을 제대로 알지 못하고 믿지도 못하는 상황에서 기존 트럼프 대통령과 합의한 사항을 순순히 따르라고 한다면 쉽게 수용할 수 없을 것이다.

더불어민주당 대표단 자격으로 2020년 11월 워싱턴DC를 방문했다. 꽉 막힌 한반도 상황의 돌파구를 찾고자 정당 외교 차원에서 마련된 일정이었다. 브래드 셔먼 하원의원을 비롯해 민주당과 공화당의 여러 의원과 비건 국무부 부장관, 캠벨 백악관 조정관 등 다양한 인사들을 만나 한반도 상황을 설명하고 북미 비핵화 대화를 촉구했다. 하지만 분위기가 싸했다. 이전과는 상당한 차이가 있었다. 미국의 관심에서 한반도 이슈는 한참 뒤로 밀렸다는 생각이 들었다.

워싱턴 정가는 새로운 대통령에 대한 기대로 가득 차 있었지만, 대북 전략은 오히려 퇴보한 느낌이었다. '전략적 인내'의 바이든 버전 그 이상도 이하도 아니었다. 우선 미국 민주당 인사들 사이에는 트럼프 정책에 대한 불신이 팽배했다. 무조건적인 불신으로 그가 잘했든 못했든 트럼프 대통령의 정책이라면 일단 배제한다는 식이었다. 우리에게는 대단히 아쉬운 부분이었다. 새롭게 집권한 미국 민주당의 한반도 평화 정책은 고리타분한 전통적 입장을 견지할 뿐이었다. 오히려 트럼프 대통령이 지닌 상상력의 폭이 훨씬 넓었다.

'아시아의 차르'라는 별명을 가진 커트 캠벨 백악관 조정관을 만나 간곡하게 설명했지만, 그의 관심은 한반도가 아니라 중국이었다. 그가 내게 던진 질문은 "대한민국 정부는 중국을 어떻게 생각하는가?"였다. 참고로 귀국 직후 중국 왕이 외교부장을 만난 적이 있다. 마찬가지로 한반도 비핵화를 위해 여러 가지 이야기를 했는데, 그가 내게 던진 질문도 한반도가 아니었다. 그는 내게 "대한민국 정부는 미국을 어떻게 생각하는가?"라고 물었다. 미국은 중국을, 중국은 미국을 견제하는 데 집중할 뿐이었다. 한반도 비핵화 대화는 그보다 한참 후순위였다.

위기를 돌파할 계기와 중재가 필요했다. 한반도 운전자로서 대한민국의 역할이 발휘될 시기였다. 당장은 북미 양국의 입장을 고려해 비핵화 대화의 합리적인 출발선을 만드는 게 급선무였다. 우리는 양쪽 입장을 고려해 비핵화 대화의 출발점을 '싱가포르선언'으로 삼아야 한다는 입장이었다. 그렇게 된다면 이제껏 진행돼온 비핵화 대화의 성과를 이어갈 수 있고, 북측의 불만을 어느 정도 관리할 수도 있다고 봤다. 즉, 바이든 정부가 싱가포르 공동선언을 재확인한다면, 100미터 달리기에서 최소 30미터 이상은 앞에서 출발하는 것과 같다고 본 것이다.

문재인 대통령을 비롯해 당시 가용한 모든 외교 역량을 동원해 바이든 정부를 설득하는 데 노력을 기울였다. 그 결과 2021년 5월, 바이든 정부 출범 후 첫 한미정상회담에서 양국 정상은 싱가포르선언을 재확인했다. 성공적인 결과였다. 그 소식을 듣는 순간 안도의 한숨을 쉬었다. 큰 고비를 넘긴 셈이었다.

어렵사리 '싱가포르선언을 평가한다'는 한미 정상의 합의를 끌어냈지만, 북미 비핵화 대화는 조금도 앞으로 나가지 못했다. 오히려 점점 동력을 잃어가는 느낌이었다. 그럴수록 북한의 도발은 더욱 거세지는 형국이었다. 악순환이 계속되었다. 문 대통령에게는 그야말로 '마지막 승부수'가 필요했다.

임기 5년 단임제 대통령의 한계가 여실히 느껴지는 지점이었다. 만약 연임이 가능한 대통령제였다면 한반도 평화 프로세스 추진에 있어 선택의 여지가 다소 넓었을 것이다. 미국 바이든 정부 출범과 막힌 북미대화 등을 종합적으로 고려해 여유를 가질 수도 있었을 것이다. 하지만 임기 5년의 마지막 1년을 남겨둔 대통령에게는 다른 선택이 없었다. 한반도 평화가 깨지지 않도록 하는 것 외에 다른 선택이란 불가능했다.

문 대통령의 선택은 '종전선언'이었다. 꽉 막힌 문을 여는 데에는 종전선언이 가장 낫다고 판단했던 것 같다. 종전선언은 일종의 정치적 선언이라 상대적으로 부담이 적고, 남북미 모두가 관심을 둘 수 있는 모멘텀이라 생각했다.

북한도 일정한 반응을 보였다. 2018년 같은 수준은 아니었지만 그래도 뭔가 하자는 데에는 공감대가 형성되었다. 문제는 미국이었다. 바이든의 백악관과 민주당의 주류는 북한에 대한 신뢰가 매우 낮았다. 사실상 없다고 봐도 무방할 정도였다. 비핵화 협상에서 북한은 수십 년 동안 거짓말을 일삼고 있다는 인식이 강했다. 대통령과 외교 채널이 나서서 미국을 설득하기 시작했다. 종전선언에 대한 잘못된 오해를 풀고, 종전선언을 통해 얻을 수 있는 이익을 알려나갔다.

우리 정부의 지속적인 노력을 통해 어렵사리 미국의 동의를 확보했다. 하지만 미국의 관심은 여전히 북한이 아니었다. 그들의 시선은 중동에 가 있었고, 우크라이나로 향해 있었다. 한반도 비핵화는 관리 대상 그 이상도 이하도 아닌 듯 보였다. 그렇다 보니 종전선언 제안에 무게가 실리지 못했다. 북한을 움직일 수 있는 최소한의 무게는 돼야 하는데, 아쉽게도 그 정도는 아니었다. 물론 북한도 종전선언이 목적은 아니었다. 종전선언+알파가 있든지, 아니면 종전선언을 통한 북미관계 개선이 필요했던 것이다. 세 차례의 북미 정상회담으로 인한 피로를 극복하고, 북한 내부의 반발을 잠재우기 위한 플러스 알파가 요구되는 상황이었다. 많이 아쉽다. 당시 바이든 정부가 조금만 더 적극적이었다면 최근 북한군의 우크라이나 파병은 없었을 수도 있다.

문재인 대통령은 왜 종전선언을 추진했을까? 한반도 평화 프로세스를 이야기하면서 종전선언을 따로 떼어 생각할 수는 없다. 그만큼 찬반이 극명하게 대립한 사안이기도 했다. 일부 보수세력은 종전선언을 북한에 대한 '눈치 보기'라고 비난했다. 답답한 노릇이다. 문재인 정부가 종전선언을 추진했던 건 다른 누구도 아닌 바로 대한민국에 절실히 필요했기 때문이다. 남북이 전쟁을 멈춘 지 70여 년이 흘렀다. 하지만 그 전쟁은 완전히 끝난 것이 아니라, 일시적으로 멈춘 것에 불과하다. 틈만 나면 전쟁 위기가 불거지고, 미사일 쏘고, 한반도 위기론에 주식 걱정하는 그런 상황이 언제까지 반복되어야 하나? 이제는 끝내야 한다.

대한민국은 세계에서 유일하게 70여 년째 전쟁이 끝나지 않고 있는 나라다. 아직도 휴전 중이고 분단 상태인 나라가 바로 대한민국이다. 한반도에 존재하는 재래식 무기는 세계 최고 수준이다. 남북 합쳐 탱크 6,600여 대, 전투기 1,220여 대, 포 5,700여 문 등 좁은 땅에 엄청난 숫자다. 아울러 비무장지대 등 한반도에 묻혀 있는 지뢰가 총 828,000여 발이다. 한국전쟁에서 사망한 민간인과 군인은 200만 명이 넘는다. 이렇게 수많은 무기를 이고 지고, 많은 돈을 국방비에 쓰는 이유가 무엇인가? 바로 끝나지 않은 전쟁 때문이다.

종전선언은 평화를 여는 문이 될 수 있다. 문재인 정부는 평화에 대한 서로의 의지를 확인하는 정치적 선언으로, 당장 법적 효과는 없으나 평화협정으로 가는 관문이라고 생각했다. 실질적 종전 이후의 평화체제를 어떻게 수립하고, 어떤 체제를 유지할까의 문제는 별도로 논의하면 된다. 종전선언을 통해 전쟁을 매듭짓고 평화를 시작하자는 것으로, 남북이 평화에 대한 서로의 의지를 확인하자는 이야기다. 그런데도 보수정당이 종전선언을 반대하는 것은 도저히 이해할 수가 없다. 무엇을 위한 반대인지, 누구를 위한 반대인지 모르겠다.

종전선언의 국회 동의 여부는 내용에 따라 달라진다. 따라서 시작부터 국회 동의 운운하는 것은 의미가 없다. 만약 종전선언이 비핵화의 과정과 절차까지 담고 있다면, 그래서 우리 정부도 감당해야 하는 역할이 크고 예산까지 투입된다면 당연히 국회 동의가 필요하다. 하지만 전쟁을 끝낸다는 정치적 선언 수준이고, 실질적인 비핵화와 평화체제는 별도의 평화협정에서 다룬다면 국회 동의는 필요 없다고 본다.

일각에서는 북한이 핵을 포기해야 종전선언이 가능하다고 주장한다. 이런 주장은 아예 아무것도 하지 말자는 말과 똑같다. 북한은 미국이 자신들의 체제를 보장하면 핵을 포기하겠다고 하고, 미국은 핵을 포기하면 북한 체제를 보장하겠다고 한다. 서로의 입장이 정반대인 상황에서 북한에만 포기를 강요하는 것은 현실적 여건을 무시하는 것으로, 속된 말로 판을 엎자는 것이며 비핵화 협상을 하지 말자는 것과 같다. 비핵화가 전제되어야 종전선언을 할 수 있다거나, 모든 조건을 합의하지 않으면 할 수 없다는 주장은 결국 계약서만 썼는데 잔금까지 내놓으라는 것과 같다. 종전선언은 평화를 위한 계약서를 일단 쓰자는 것이다.

지난 30년 동안 비핵화 문제를 풀기 위해 북미 양국은 여러 차례 합의를 도출했다. 하지만 제대로 실현된 적이 없다. 막판에 가서 결국 서로의 입장만 고집했기 때문이다. 상대방에 대한 불신이 가득한 상황에서 문제를 해결하기 위해서는 서로 합의가 가능한 방안을 마련해야 한다. 일방의 포기를 전제로 해서는 절대 해결 방안을 만들 수 없다. 종전선언은 그런 측면에서 이해되어야 한다. 종전선언과 한반도 비핵화는 다른 게 아니라 사실상 하나다. '따로국밥'이 아니라 병행해야 하는 과제다. 비핵화를 이루기 위해 종전선언이라는 카드를 잘 활용해야 한다.

보수세력 가운데 일부는 문 대통령이 갑자기 종전선언을 들고 나온 것처럼 이야기하는데, 전혀 사실이 아니다. 역사를 모르고 하는 주장이다. 애초 종전선언은 휴전협정을 맺을 당시 3개월 이내에 하기로 했던 것이다. 즉, 1953년 7월 27일 체결된 정전협정에는 3개월 이내에 외국군 철수 및 평화적 문제 해결을 협의해야 한다고 되어 있다. 휴전 당시 정전협정을 종전선언 및 평화협정으로 바꾸는 문제에 대해 기한을 두고 약속한 것이다. 그래서 휴전 직후인 1954년 4월 제네바 회담을 개최해 관련 국가들이 모여 협상했지만, 결론을 내지 못했다.

이후 잊고 있던 종전선언을 다시 제안한 사람은 다름 아닌 미국의 부시 대통령이었다. 2006년 북미협상이 진행되는 과정에서 부시 대통령이 제안했고, 그 후 2007년 10·4선언과 2018년 판문점선언으로 발전해온 것이다. 아울러 종전선언은 진보정부만 주장했던 것도 아니다. 보수정부였던 노태우 정권 시절(1991년) 체결된 남북기본합의서에도 '현 정전 상태를 공고한 평화 상태로 전환시키기 위해 노력한다'는 내용이 담겨 있다.

역사적으로 볼 때 종전선언에는 여야가 없었고 진보와 보수도 없었다. 집권 세력이 어디나에 상관없이 추진해온 대한민국의 묵은 숙제였다. 사실 그동안 한국 정치에 있어 여당이든 야당이든 안보와 평화 문제만큼은 초당적으로 협조하는 것이 관례였다. 2008년 금강산에서 우리 국민이 북한군의 총격에 사망하는 사고가 있었지만, 당시 이명박 대통령은 국회 연설을 통해 전면적인 남북 당국 간의 대화 재개 필요성을 주장했다. 박근혜 대통령도 마찬가지였다. 2015년 8월 휴전선 일대에서 목함지뢰 사건이 발생했음에도 박 대통령은 경원선 철도 복원 기념식에 참석해 "남북은 하루속히 손을 맞잡고 평화통일의 여정을 시작하자"고 제안했다. 하지만 지금 상황은 너무나 다르다. 안보와 평화 이슈를 정치적 이해득실로만 접근하고 있다. 국민의힘은 변해도 너무 변했다. 최소한 보수정권이 걸어온 길이라도 살펴봤으면 좋겠다.

어떤 사람들은 종전선언을 하면 주한미군은 철수할 수밖에 없다는 터무니없는 주장을 한다. 이는 오해에서 비롯되었거나 아니면 사실관계를 전혀 모르는 무식한 주장이다. 마치 2000년 1월 1일이 되면 지구가 멸망한다고 했던 종말론과 같은 수준의 무책임한 언사다. 종전선언과 평화협정은 엄연히 다르다. 종전선언은 정치적 선언으로 서로의 의지를 확인하는 게 목적이라면, 평화협정은 법적 장치를 통한 평화 정착과 유지를 목적으로 한다. 내용이 확연히 다르다. 심지어 평화협정이 체결된다고 해도 주한미군이 철수하는 일은 없다. 주한미군의 주둔은 남북관계에 의한 게 아니라 한미동맹의 문제이기 때문이다.

7

다시 돌아본
선택과 해법

끝나지 않은 이야기

만약 타임머신을 타고 과거로 돌아갈 수 있다면 나는 주저 없이 2018년 평양 정상회담 직후로 가고 싶다. 한반도 평화 프로세스 추진에 있어, 최소한 2018년 가을까지는 우리가 생각한 대로 끌고 왔다고 생각한다. 하지만 평양 회담 직후부터 좋지 않은 여러 징후가 쏟아졌다. 미국 국무부의 불만, 북미 비핵화 대화 지연, 김정은 위원장 답방 유보 등 상황이 점점 나빠졌다.

물론 당시 우리의 선택은 최선이었다. 아쉬운 부분은 제한된 정보와 그로 인한 상황 분석의 어려움 그리고 상상력의 한계에 관한 것이다.

우선 정보와 분석에 관한 부분이다. 당시 한반도 평화 정책의 중심축을 북미 비핵화 회담에 둔 건 타당했다. 하지만 우리가 판단의 근거로 삼을 수 있는 정보는 상당히 제한적이었다. 북미 양국은 우리에게 충분한 정보를 제공하지 않았다. 특히 미국은 동맹으로서 줄 수 있는 최대치가 아니라 매우 제한적으로 정보를 제공했다. 그러면서도 그들은 얄밉게도 우리에게서 필요한 모든 정보를 가져갔다. 예를 들어 미국이 북측과 접촉할 경우, 미국은 접촉이 확정된 다음에야 그 사실을 우리에게 통보하듯 알려주었다. 그렇다 보니 판단과 분석은 뒤를 쫓는 격이 될 수밖에 없었다. 정보 제공에 있어 북측의 태도 역시 두말하면 잔소리다.

당시 이런 정보의 제한 속에서 상상력이라도 풍부했어야 하는데 그러지 못했던 것 같다. 어쩌면 오랜 시간 지속되어온 관행적 사고, 즉 선을 넘어서는 안 된다는 고정관념이 우리의 발목을 잡은 건 아닐까 되돌아본다. 남북관계든 한미관계든 기존의 선을 넘는 발칙한 상상력이 필요한 시기였는데, 그보다는 기존 사고 내에서 판단하고 실행했던 것은 아닌지 돌아보게 된다.

정말이지 타임머신이 있으면 좋겠다. 그래서 2018년 가을로 돌아갈 수 있다면 참 좋겠다.

트럼프 대통령의 의중

트럼프 대통령은 20년 전부터 미국의 쌍둥이 적자(무역적자와 재정적자)를 해소하기 위한 무기로 관세를 생각해왔다. 그는 관세를 통해 자국의 수입을 줄이고, 투자를 늘리며, 조세수입 증가를 노리고 있다. 하지만 그의 뜻대로 되기란 쉽지 않을 것이다. 관세를 높이면 자국 내 물가 상승을 동반할 수밖에 없고, 이는 인플레이션을 비롯해 많은 문제를 야기하게 된다. 한국과의 관계도 마찬가지다. 한미관계는 한국전쟁 이래 말 그대로 혈맹이다. 오죽하면 한국 시위대가 성조기를 들고 시위를 할까. 그런데 20년 가까이 이어온 한미FTA를 무시하고 25퍼센트 관세를 무기로 3,500억 달러 선불 투자를 요구한 트럼프 대통령에 대해 대다수 한국인이 등을 돌리고 있다. 지금 트럼프 대통령이 보여주는 모습은 하나를 얻자고 둘을 버리는 형국이다.

지금까지는 관세 문제가 집중적으로 제기되었다면 앞으로는 국방비 및 주한미군 문제가 부각될 가능성이 높다. 미국은 현재 대한민국 방위비 지출을 GDP의 2.4퍼센트에서 3.5퍼센트 수준으로 늘리기를 원한다. 그 과정에서 대규모 무기 수입(미국 입장에서는 무기 수출)을 바라는 것이다. 하지만 우리 국방비 지출은 이미 전체 재정 규모에서 최대치라고 봐도 무방할 정도다. OECD 국가 또는 비슷한 수준의 국가(일본 1.8%, 영국 2.3%, 프랑스 2.0% 등)들과 비교하더라도 우리 국방비 지출 비중이 절대 작지 않다. 아울러 미국은 주한미군 축소 또는 전략적 유연성을 전가의 보도처럼 휘두를 가능성이 있다. 하지만 과연 그렇게 될지는 의문이다. 주한미군의 전략적 중요성은 차치하고, 우리 국민의 인식이 예전과는 많이 달라졌기 때문이다.

문득 드는 생각이다. 지금 트럼프 대통령은 2019년 하노이 노딜에 대해 어떻게 생각하고 있을까? 잘한 선택이라고 생각할까, 아니면 후회하고 있을까? 그 머릿속으로 들어가 보지는 못하지만, 당시 노딜 결정을 후회할 가능성이 높다. 트럼프 대통령은 하노이 회담에서 김 위원장과 거래를 했더라도 상황이 더 나빠지진 않았을 것이라고 생각할 가능성이 높다. 오히려 하노이 회담의 성과가 2020년 미국 대선에 유리하게 작용했을 것이고, 그 후에 자신의 능력으로 충분히 북핵 문제를 해결했을 거라고 생각하지 않을까?

노벨평화상을 욕심내는 그로서는 아주 중요한 자신만의 레거시를 참모들 탓에 놓쳤다고 생각하지 않을까?

트럼프 대통령은 김정은 위원장이라는 절대권력자와 거래하고 싶을 것이다. 상대가 힘이 있어야 믿을 수 있고 거래가 가능하다고 생각하는 트럼프 대통령의 지론처럼, 내 편으로 만들면 금상첨화인 사람이 바로 김 위원장이기 때문이다. 게다가 지금은 볼턴 같은 참모가 곁에 없으니 언제든지 기회가 된다면 북미합의를 모색할 가능성이 높다.

다만 그의 생각은 국무부 관료들을 비롯한 워싱턴 정가의 주된 인식과는 상당히 동떨어져 있을 가능성이 또한 높다. 트럼프 대통령은 북한은 이미 핵을 보유한 상황이니 북미협상을 위해서는 비핵화 조건을 내세우면 안 된다고 인식하고 있는 데 반해, 주류 워싱턴 정가의 생각은 다르다. 북핵을 절대 인정할 수 없다는 게 그들의 인식이다. 그들은 미국 정부가 비핵화 조건 없이 북한과 협상 테이블에 앉아서는 안 된다고 생각한다. 즉, 비핵화 여부가 조건이냐 아니냐를 두고 트럼프 대통령과 워싱턴 정가 사이에 이견이 존재하는 것이다. 아이러니하게도 한반도 평화를 위해선 트럼프 대통령을 응원해야 할 형편이다.

미국은 우리에게 선한 사마리아인일까? 최근 타결된 한미 관세 협상의 진행 과정을 보면 꼭 그렇지도 않은 것 같다. 국익 극대화라는 관점에서 용인하고 양해되는 범주를 넘어선 일들이 벌어지고 있다. 이제까지 동맹이라는 틀 속에서 사고하고 행동했던 많은 것이 무색해졌다.

물론 한미동맹은 여전히 대한민국 외교의 근간이자 중심인 건 분명하다. 하지만 트럼프 시대에는 상상을 초월하는 일들이 벌어지고 있다. 변화된 상황에 맞는 준비가 필요하다. 위기가 기회가 될 수 있고, 기회가 위기가 될 수도 있는 그런 세상을 살고 있다.

알다시피 2018년과 2025년의 차이 가운데 가장 중요한 건 북한 핵 능력의 진전이다. 두 번째 차이는 북한의 러우전쟁 참전으로 북러관계가 2018년과는 비교할 수 없을 정도로 가까워졌다는 점이다. 이는 기존 혈맹관계인 중국을 별도로 하더라도 러시아라는 막강한 뒷배, 즉 절대적 우군이 생겼다는 뜻이다. 러시아 푸틴 대통령의 등장은 김정은 위원장에게 다른 차원의 레버리지가 될 것이다.

2018년에는 문재인 대통령이 했던 중재자로서의 역할을 이번에는 푸틴 대통령이 자임하려고 할 것이다. 이런 상황이 한반도 평화 정착에 도움이 될까? 전혀 그렇지 않다. 대한민국의 주도력이 약화되는 건 기정사실이고, 주변 강대국의 입맛에 따라 한반도 평화가 좌지우지될 수도 있는 상황이다. 지금과 단순 비교하는 건 무리가 있겠지만, 1945년 모스크바 삼상회의 당시 우리 의지와는 무관하게 주변 강대국들이 한반도의 운명을 결정한 사례를 잊어서는 안 된다.

내가 만난 김정은과 트럼프

"저한테 왜 그랬어요? 말해봐요."

_ 영화 〈달콤한 인생〉에서

2025년 10월 트럼프 대통령은 경주 APEC 참석차 방한하면서 김정은 위원장에게 북미정상회담을 제안했다. 다소 급작스러운 제안이었지만, 6년 만의 북미정상회담 재개 가능성에 세계의 이목이 집중됐다. 특히 국내 언론은 유엔군사령부의 JSA 관광 중단 조치, 주한 미국 대사대리 교체 등을 사전 징후로 거론하며 북미정상회담 재개에 대한 기대감을 높이기도 했다. 이재명 대통령도 트럼프 대통령의 제안을 환영하며 북미정상회담 성사를 기대한다는 메시지를 발신했다.

그런데 과연 트럼프 대통령은 APEC 방한 기간에 진심으로 김정은 위원장을 만나려고 했을까? 트럼프 대통령의 속마음을 알 수는 없지만, 나는 아니라고 생각했다. 트럼프 대통령에게 APEC 방한의 핵심 목표는 무엇이었을까? 분명한 건 1기 트럼프 시대에 해결하지 못한 북핵 문제를 푸는 것은 아니었다는 점이다. 그보다는 대두 수출, 희토류 수입 등 당장 눈앞에 놓인 중국과의 현안 해결이 우선이었다. 즉, 트럼프 대통령에겐 북핵 문제보다는 미중 무역 갈등을 해결하는 게 발등에 떨어진 불이었다.

그럼 왜 모양새 구겨가면서 김정은 위원장에게 만나자고 했을까? 이번 북미정상회담 제안은 트럼프 대통령 특유의 장사꾼 기질에서 비롯된 것으로 보인다. 시진핑 주석과의 담판을 앞두고, 일종의 보험용 '플랜B'로 북미정상회담을 제안한 것이다. 만약 중국과의 무역 현안을 해결하지 못할 경우를 대비하면서, 덤으로 자신의 한국 방문에 화제를 집중시키기 위한 전략이었던 셈이다. 물밑에서는 현안인 미중 무역 갈등을 푸는 데 집중하고, 외적으로는 김정은 위원장과의 회동 가능성을 흘려 화제를 집중시키는 방식이다. 만약 트럼프 대통령이 김정은 위원장을 진심으로 만나고자 했다면 그에 따른 선행조치가 반드시 있었어야 했다. 북한 최고지도자를 움직일 동인을 먼저 만들었어야 하는데, 그런 조치는 전혀 없었다.

물론 김정은 위원장도 트럼프 대통령을 만날 준비가 되어 있지 않다. 우선 지금 김 위원장으로선 트럼프 대통령을 만나 얻을 수 있는 실익이 그리 크지 않다. 현재 김 위원장에겐 미국보다 러시아와 중국이 우선인 것이다. 특히 러우전쟁 참전에 따른 보상 문제가 제대로 해결되지 않은 상황에서 섣부른 대미 접촉은 명분과 실리를 동시에 놓칠 가능성이 있다. 거칠게 표현하면 밀린 외상값부터 받고 싶은 게 김 위원장의 마음일 것이다. 아울러 김 위원장에게는 2019년 6월 판문점 회동 때와는 달리 시진핑과 푸틴이라는 세계 2위와 3위에 해당하는 뒷배가 있다. 그런 상황에서 세계 1위인 트럼프 대통령이 만나자고 해서 하던 일을 멈추고 나올 이유는 없다.

그렇다면 트럼프 대통령은 김정은 위원장을 안 만날까? 아니다. 그는 김 위원장을 꼭 만나고 싶어 한다. 역대 미국의 어느 대통령도 하지 못한 북핵 문제 해결을 자신만의 레거시로 만들고 싶을 것이다. 트럼프 대통령은 세상에서 유일하게 자신만이 그 일을 할 수 있다고 믿고 있으며, 그 경우 노벨평화상에 한 발 더 가까이 간다는 사실을 누구보다 잘 알고 있다. 아울러 그런 레거시가 미국 중간선거에도 큰 도움이 될 것이라는 점을 잘 안다. 따라서 트럼프 대통령은 김정은 위원장과의 정상회담을 누구보다 원하고 있을 것이다. 다만 시기의 문제인 것이다.

트럼프 대통령은 반드시 움직일 것이다. 자신만의 성과를 낼 수 있다고 생각하는 시기가 도래하면 누구보다 과감하게 움직일 것이다. 혹자는 2026년 4월로 예정된 트럼프 대통령의 중국 방문 기간이라고 예측한다. 그에 앞서 북한의 9차 당대회가 있기 때문에 김정은 위원장이 전략적인 선택을 할 수도 있다고 보는 것이다.

김정은 위원장은 어떤 선택을 할까? 이에 대한 분석을 하기 전에, 김 위원장을 만나면 꼭 묻고 싶은 게 있다. 2018년 겨울, 김 위원장의 서울 답방이 사실상 결정된 상황에서 마지막 순간에 왜 갑자기 북미 비핵화 대화로 선회했는지? 그 부분을 제대로 알아야만 한반도 평화의 핵심 열쇠를 찾을 수 있다. 배우 이병헌 님이 주연한 영화 〈달콤한 인생〉에 다음과 같은 유명한 대사가 있다. "저한테 왜 그랬어요? 말해봐요." 나도 김 위원장을 만나면 그때 왜 그랬냐고 묻고 싶다.

당시 김정은 위원장은 대한민국이 아닌 미국을 선택했다. 북미 비핵화 대화가 속도를 내지 못하자, 서울 답방 카드를 통해 교착 국면을 타개하고자 했던 것이다. 물론 당시 김 위원장이 처했던 상황은 충분히 이해할 수 있다. 북한 체제의 명운을 걸고 북미 비핵화 대화에 나섰고, 1차 북미정상회담까지 진행했지만 기대했던 성과를 내지 못하는 상황에서 최고지도자로서 조급할 수밖에 없었을 것이다.

특히 9·19 평양 정상회담을 통해 북미 비핵화 대화의 모멘텀을 마련하고자 했지만, 그 열기는 기대만큼 오래가지 못했다. 김 위원장은 무언가 선택할 수밖에 없는 상황이었고, 서울 답방 카드를 통해 남북관계를 진전시켜 그 동력으로 북미 비핵화 대화의 주도권을 쥐고자 했던 것으로 보인다. 마치 2018년 5월 26일 판문점 원포인트 회담 때처럼 문재인 대통령에게 다시 도움을 청하는 손길을 내민 것이다.

하지만 김정은 위원장의 서울 답방 카드는 막판에 급작스럽게 백지화되었다. 결국 미국의 끈질긴 남북관계 속도 조절 요구가 먹혔던 것이다. 북측은 김정은 위원장의 경호와 안전 문제로 노동당 정치국이 유례없이 반발한다는 다소 황당한 근거를 내세웠지만, 실제로는 미국의 압력에 순응한 것이었다. 당시 갑작스러운 서울 답방 백지화에 있어 미국 요인 외에 다른 건 생각할 수 없는 상황이었다. 서울 답방을 결심한 김 위원장의 행보(남북 접촉 등)에 놀란 미국 측이 북미 비핵화 대화에 대해 긍정적인 시그널을 보내자, 김 위원장이 미국의 제안을 덥석 받았던 것으로 보인다. 한쪽엔 서울 답방, 다른 한쪽엔 2차 북미정상회담을 놓고 저울질하던 김 위원장의 선택은 결국 미국이었던 것이다.

결과적으로 김정은 위원장의 선택은 실패했다. '하노이 노딜'의 직접적인 원인이라고 단언할 수는 없지만, 실패의 배경이 되었던 건 분명하다. 김 위원장은 '남북관계'라는, 대미협상에 있어 자신이 취할 수 있는 최고의 무기를 제대로 사용하지 못한 것이다. 미국이 북미협상에 적극적으로 임하는 때는 아이러니하게도 바로 남북관계가 활발한 시기였다. 미국은 겉으로는 내색하지 않지만, 남북관계를 상당히 경계한다. 이제껏 한반도 평화의 역사가 그러했다. 즉, 남북관계가 제대로 풀려가는 상황이야말로 김 위원장에게는 매우 중요한 대미 레버리지가 될 수 있었는데, 결과적으로 그걸 포기한 셈이 된 것이다.

김정은 위원장은 대한민국이라는 최고의 레버리지를 가지고 북미 비핵화 대화에 임했어야 했다. 그랬다면 하노이 회담의 결과가 달라졌을 수 있다. 상상해보라. 김 위원장의 서울 답방 이후에 하노이 회담을 했다면 미국의 태도는 완전히 달랐을 것이다. 코언 청문회와 매파들의 현혹에 정신이 팔려 노딜을 선택하지는 않았을 것이다.

만약 2018년 겨울과 비슷한 상황이 다시 온다면 김정은 위원장은 어떤 선택을 할까? 여전히 같은 선택을 반복할 가능성이 크다. 특히 지금 김 위원장에게는 앞서 언급한 세계 2위와 3위의 뒷배가 생겼기 때문에 선택지가 이전에 비해 훨씬 많다. 그렇다 보니 한중·한러 관계가 너무 아쉽다. 만약 우리가 균형외교를 통해 중국 및 러시아와의 관계를 일정하게 유지해왔다면 대북 압박과 견인에 큰 도움이 되었을 것이다. 중국과 러시아에게 대한민국은 꽤 매력적인 국가이기 때문에 동북아 질서 또한 지금과는 다른 모습이었을 것이다. 윤석열 정부의 아마추어 같은 일방주의 외교로 한반도 평화는 더욱 어려워졌다. 두고두고 아쉬운 부분이다.

이재명 정부는 곧 도래할 결정적 시기를 준비해야 한다. 트럼프 대통령은 반드시 움직일 것이다. 마찬가지로 김정은 위원장에게도 선택의 순간이 올 것이다. 2026년이 한반도 평화의 승부처가 될 것이다. 그 순간을 치밀하게 준비해야 한다. 한반도 주변국들은 결코 대한민국을 위해 움직이지 않는다. 오로지 그들의 이익만을 우선할 뿐이다. 특히 북측을 세심하게 설득하고 견인해야 한다. 남북 관계 개선이 우리만을 위한 게 아니라, 북측을 위한 것이라는 점을 분명히 인식시켜야 한다. 그래야 한반도 평화가 더욱 단단해질 수 있다.

열강이 바라보는 한반도 평화

최근 국제질서는 이제껏 경험하지 못한 새로운 세계로 접어든 느낌이다. 오랜 시간 지속된 미국 중심 일극 체제의 변화 가능성을 주목하는 흐름도 있고, 일극 체제가 여전히 유효하다고 보는 흐름도 있다. 어찌 되었건 미국과 중국의 두 정상은 서로에게 험한 말을 내뱉으며 극한 대결 구도를 형성하고, 관세 인상이나 희토류 등 핵심 자원의 수출 통제를 통해 서로 힘을 겨루는 일이 다반사가 되었다.

트럼프 대통령의 2기 집권 이후, 미국은 세계 경제의 판을 뒤흔들며 세계를 관세 전쟁으로 몰아가고 있다. 멀쩡한 FTA를 대통령의 말 한마디로 헌신짝 버리듯 폐기하고, 무역수지 적자에 대해선 관세로 돌려받겠다는 다소 해괴한 논리를 제시하며 주요 국가와 마찰을 일으키고 있다. 전통적인 우방이든 아니든 전혀 상관하지 않고 전방위적 관세 전쟁을 전개하고 있다. 수틀리면 모든 게 '원인무효'가 되는 희한한 상황의 연속이다. 기존 세계 경제의 근간을 이뤘던 세계무역기구WTO 체제는 일순간 무너졌으며, 한때 금과옥조로 여겨졌던 '자유무역'은 흘러간 유행가가 되고 말았다.

일본 정치도 요동치기는 매한가지다. 자민당의 총선 패배를 '55년 체제'에 대한 근본적인 도전으로 보는 시각이 있는 가운데, 최초의 여성 총리가 탄생했다. 다카이치 사나에 총리는 자위대 재무장과 독도 영유권을 주장하고, 야스쿠니신사를 참배한 강경 보수 성향의 정치인이다. '여자 아베'로 불릴 정도다. 특히 자민당은 기존 연정 파트너인 공명당과 결별하고, 극우보수정당인 일본유신회와 연정을 맺었다. 이런 분위기 속에서 최근 다카이치 총리는 대만 문제 개입을 선언해 중일 양국 간의 긴장을 더욱 격화시켰다.

중국은 최근 열린 공산당 제20기 4중전회(중앙위원회 제4차 전체회의)에서 2026~2030년 계획(15차 5개년 계획)을 내놓았다. 소위 '2035 로드맵'이다. 이는 시진핑 주석의 4기 연임으로 이어질 것이라는 관측을 낳게 했다. 군권을 강력히 장악하고 분명한 후계 구도가 없는 상황에서 시진핑 주석의 4연임은 기정사실이라는 전망이 날로 늘어가고 있다. 이런 상황에서 미국의 관세 전쟁과 일본의 우경화 등은 시 주석 4연임에 어떤 영향을 미칠까? 어쩌면 울고 싶은 아이의 뺨을 때리는 것 아닐까? 시 주석 입장에선 4연임을 위해서라도 미국, 일본과의 충돌을 피할 이유가 전혀 없다.

이렇듯 한반도를 둘러싼 모든 국가가 뜨겁다. 트럼프 대통령, 다카이치 총리, 시진핑 주석 모두 뜨겁다. 그들의 각자 셈법을 살펴보면 당분간은 결코 식을 것 같지 않다. 여기서 한반도를 평화로 이끌어야 하는 우리의 어려움은 더욱 가중된다.

북한은 북중러 삼각 체제를 강화하려고 할 것이다. 외교, 안보, 경제에 있어 북중러 블록화는 북한에 매우 유리한 구도를 형성한다고 판단할 것이다. 대북 제재의 실효성을 약화시킬 수 있으며, 북한 경제 운용에 실질적 도움을 받을 수 있다고 볼 것이다. 북중러 블록화를 상징적으로 보여준 게 중국 전승절 행사다. 천안문 망루에 선 시진핑, 푸틴, 김정은 세 사람의 개별 셈법은 다르지만, 함께 선 모습은 북중러 블록화에 대한 공감대를 보여주기에 충분했다. 블록화는 북한에 대단한 레버리지로 기능할 것이다. 이런 측면에서 한중·한러 관계의 악화가 정말 안타깝다. 만약 우리 정부가 줄곧 추진했던 북방정책이 어느 정도 유효한 상황이었다면 북한의 블록화 전략은 통할 수 없을 테니 말이다.

최근 일본 총리의 대만 문제 발언은 그냥 지나치기엔 결코 가볍지 않다. 중국에 대만 문제는 최고의 주권적 영역이다. 그런 부분을 건드리는 건 화약고에 불을 지르는 것과 같다. 그걸 모를 리 없는 일본 총리가 그렇듯 쉽게 발언을 할 수는 없다. 물론 일본 내의 정치적 요인도 존재한다. 일본 자민당의 핵심 지지층이 20~30퍼센트 내외라고 볼 때, 극우세력 분포가 15~20퍼센트 되는 상황에서 일본 총리는 이 두 세력만 합쳐도 강력한 지지 기반을 구축할 수 있다고 판단했을 것이다. 즉, 단시간에 50퍼센트 육박하는 지지층을 확보할 수 있는 극약 처방을 내린 것이다. 최근 일본 총리의 지지율을 보면 그런 극약 처방이 어느 정도 효과를 본 것으로 보인다. 자민당 내에서 의회 해산을 통한 총선 주장이 나오는 걸 보면 말이다.

그런데 만약 일본 내의 정치적 요인과 상관없이, 미일 양국 간의 공감대 속에서 대만 문제를 제기했다면 어떻게 될까? 무시무시한 일이 벌어질 수도 있다. 말로만 하는 공방이 아니라, 실제 군사적 충돌에 이를 수도 있는 것이다. 만약 그런 상황이 도래한다면 우리는 어떤 선택을 해야 하나? 쉽게 생각해서 한미일 안보협력 체제를 구축한다면, 그 반대편에는 북한이 그토록 바라는 북중러 블록이 형성될 것이 불을 보듯 뻔하다. 그럴 경우, 한반도는 말 그대로 화약고가 될 수밖에 없다. 생각만 해도 끔찍한 상황이다. 예상컨대 그런 상황이 도래하지 말라는 법이 없다. 대만 문제를 '먼 산 불구경' 하듯 해서는 안 된다. 지금부터라도 이재명 정부가 세심하게 살펴야 할 부분이다.

한반도의 평화를 위해서는 대러·대중 관계의 정상화가 무엇보다 시급하다. 앞서 언급한 바와 같이, 북한이 바라는 북중러 블록화는 한반도 평화에 아무런 도움이 되지 않는다. 오히려 갈등을 양

산하고 전쟁 위협만 가중시킬 뿐이다. 노태우 정부를 비롯해 역대 보수정권에서도 북방정책을 추진한 이유가 있다. 한러관계 개선을 통해 북한을 평화의 장으로 끌어내고자 하는 것이다. 중국도 마찬가지다. 한중관계 개선은 무엇보다 경제적 이유가 크겠지만, 한반도 평화 정착을 위해서도 큰 역할을 한다. '한미일 대 북중러' 구도는 한반도 평화에 결코 도움이 되지 않는다.

외교 다변화 또한 한반도 평화에 필수적이다. 이를 위해 문재인 정부에선 신남방정책과 신북방정책을 추진했다. 혹자는 외교 다변화가 한반도 평화에 무슨 도움이 되느냐고 반문할 수도 있다. 하지만 국제사회는 외형적으로는 미국도 한 표고, 네팔도 한 표고, 동티모르도 한 표다. 한반도 평화에 대한 국제사회의 지지를 확보하는 건 정말 중요하다. 아울러 경제적 영역에서도 '신남방'과 '신북방'은 정말 중요한 요충지다. 특정 국가 의존도가 높은 기존 무역 구조를 다양화할 필요가 있다.

2026년을 평화의 해로 만들어야 한다. 2026년 6월 지방선거 이후 2028년 4월 총선까지 약 2년 동안 큰 선거가 없다. 정치적 안정기이기 때문에 과감한 평화 정책을 펼치기에 적절한 시기다. 그리고 5년 단임제 특성상, 2028년 4월 총선 이후에는 한반도 평화 어젠다 같은 빅이슈를 추진하는 데 일정한 한계가 있다. 이는 미국의 정치 일정과도 맞닿아 있다. 2026년은 미국에도 중간선거가 있어 트럼프 대통령이 움직일 수 있는 동인이 충분한 시기다. 북한에도 2026년 초 9차 당대회가 있어 전략적 선택이 이뤄질 수 있다. 따라서 내년 지방선거 이후 2028년 총선까지가 평화 정책에 절호의 시기다. 속된 표현으로 대한민국이 '사고'를 쳐야 할 때다. 제대로 준비해서 제대로 사고를 쳐야 한다.

한국의 선택, 원자력 추진 잠수함

갑자기 '핵 잠수함'이 뜨거운 화제가 되었다. 2025년 10월 APEC 계기 한미정상회담에서 이재명 대통령이 트럼프 대통령에게 핵 잠수함 도입 필요성을 제기하고, 트럼프 대통령이 이를 수용하면서 급물살을 타고 있다. 정부는 팩트시트를 통해 "미국은 한국이 핵 추진 잠수함을 건조하는 것을 승인했다"고 밝혔다. 또 "미국은 연료 조달 방안을 포함해 한국과 긴밀히 협력할 것"이며, "우라늄 농축 및 사용 후 핵연료 재처리에 대한 미국의 지지를 확보했다"고 발표했다. 이는 단순히 핵 잠수함 건조 지원뿐만 아니라 핵 잠수함용 원자로에 들어갈 핵연료(우라늄 등) 확보 측면에서도 미국의 협조를 받았다는 걸 의미한다. 드디어 대한민국도 핵 잠수함 보유국이 되는 것이다.

핵 잠수함은 흔히들 극강의 무기라고 한다. 일반 잠수함은 연료 등을 이유로 길어야 3~4주, 통상 2주 정도 물속에서 활동할 수 있는 데 반해, 핵 잠수함은 이론상으론 무제한 잠항이 가능하다. 게다가 빠른 속도로 심해 이동이 가능해 레이더 관측도 쉽지 않다(은밀성 유지). 그렇다 보니 상대는 언제 어디서 잠수함 공격을 받을지 알 수 없다. 핵 잠수함은 그야말로 '공포' 그 자체인 것이다. 현재까지 핵 잠수함을 보유한 국가는 미국, 러시아, 중국, 영국, 프랑스, 인도 정도이며 호주 등이 도입을 검토하는 단계다.

물론 핵 잠수함이라고 무조건 핵무기로 무장된 건 아니다. 핵 잠수함은 '핵 추진 잠수함SSN'과 '전략핵 잠수함SSBN'으로 나뉜다. 현재 우리가 미국으로부터 도입을 논의 중인 잠수함은 원자로를 이용해 무제한 잠항이 가능한 핵 추진 잠수함이다. 전략핵 잠수함은 이 핵 추진 잠수함에다 핵 미사일을 탑재한 것이다. 하지만 미사일 기술이 세계 최고 수준인 우리가 핵 추진 잠수함을 건조하고 현무5 등의 최첨단 미사일을 장착한다면 그 위력은 상상을 초월할 정도로, 상대의 간담을 서늘하게 하기에 충분한 수준이다.

물론 핵 잠수함 건조까지 넘어야 할 고비가 많을 것이다. 문재인 정부 시절에도 트럼프 대통령은 우리에게 핵 잠수함을 제공하겠다는 뜻을 밝혔지만, 백악관과 펜타곤 참모들의 강한 반대로 성사되지 못했다. 통상 핵 잠수함 건조 기간을 10년 정도로 예상하는데, 그 과정에서 많은 우여곡절이 있을 것이다.

대한민국의 핵 잠수함 도입에 따른 주변 국가의 셈법이 복잡하다. 우선 일본이다. 겉으로는 표현하지 않지만, 배가 심하게 아플 것이다. 그동안 한 수 아래로 보다 한 방 제대로 맞은 셈이다. 한국의 핵 무장 가능성에 대해 민감하게 바라보면서, 우리 핵 잠수함의 작전 범위 확대에 따라 일본 해상자위대의 역량 강화를 주장할 것으로 보인다. 결국에는 핵 잠수함 도입을 검토할 가능성이 크다.

다음으로 중국이다. 가장 걱정이 많고 경계하고 있을 것이다. 우리의 핵 잠수함 도입과 미국의 인도태평양 전략의 연계 가능성에 주목할 것이다. 특히 남중국해 등에서의 한미연합작전 가능성에 대해서도 우려가 클 것이다. 따라서 중국은 우리의 핵 잠수함 도입에 대해 '한반도 비핵화 원칙을 훼손한다' 등 핵 확산 방지 프레임을 이용해 지속적으로 견제할 가능성이 크다.

북한은 두 번 말하면 잔소리일 정도로 민감하게 반응하고 있다. 정부의 팩트시트 발표 직후, 조선중앙통신을 통해 "조선 반도 지역을 초월하여 아시아태평양 지역의 군사 안전 형세를 불안정하게 만들고 전 지구적 범위에서 핵 통제 불능의 상황을 초래하는 엄중한 사태 발전"이라면서 "한국의 핵 잠수함 보유는 '자체 핵 무장'의 길로 나가기 위한 포석으로서, 이것은 지역에서의 '핵 도미노 현상'을 초래하고 보다 치열한 군비 경쟁을 유발하게 되어 있다"고 반발했다. 하지만 이런 북한의 반응은 기존의 입장을 반복하는 수준으로, 예상보다는 차분한 수위였다는 평가다.

국내에도 핵 잠수함 도입에 반대하는 목소리는 존재한다. 진보 진영 일각에서는 핵 잠수함 도입은 군사적 핵기술 사용과 연결되며, 이는 핵의 평화적 이용과 한반도 비핵화 원칙에 어긋난다고 지적한다. 특히 핵 잠수함 도입은 북한과 주변 국가를 더욱 자극해서 군비 경쟁으로 이어져 한반도의 군사적 긴장을 더욱 고조시킬 수밖에 없다고 주장한다. 그리고 핵 잠수함을 도입하더라도 막대한 운용 및 유지 비용으로 인해 국방비의 효율적 사용에 지장을 초래할 것이라는 문제제기도 있다. 또 한반도 지형(서해와 남해의 낮은 수심 등)을 고려할 때 핵 잠수함이 아니더라도 SLBM(잠수함 발사 탄도 미사일) 등 신형 무기 체제로 충분히 대체 가능하다는 의견도 있다.

이처럼 걱정이 많은 핵 잠수함을 도입해야 할까? 결론부터 말씀드리자면, 반드시 필요하다. 무엇보다 자주국방을 위해 필요하다. 북한은 이미 전술 핵무기를 보유하고 있고, 이에 더해 SLBM(북극성 계열) 개발에 집중하는 상황이다. 북한과의 비대칭 전력에 다소 간 균형을 맞추는, 즉 최소한의 전략적 억지력을 갖출 필요가 있다. 아울러 중국, 일본, 러시아 등 인접 국가들은 잠수함의 원거리 작전 능력을 증강하고 있는 데 반해, 현재 우리 군은 근해 중심의 단거리 작전 능력만 갖추고 있다. 우리 군도 대양 해군으로 거듭나야 한다. 다가올 미래에는 바다에서의 제대로 된 작전 능력이 없으면 온전한 자주국방을 이루기 힘들다.

일각에서는 핵 잠수함은 운용 및 유지 비용이 많이 들어서 우리 체급에 맞지 않는 군전력이라고 지적한다. 쉽게 말해 우리에게는

'닭 잡는 칼' 정도면 충분한데, 굳이 '소 잡는 칼'이 필요하냐는 것이다. 하지만 그런 지적에 동의하지 않는다. 우선 대한민국 국력이 달라졌다. 원조받던 나라에서 원조하는 나라, 개발도상국이 아니라 선진국에 진입한 당당한 대한민국이다. 주권국가로서 자주국방을 위해선 '닭 잡는 칼'도 필요하고 '소 잡는 칼'도 필요하다. 칼의 크기가 중요한 게 아니라, 어떤 칼을 사용하더라도 반드시 스스로를 지켜내는 힘이 있어야 한다. 한반도를 둘러싸고 언제든지 상황이 급변할 수 있는데, 기존의 협소한 시각에만 머물러서는 안 된다.

이와 유사한 사례가 한미 간 미사일협정(한미미사일지침)이다. 우리는 미국으로부터 미사일 기술을 제공받기 위해 1979년 미사일협정을 체결했다. 협정에 따라 미사일의 사거리와 탄두 중량을 철저히 제한받았다. 우리 기술이 아무리 발전해도 협정에 근거해 사거리와 탄두 중량을 지켜야만 했다. 비유하자면 성인이 되었는데도 유치원 복장을 할 수밖에 없었던 것이다. 2021년 문재인 대통령이 드디어 미사일협정을 완전히 종료시켰다. 이를 통해 42년 만에 미사일 주권을 회복했으며, 우주발사체 기술의 대도약을 이루어냈다. 북한과의 비대칭 대응 능력을 일정 정도 확보할 수 있었다. 덤으로 방위산업의 비약적 발전의 토대를 구축했다.

만약 한국 정부가 한미 간 미사일협정을 종료시키는 데 적극적으로 나서지 않고 현실에 안주했다면 어떻게 되었을까? 현무5와 같은 무기는 세상의 빛을 보기 힘들었을 것이다. 물론 핵 잠수함 도입에는 잊지 말아야 할 중요한 전제가 있다. 즉, 핵의 평화적 이용과 그에 근거한 군사적 대응에 철저히 국한되어야 한다. 핵무기 등으로 이어져서는 안 된다는 점을 분명히 해야 한다.

여담으로 핵 잠수함에 대한 미국 행정부 관료들의 인식이 변화된 것으로 보인다. 이전에 그들은 핵 잠수함에 대한 미국의 독점적 기술 유지가 우선이라고 보았다. 그렇다 보니 1기 트럼프 정권에서는 대통령이 핵 잠수함을 우리에게 제공하겠다고 약속했는데도 참모들의 반발로 무위에 그쳤던 것이다. 하지만 '오커스(AUKUS)(미국, 영국, 호주 3국 간 전략안보동맹)' 이후 미국 행정부 관료들의 인식이 달라졌다. 이전과 달리 핵 잠수함 기술을 주요 우방국과 공유하고, 공동의 방어 체계를 구축하는 게 훨씬 이익이라는 식으로 인식 전환이 이뤄진 것 같다. 이런 변화가 문 대통령 시절 이루지 못한 핵 잠수함 도입을 성공으로 이끈 배경이 된 것으로 보인다.

실현 가능한 해법은 무엇인가?

북핵 문제를 해결하고 한반도의 진정한 평화를 위해서 지금 우리는 무엇을 어떻게 해야 할까? 강연과 토론에서 숱하게 받는 질문이다. 여러 의견이 있을 수 있지만, 지금 상황에서 필요한 원칙과 태도를 우선적으로 정리해보았다.

쉽고 빠른 이해를 위해 여섯 개의 사자성어(선경후정, 겸우독금, 고신지의, 수처작주, 절치부심, 역지사지)로 방향을 제시해본다. 이는 남북대화를 진행했던 실무자로서 이재명 정부의 대북정책 담당자에게 보내는 일종의 제언이기도 하다.

선경후정先經後政

어려운 때일수록 근본으로 돌아갈 필요가 있다. 한국전쟁 이후 50년 만에 처음으로 남북관계를 개척한 것이 김대중 대통령의 햇볕정책이다. 그 햇볕정책의 근간이 바로 선경후정先經後政이었다. 경제를 우선시하고 정치는 나중에 살펴본다는 취지다. 즉, 남북관계 개선을 추진하면서 경제를 앞세우고 정치는 뒤로 물린다는 뜻이다. 지금처럼 앞뒤가 꽉 막혀 있을 때는 본질을 꿰뚫을 수 있는 가장 기본적인 원칙에 천착해야 한다.

그동안 남북관계에서 정치의 과잉은 없었는지 진지하게 살펴본다. 뜸이 들어야 밥이 되는데 뜸이 들기도 전에 밥을 퍼낸 것은 아니었는지, 경제적 교류를 비롯해 사회·문화적 교류가 충분한 상황에서 정치·군사적 영역으로 나아가야 하는데 조급하게 성과주의적으로 나선 건 아닌지 되돌아봐야 한다.

이 외에도 한반도 평화에서 경제를 앞세워야 하는 이유는 차고 넘친다. 우선 평화는 대한민국의 성장동력 그 자체다. 대한민국의 합계출산율은 0.75명이다(2024년 기준). 말 그대로 인구 절벽 수준이다. 평화로운 한반도는 5,000만 명 시장에서 7,500만 명 시장으로, 연해주와 만주를 합치면 1억 명 시장으로의 확대를 뜻한다. 즉 평화는 노동, 생산, 그리고 소비시장의 확대를 뜻하며 이는 두말할 필요 없는 확실한 성장동력인 것이다.

개성공단 또한 선경후정의 대표적인 사례다. 2016년 개성공단 철수 당시 북한 노동자 월 급여는 15만 원 수준이었다. 이처럼 낮은 임금과 높은 생산성을 가진 곳이 세계 어디에 또 있을까? 개성공단 재가동 및 제2의 개성공단 설치를 통해 남과 북이 서로 윈윈하는 경제공동체를 이루는 것이야말로 한반도에 평화를 정착시키는 지름길이다.

겸우독금 兼于獨禁

사전에서 아무리 찾아봐도 이 사자성어는 못 찾을 것이다. 현장의 고민과 경험 속에서 내가 만든 말이기 때문이다. 뜻을 풀어보면 무슨 말을 하려는지 쉽게 알 수 있다. '겸상(나눠 먹는 것)'을 우선시하고, '독상(혼자 먹는 것)'은 멀리해야 한다는 뜻이다. 남북관계에서 흔히 보는 현상 중 하나가 공을 독차지하려는 모습이다. 집권 세력도 그렇고, 개인도 마찬가지다.

정치적 유불리만을 생각하며 공을 세우려 하거나 혼자만 독차지하려고 하면 반드시 탈이 난다. 평화 이슈의 특성상 그렇다. 그래서 평화 이슈가 종종 갈등 사안이 되어버렸다. 특히 진보-보수의 대결 구도에서 악용되곤 했다. 특정 정당 또는 특정 세력만의 평화 논의는 이제 그만할 때가 된 것 같다. 조금 더디게 가더라도 국민적 공감대 확보를 우선으로 해야 한다. 평화는 대결적 갈등 이슈가 아니라 민족 전체의 이슈여야 한다. 평화가 진보와 보수의 진영 논리를 넘어서고 남남갈등을 극복할 때 제대로 빛을 발할 것이다.

고신지의 故新之誼

한반도 평화를 위해 역대 정권은 매번 새로운 구상을 내놓았다. 노태우 정권의 7·7선언, 김대중 정권의 햇볕정책, 노무현 정권의 평화번영 정책, 이명박 정권의 비핵개방 3000, 박근혜 정권의 드레스덴구상과 통일대박론, 문재인 정권의 한반도 평화 프로세스에 이어 최근 이재명 정권의 END 이니셔티브까지. 아울러 남북 간에도 상당히 많은 수의 합의가 존재한다. 1972년 남북이 처음으로 발표한 7·4공동선언부터 2018년 평양 9·19선언까지 일일이 꼽기 어려울 정도로 많은 남북합의가 있었다.

정권이 바뀔 때마다 나온 수많은 구상과 합의를 보면서 이런 생각을 한다. 왜 우리는 이어가지 못할까? 이전 정부와 다르다는 걸 굳이 티를 내면서까지 드러내야 할까? 내용에는 사실상 큰 차이가 없어 보이는데, 그렇게까지 할 필요가 정말 있을까?

남북합의도 마찬가지다. 앞서 언급한 바와 같이 역대 남북합의문을 몽땅 뒤져봐도 최초 합의문인 7·4공동선언을 넘어서는 합의문을 보기 어렵다. 그럼에도 매번 새로운 합의를 내놓기 위해 고생을 한다. 핵심 뼈대는 그대로인데 시대와 상황에 맞게 문구를 바꾸는 형국이다.

남북 평화 구상과 합의를 이어갈 수는 없을까? 그런 고민 속에서 생각한 게 고신지의故新之誼라는 사자성어다. 《논어論語》의 한 구절에서 유래한 말로, '신주지미, 고어지유新酒之美故魚之腴' 즉 '술은 새 술이 좋고, 친구는 옛 친구가 좋다'는 의미다. 평화 이슈도 마찬가지라고 생각한다. 하늘 아래 새로운 게 없는 세상이다. 이전 정부에서 제기된 구상과 남북합의라도 지금 필요하다면 거기서부터 시작하는 게 맞다.

남북이 이룬 기존 합의를 인정하면 그만큼 출발이 빠를 수밖에 없다. 이 방법이야말로 100미터 달리기의 출발선을 50미터 앞으로 당기는 방법이라고 생각한다. 그런 차원에서 지금 이재명 정부가 해야 할 일은 9·19 군사합의를 복원하는 것이며, 북미는 싱가포르선언을 재확인하는 것이다.

수처작주 隨處作主

한반도 평화는 우리가 주도해야 할 사안이다. 당연하다. 우리 땅에서 전쟁을 막고 평화를 이루는 일에 우리가 빠질 순 없다. 하지만 핵 문제가 결부되면서 우리는 종종 주변인이 되곤 한다. 그렇기에 역대 정권은 주도권을 놓치지 않기 위해 갖은 노력을 기울여왔다. 노무현 정권에서는 '동북아 균형자론'을, 문재인 정권에서는 '한반도 운전자론'을 제기했다. 그런데 지난 윤석열 정권 3년은 처참한 수준이었다. 한반도의 운전대를 잡기는커녕 조수석에 앉기조차 거부했다. 어쩌면 '21세기 신 사대주의 정권'이라 불러도 모자랄 수준이었다.

수처작주隨處作主란 '어디든 머무는 곳마다 스스로 주인이 된다'는 의미의 사자성어다. 그렇다. 우리는 한반도에서의 주도권을 결코 포기해서는 안 된다. 아니, 우리가 포기하고 싶다고 해서 포기할 수 있는 문제도 아니다. 북한 경수로 지원 사례만 봐도 그렇다. 1994년 10월 북핵 문제를 해결하고자 제네바 북미합의를 통해 북한에 경수로를 지원하기로 했다. 문제는 당시 경수로 지원 비용 대부분이 대한민국 정부 주머니에서 나갔다는 것이다. 즉, 합의는 북미 양국이 했지만 실제 경제적 지원은 온전히 대한민국이 떠안았다. 이렇듯 한반도에서 벌어지는 문제는 우리가 외면하고 싶다고 해서 외면할 수 있는 것이 결코 아니다.

특히 북한의 러우전쟁 참전은 한반도 평화에 있어 대한민국의 입지를 더욱 축소시켰다. 2018년 5월에 있었던 2차 판문점 회담이 한반도 운전자로서 대한민국의 모습을 여실히 보여주었다면, 2025년 8월 미러정상회담 직전에 푸틴 대통령이 김정은 위원장에게 한 전화는 러시아의 존재가치를 뚜렷하게 보여주었다. 이렇듯 한반도를 둘러싼 상황이 좋지 않을수록 원칙을 확고히 해야 한다.

절치부심 切齒腐心

북측 인사를 만나 협상을 진행할 때 가끔 그들이 비아냥대며 하는 말이 있다. 남측은 '5년짜리 정권'이라는 것이다. 자신들은 '80년 정권'이라면서 남측이 너무 쉽게 바뀐다고 한다. 마치 널뛰기하듯이 정권에 따라 남측 정부의 대북 기조가 달라진다는 이야기다. 누구 말을 믿고 어느 장단에 맞춰야 할지 모르겠다면서, 자신들은 긴 흐름을 갖고 대남 사업을 한다고 은연중에 자랑하는 것이다.

그런 자랑 같지도 않는 자랑을 들을 때면 일종의 반론으로 '당신들은 멀티태스킹multitasking이 어렵다'는 핀잔을 주기도 했다. 실제 북측은 대남 사업을 하던 김영철 부장이 어떤 날은 백악관에 가서 대미 사업도 하고, 또 어떤 날에는 러시아에 가기도 한다. 이는 아무래도 역량 부족의 문제인 듯하다. 인적 자원의 한계가 뚜렷하다 보니 한국통이 경우에 따라선 미국통이 되기도 하는 것이다. 즉, 역량이 부족해 한꺼번에 많은 일을 소화하지 못하는 것이다. 특히 최고지도자와 가까운 사람들만 일을 시키다 보니 더욱 그런 경향이 짙다.

북측 인사들의 말은 스스로 80년 독재를 인증하는 격이라 귀담아들을 건 없지만, 대남 사업의 기조를 긴 흐름을 보고 세운다는 부분은 일견 부럽기도 하다. 우리는 대북 요원을 어렵사리 키워도 보수정권이 들어서면 한순간에 한직으로 밀려나는 등 보복을 당하곤 한다. 그렇다 보니 실력 있는 대북 요원을 제대로 키워내기가 정말 힘들다. 반대로 북측 통일전선부 소속 대남 요원들은 수십 년간 한 우물을 파며 키워낸 자원(?)이다.

앞서 언급한 바와 같이, 5년 단임제 대통령제하에서 평화 이슈는 집권 초기에 집중해야 한다. 문재인 대통령의 생각도 같았다. 2007년 10·4 평양 정상회담이 집권 후반기에 성사되면서 다음 정권으로 연속성을 갖지 못한 한계를 직접 겪었기 때문이다. 그래서 인수위 없이 시작한 정권이었지만 집권 초기부터 정상회담을 비롯한 한반도 평화 이슈를 착실하게 준비했던 것이다. 이는 김대중 정부의 사례와도 같다. 김대중 정부도 집권 초기부터 한반도 평화 이슈를 준비해서 6·15 평양 정상회담으로 이어갔다.

이재명 대통령도 집권 초기에 한반도 평화 정책에 집중하려고 할 수 있다. 하지만 결론적으로 지금은 그럴 때가 아니다. 북측의 핵 개발 수준과 러우전쟁을 비롯해 한반도를 둘러싼 여러 상황이 민주정부 1기(김대중 정권)와 3기(문재인 정권) 시절과는 너무 다르다. 지금은 숨을 고르고 긴 호흡으로 적당한 때를 봐야 할 시기다. 즉, 절치부심切齒腐心이 필요한 때다. 집권 세력 입장에서는 많이 아쉽겠지만, 남북 간 소통 채널을 복원하고 북미 비핵화 대화가 가동할 수 있도록 여러 환경을 형성하는 게 우선이다. 직접 나서야 할 시기가 아니기에 때를 기다려야 하는 것이다. 반드시 때가 온다. 지금은 인내심을 갖고 절치부심해야 할 때다.

역지사지 易地思之

한반도 평화를 이야기할 때 가장 기본이 되는 태도가 역지사지易地思之다. 상대 입장에서 바라보는 태도만큼 중요한 게 없다. 예를 들어 북한의 탄도미사일이 발사되면 우리 언론은 즉시 속보를 내고, 합참은 회의를 소집하는 등의 대응을 한다. 그렇다면 우리 군의 탄도미사일 발사는 어떤가? 1년에 몇 회 발사하는지 공식 발표는 하지 않지만, 우리 군도 결코 적지 않은 규모로 탄도미사일을 발사한다. 북측에서 볼 때는 '내로남불'이라고 하지 않겠는가.

그동안 숱하게 체결된 남북 당국 간 합의 사항을 누가 더 제대로 이행하지 못했을까? 대한민국일까, 아니면 북한 당국일까? 차분하게 따져보면 민망한 장면이 많다. 대북 전단 배포만 해도 그렇다. 판문점 합의 제2조 1항에 '쌍방은 군사적 긴장 상태를 완화하고 실질적인 전쟁 위험을 해소하기 위하여, 5월 1일부터 군사분계선 일대에서 확성기 방송과 전단 살포를 포함한 모든 적대행위를 전면 중지하기로 하였다'고 명시했다. 하지만 남측 탈북자 단체는 판문점선언 직후부터 지속적으로 대북 전단을 살포했다.

평화 정착을 위한 기본 전제는 상대를 인정하고 이해하는 것이다. 상대를 부정하고서 평화를 이야기할 수는 없다. 그런 차원에서 반드시 지켜야 할 원칙이 역지사지다. 처음부터 끝까지 놓쳐서는 안 되는 원칙이다.

2025년 4월 27일 국회에서 열린 4.27 판문점선언 7주년 기념식에 문재인 전 대통령이 참석했다. 전직 대통령의 국회 공식 방문은 헌정사상 처음이라 했다. 윤석열 정부 3년 동안 우리 사회 곳곳이 후퇴하고 망가졌다. 남북관계와 한반도 평화를 위한 노력도 마찬가지였다. 다시, 새롭게 시작해야 한다.

적대적 두 국가론을 인정할 것인가?

북미 비핵화 대화가 수년째 교착 상태에 빠지자 김정은 위원장은 2023년 12월 30일 조선노동당 제8기 제9차 전원회의에서 '적대적 두 국가 관계'를 공식적으로 제기했다. 소위 '적대적 두 국가론'은 남북관계를 더 이상 '통일 지향적 관계'가 아닌 '적대적 국가 관계'로 규정하겠다는 것이다. 즉, 남북을 별도의 국가로 공식 인정하고 '통일 지향'을 포기하며 완전히 다른 두 국가로 나가겠다는 이야기다. 이는 북한 정권 수립 이래 최고의 국정운영 원칙 중 하나였던 '통일' 개념을 완전히 뒤집는 것으로, 기존 대남 전략의 전면적 수정을 의미한다.

김 위원장의 적대적 두 국가론은 우리 사회에서도 적지 않은 반향을 일으켰다. 일각에서는 유엔 동시 가입 등 현실적으로 '두 개

'국가' 자체를 인정할 수밖에 없다는 수용론이 제기되었고, 한편에서는 '통일 지향'을 없앨 경우 미칠 정치·안보적 파장이 상당히 크고 헌법 3조와 정면으로 충돌한다며 반대 의견을 내기도 했다.

이런 상황에서 우리가 견지해야 할 핵심 기조는 명확하다. '선先 평화, 후後 통일'이다. 현실적인 남북관계와 엄존하는 국제질서 등을 감안하면 북한이라는 실체를 인정하지 않을 도리는 없다. 하지만 실체를 인정하는 것과 평화통일을 포기하는 건 완전히 다른 문제다. 당장은 한반도 평화에 핵심 가치를 두되, 미래 지향적으로는 통일을 향해 나가는 것 외에 답이 없다.

두 국가론과 함께 북한의 '핵 보유'를 인정할 것인가 하는 문제도 한반도 평화 정책에 큰 변수로 떠올랐다. 사실 핵 보유 인정 여부는 국제법적 판단과 군사적 현실 그리고 정치·외교적 판단에 달려 있다. 당연히 국제법적으로 북한은 NPT(핵확산금지조약)를 탈퇴한 상황이라 핵 보유가 인정되지 않는다. 다만 여러 차례 핵실험을 통해 핵물질을 보유하고 있고, ICBM 등 투발 수단 등도 부분적으로 갖추고 있어 군사적으로는 인정하는 분위기다. 주변국들도 이를 전제로 대응하고 있다. 정치·외교적으로는 북한의 핵 보유를 전혀 인정하지 않는다. 불법적인 핵 개발 자체를 인정할 수 없다는 의미로, 인정하는 순간 NPT 체제 등 국제질서가 무너진다는 것이다.

결론적으로 북한은 국제법상 '공식 핵 보유국'이 아니다. 국제사회는 북한의 핵 보유를 인정하지 않고 있다. 하지만 북한을 사실상 핵무기를 보유하고 있는 '실질적 핵 보유 국가'로 간주하고 있으며, 미국 등 주변 국가들은 그에 맞춰 핵 억지 전략으로 대응하고 있다.

이런 상황에서 이재명 대통령은 앞서 언급한 대로 END 이니셔티브를 제안했다. 여기서 북핵 관련 부분은 간단하게 말해 '중단-축소-비핵화'로 대응한다는 것이다. 즉, 우선 핵무기 개발을 중단하고, 다음 단계로 ICBM 등 핵무기를 축소하며, 종국에는 비핵화 단계로 이어간다는 일종의 단계별 접근법이다. 이는 북한의 단계적 조치에 상응하는 보상(제재 해제 등)을 고려한 구조이며, 당장은 핵무기 개발을 중단시키는 데 방점이 있는 것으로 보인다.

다만 일각에서는 이런 접근을 '비핵화'를 포기하는 것으로 보고, '핵 군축 또는 군비 통제' 접근으로 간주한다. 이 경우 사실상의 핵 보유국 지위를 인정하는 출발점이 되기 때문에 국제사회의 합의를 얻기가 어려울 것이라고 지적한다. 아울러 핵 군축 또는 군비 통제 접근은 북한과 미국의 협상이 주가 되기 때문에 우리 주도권이 약화될 것을 우려하기도 한다. 즉, 한국의 발언권이 현저히 약화된다는 것이다.

하지만 현실적으로는 3단계든 4단계든 단계적 접근 외에 다른 방안은 없어 보인다. 눈앞에 존재하는 핵무기를 제거하고 핵무기 개발을 멈추기 위해선 상대를 협상장으로 견인하는 것 말고 다른 평화적 방법은 없다. 이 대통령의 END 이니셔티브는 국제사회에 전달하는 메시지가 뚜렷하다. 평화를 통해 한반도 문제를 해결하겠다는 것이다. 그리고 협상의 전략적 유연성을 확보할 수 있다는 측면에서 실용적이기도 하다. 세부 내용을 더욱 발전시켜 2015년 미국이 이란과 체결한 핵합의(포괄적 공동행동계획, JCPOA Joint Comprehensive Plan of Action)와 유사한 합의를 이끌어내는 게 관건이다. 물론 JCPOA는 2018년 5월 트럼프 대통령이 일방적으로 탈퇴 선언을 한 후 붕괴되어 아직도 복원되지 못하고 있지만, 핵 문제 해결의 평화적 모범 사례임은 분명하다.

아울러 평화를 복원하기 위한 다자 틀을 이용해야 한다. 모르긴 몰라도 김정은 위원장 또한 트럼프 대통령의 대북 조치를 주목할 것이다. 이런 상황에서 2018~2019년과 같이 북미 양자 방식의 논의 체제는 보완할 필요가 있다. 사자(남북미중)회담 또는 육자(남북미중러일)회담이 적절하게 보완되는 것이 맞다. 즉, 북미 양 정상의 리더십 스타일을 고려해 다자회담의 틀 안에서 북미관계를 탄력적으로 운용하면 될 것이다.

남북합의의 제도화가 필요한 이유

한반도 평화 복원을 위해 지금 당장 무엇을 할 수 있을까? 신뢰 회복이 우선이다. 단기간에 승부를 보려고 하지 말고 일단 잃어버린 신뢰를 회복해야 한다. 그런 다음에야 이런저런 일들을 도모할 수 있다. 마음 떠난 사람을 돌려놓기가 그리 쉬운 일이 아니다.

그것을 위해 꼭 필요한 일이 있다. 바로 '남북합의의 제도화'다. 기존 남북합의들이 매우 훌륭했음에도 이후 제대로 추진되지 않은 이유 가운데 하나는 바로 제도화되지 않았기 때문이다. 즉, 남북 정상 간의 합의가 말로만의 성찬에 그치고 국회 비준 등을 통해 제도화되지 않아서 단발성에 그치고 마는 것이다.

문재인 대통령도 판문점선언 국회 비준 등 '남북합의의 제도화'

판문점 프로젝트

에 많은 관심이 있었다. 판문점 회담이 끝나고 3일 후인 2018년 4월 30일이었다. 참모들과 매일 아침 하는 티타임에서 대통령은 판문점선언 국회 비준의 필요성에 대해 강조했다. 문 대통령은 "국회 비준 과정은 반드시 밟아야 한다. 국무회의 의결, 국회 비준 등 법에 정해진 절차를 꼭 거쳐야 한다. 다만 정쟁을 피하기 위해서라면 추진 시기는 북미회담 이후에도 가능하니 제출 시기를 잘 살펴보라"고 당부했다.

이런 일은 또 있었다. 평양 정상회담을 한 달 정도 앞둔 날이었다. 회의에서 대통령은 갑자기 "현재 판문점선언 국회 비준은 논의되고 있는가요?"라고 물었다. 정무수석이 답하기를 "자유한국당에서 의견을 제시하지 않고 있어 제대로 진행되지 않는 상황입니다"라고 했다. 대통령은 평양 정상회담 전에 국회에서 초당적으로 논의될 수 있도록 촉구하자면서 남북합의의 제도화에 대해 재차 강조했다.

시간이 흘러 평양 정상회담이 일주일도 남지 않은 어느 날, 문 대통령은 다시 회의에서 판문점선언 비준 동의 부분을 언급했다. "향후 남북관계 진전에 따라 다양한 사업이 전개될 텐데 정부 예산만으로는 감당이 되지 않을 수 있다. 국제기구의 원조 및 펀드 지원 등이 필요할 수도 있는 측면을 고려하면 판문점선언 예산 추계 및 국회 비준 동의가 꼭 필요하다"는 취지였다.

하지만 아쉽게도 남북합의 제도화는 결과적으로 실패했다. 초기에는 여소야대 상황으로 자유한국당의 호응을 기다리다가 시기를 놓쳤다. 당시 안타까웠던 부분은, 대통령의 뜻은 '남북합의 제도화'를 반드시 성사시키기 위해 야당의 의견을 들어 국회 제출 시기를 탄력적으로 정하자는 것이었는데, 정치권 상황으로 인해 제출 시기가 마냥 늦어져서 결국 국회에 제출하지도 못했다는 것이다. 평양 정상회담 합의도 마찬가지였다. 여소야대 상황에서 적당한 시기를 재다가 결국 때를 놓쳤다.

2020년 4월 더불어민주당이 다수당이 된 다음에는 북한의 연락사무소 폭파, 미사일 발사 등 연이은 도발과 남북관계 악화로 비준을 추진하기 위한 여론이 받쳐주지 않았다. 한번 때를 놓치면서 결국 남북합의 제도화에 실패한 것이다. 두고두고 아쉬운 부분이다. 만약 그때 여야가 머리를 맞대고 제도화했다면 지금 남북관계는 어떻게 바뀌어 있을까 상상해본다. 이재명 정부는 꼭 반면교사로 삼기 바란다.

통일부를 어떻게 할 것인가?

윤석열 전 대통령은 집권 초기부터 직접 나서서 통일부를 '대북 지원부'라고 질타하고, 보란 듯이 통일부 개편을 추진했다. 남북 교류협력 분야는 축소하고, 납북자 대책과 정보 분석 기능을 강화하는 것으로, 전체 인원의 13퍼센트인 81명을 감축하는 역대급 수준의 개편이었다. 통일부에서 잔뼈가 굵고 장관까지 역임한 한 원로 인사는 나에게 남북관계가 좋지 않았던 시절에도 이런 적은 없었다며 하소연했다. 그는 권위주의 정부인 박정희 정권에서도, 군부 독재 세력인 전두환 정권에서도 통일부를 이렇게까지 다루지는 않았다며 울분을 토했다.

윤석열 정부는 진단도 틀렸고 처방도 틀렸다. 그러니 당연히 성과도 얻지 못했다. 개편의 주요 특징 중 하나는 납북자 관련 조직

신설이었다. 납북자 대책팀을 장관 보좌관 아래 새롭게 구성해 납북자, 국군 포로, 억류자 문제의 해결 방안을 모색하겠다는 것이었다. 맞다. 납북자 관련 정책과 조직은 필요하다. 우리 국민에 대해서는 정부는 무한책임을 느껴야 하고, 그 수가 아무리 적더라도 할 수 있는 최대한의 노력을 해야 한다. 하지만 방법과 순서가 완전히 잘못됐다. 그와 관련된 업무를 어느 부처에서 누가 하느냐 하는 문제는 다른 것이다.

통일부는 한마디로 북한을 상대하는 조직이다. 그런데 북한이 가장 거북스럽게 생각하는 납북자 정책을 통일부에 맡긴다는 것은 적절치 않다. 정부 내에서도 '굿 캅'과 '배드 캅'을 제대로 구별하는 것이 좋다. 대북관계에서 통일부는 굿 캅 역할을 해야지, 배드 캅 역할까지 맡겨서는 안 된다. 만약 배드 캅이 필요하다면 행안부 등 적합한 부처가 맡는 것이 맞다. 어설픈 1인 2역은 오히려 역효과만 낳는다. 그렇기에 윤석열 정권의 납북자 정책은 전혀 성과를 얻지 못했다. 이재명 정부가 반면교사로 삼을 부분이다.

윤석열 정부가 시도했던 통일부 개편 방안은 '통일부 죽이기'였다. 실제로 통일부 전체 예산과 조직의 절반 이상을 투입하는 북한이탈 주민 업무에는 손대지 않고, 남북협력 분야를 축소한 것은 전혀 이해할 수가 없다. 말로만 개혁이지, 편협한 인식에 기반한 통일부 죽이기 그 이상도 이하도 아니었다. 이재명 정부 출범과 함께 상당 부분 원상복구되어 그나마 다행이다.

분단 80년을 맞이해 통일부를 전체적으로 개편할 필요는 있다. 예를 들어 통일부를 금융위원회처럼 대통령 직속 기구로 두고 가칭 '평화통일위원회'로 바꿔, 첫째 평화 정책, 둘째 남북 교류협력 분야, 셋째 대북 정보 분석 분야 등 핵심 업무로 재편하는 것이 어떨까 싶다. 아니면 지금처럼 부처 체계로 두더라도 '민족화해부' 또는 '평화통일부', '한반도평화부'로 이름과 성격을 바꿔 할 일을 제대로 할 수 있도록 지원해야 한다. 이름을 바꾸자는 것은 상대를 인정하고 현실에 기반한 정책을 펼쳐가자는 취지다.

'통일'이라는 말은 남과 북 가운데 누구로, 어떻게 통일할 것인가의 논란을 피할 수 없다. 흡수통일이든 무력통일이든, 어느 일방의 존재가 사라지는 것을 의미한다. 그런데 현재 상황에서 과연 남북이 흡수통일 또는 무력통일을 논할 수 있겠는가? 엄존하는 북한의 실체가 있는 상황에서 통일이라는 말은 상대를 부정하는 의미로 사용되는 것이다. 따라서 통일이라는 가치를 포기할 수 없어 '통일부' 명칭을 그대로 가져간다면 그로 인해 잃는 것이 더 많을 수도 있다. 국민 여론조사 결과 많은 사람이 '통일'보다는 '평화'의 필요성에 공감도가 높은 이유이기도 하다.

그런 측면에서 북한 이탈 주민 업무를 통일부에서 할지, 행안부 등 다른 부처로 이관할지 진지한 고민이 필요하다. 1990년대 북한 이탈 주민이 본격적으로 발생한 이후 지금까지 관련 사업은 전적으로 통일부가 담당해왔다. 누적 이탈 주민이 3만여 명을 조금 상회하는 수준인데, 관련 예산이 통일부 전체 예산의 절반 이상에 달

한다. 관련 조직도 마찬가지다. 그렇다 보니 배보다 배꼽이 커져버린 상황이다. 실제 통일부가 해야 할 일, 즉 남북 평화 정책, 교류협력 사업 등을 제대로 하지 못하게 된 원인이기도 하다.

통일부 내에서도 개혁이 필요한 조직이 있다. 대표적인 곳이 '남북회담본부'다. 삼청동 별도 공간에 위치하고, 통일부 전체 예산과 조직의 상당 부분을 차지하는 소위 '통일부 내의 메이저' 조직이다. 권위주의 시절 남북관계가 소원해서 남북회담과 교류가 거의 없던 시절, 통일부가 보유한 남북회담의 노하우를 공유하고, 전략적으로 대응하기 위해 마련되었다. 하지만 2000년 이래 다섯 차례의 정상회담을 거치면서 이제는 통일부만 남북회담의 노하우를 독점하고 있다고 보기 어렵다. 산림청, 국토부 등 개별 부처별로 회담의 성과가 쌓여가고 있다. 예를 들어 산림청은 통일부를 통한 대화보다 북한 산림기구와 직접 대화하는 것이 훨씬 효율적이다. 따라서 남북회담본부 같은 조직은 통일부가 꼭 해야 할 업무인 교류협력 및 평화 정책 사업으로 전환하는 걸 검토해야 한다.

남북문제가 어느 순간 정치의 한복판에 들어와 있다. 사실 이제껏 남북문제를 정쟁의 소재로 삼는 건 금기시되었다. 분단국가라는 특수성과 정보의 제한성으로 인해 대체로 정부 여당이 추진하는 대로 야당이 협조하는 게 일반적이었다. 하지만 1996년 판문점 '총풍' 사건과 2011년 베이징 정상회담 돈봉투 사건 그리고 2012년 대선에서의 NLL 대화록 사건 등을 거치면서 극심한 정쟁의 소재가 됐다. 최근 들어 서해 공무원 피격 사건이나 동해 북한

흉악범 추방 사건을 거치면서 그런 분위기가 더욱 가중되었다.

이유 여하를 막론하고, 정치적 유불리에 따라 남북관계를 이용한 결과다. 그렇다 보니 이제는 남북관계가 가장 극심한 남남갈등의 소재로 등장한다. 이래서는 안 된다. 남남이 하나가 되어야, 남북이 진정으로 하나가 될 수 있다. 그래야만 진정한 평화가 가능하다. 독일 사례에서도 보듯 분단국가 대부분이 그렇다.

남남이 하나가 되기 위해선 평화 정책에 대한 내부 공론화 과정이 중요하다. 정치적 유불리를 떠나 범국민적 공론화 과정을 거쳐 한반도 평화 정책을 설계해야 한다. 이제껏 진보와 보수에서 나온 모든 논의를 용광로에 넣어 하나의 정책으로 만들어야 한다. 그럴 때만이 생명력 있는 평화 정책이 탄생할 수 있다. 반쪽짜리 정책은 대통령 임기 5년밖에 가지 못한다.

공론화 과정을 위해 한반도 평화 프로세스를 위한 초당파적 기구를 만들 필요도 있다. 여당도 야당도, 진보도 보수도 모두 포괄하는 전문가 집단을 모아 정치적 당파에 얽매이지 않는 평화 정책을 토론하자. 그리고 정권이 바뀌어도 꾸준히 지속할 수 있는 평화 정책을 만들어내자.

주한미군 철수 요구는 북한의 진심인가?

북한은 주한미군에 대해 어떻게 생각할까? 나와 비슷한 동년배들은 어릴 적부터 주한미군이 철수하면 큰일 난다는 이야기를 귀에 못이 박일 정도로 들으면서 컸다. 한마디로 주한미군이 철수하면 북한만 좋은 일 시킨다는 것이었다. 그런 기억 때문인지 몰라도 북한 관료들의 주한미군에 관한 생각을 들을 때마다 무척 놀라곤 했다.

그들은 내게 주한미군의 남측 주둔에 반대하지 않는다고 했다. 심지어 김정은 위원장은 주한미군을 긍정적으로 언급한 바도 있다. 내겐 놀라운 일이었다. 막연한 짐작으로 북한은 주한미군을 극도로 싫어하고 즉각적인 철수를 요구할 것으로 생각했는데, 전혀 아니었다. 최소한 내가 청와대 재직 중에 접촉했던 북측 관료들은 그런 이야기를 한 적이 없었던 것으로 기억한다.

주한미군에 대한 북측 최고지도자들의 언급을 찾아봐도 마찬가지다. 과거 김일성 주석도 평양을 방문한 지미 카터 전 미국 대통령에게 '주한미군 철수'는 요구하지 않겠다고 분명히 밝힌 바가 있다. 카터 전 대통령은 김 주석이 자신에게 주한미군의 존재는 한반도 지역의 안보를 위해 필요하다고 했다고 밝혔다. 김정일 위원장도 마찬가지다. 평양을 방문한 김대중 대통령에게 주한미군은 '일종의 통일 이후 한반도 평화유지군'으로 기능할 수 있다고 언급했다.

이런 언급은 북한에서 대남 정책을 총괄하는 인사들도 마찬가지였다. 김용순 북한 노동당 비서가 1992년 미국을 방문한 자리에서 "북미 수교를 해주면 주한미군 철수를 요구하지 않겠다. 통일 후에도 미군은 남한 또는 조선반도에 주둔할 수 있을 것"이라고 했다. 최근에는 2019년 1월 김영철 통일전선부장이 워싱턴을 방문해서 "한반도 평화체제가 달성되더라도 주한미군 철수를 요구하지 않겠다"고 밝혔다.

이처럼 북한이 주한미군의 필요성을 인정하는 이유는 무엇일까? 우리와 미국을 현혹하기 위한 거짓 주장일까? 그렇다고 치부하기에는 그들의 주장이 나름대로 일관되고 반복적이다. 어쩌면 중국과 러시아를 고려해서 그러는 건 아닐까? 충분한 개연성이 있다고 생각한다. 비공식적으로 만난 북측 관료들은 종종 중국과 러시아, 특히 중국에 대한 불만을 토로했다. 중국의 소위 갑질에 대해서 말이다. 그도 그럴 것이, 70년 동안 중국과 러시아로부터 이런 저런 지원을 받다 보니 다양한 문제가 발생하지 않았을까 싶다. 예를 들어 식량 지원의 경우, 중국이 아무런 조건 없이 그냥 줄 리 만무하다. 이런저런 간섭과 통제를 했을 것이고, 그로 인한 상대적 박탈감과 불만은 우리가 생각하는 수준 이상일 수도 있다.

대북전문가의 필요성

남북관계 관련 일을 하다 보니, 북측 사람들을 만날 기회가 상대적으로 많았다. 평범한 대한민국 국민이라면 일생에 한 번도 하기 어려운 경험을 제법 한 셈이다. 우리가 북한에 대해 궁금한 것이 많듯이, 북한 주민도 대한민국에 대해 무척 궁금해한다. 특히 우리의 K-팝과 드라마, 영화 등 K-콘텐츠에 대한 관심이 상당히 높다. 북한 당국은 이런 관심이 북한 체제에 미칠 영향이 두려워 최근에는 단속을 강화하고 있다. 북한 주민들은 컴퓨터 등에 저장하면 불시 단속을 당할 수도 있어 대개는 USB 등 이동저장 매체에 담아 드라마와 영화 등 K-콘텐츠를 본다고 한다.

내가 만난 이들은 대부분 북한 당국에서 일하는 사람, 우리 식 표현으로 '공무원'이다. 충분히 검증된 사람으로 북한 사회 내에서 엘리트 중 엘리트다. 다들 김일성대학교, 김책공대 등 북한 유수의 명문 대학을 졸업했다. 북한 체제에 대한 자부심이 가득하고, 김정은 체제에 대한 충성심이 매우 높다. 처음 접하면 대단히 조심스럽고 경계가 심한 편이지만, 몇 차례 만나 얼굴이 익으면 조금씩 마음의 문을 여는 경우가 있다. 가끔 저녁에 소주 한잔 하다 보면 본심이 나오기도 한다.

북측 사람들이 가장 두려워하는 남측 사람은 누굴까? 단적으로 그들은 북한 사정을 제대로 아는 사람을 가장 무서워한다. 그렇다면 대한민국에는 북한을 제대로 알고 있는 전문가가 얼마나 될까? 많지 않다. 북한 정보에 대한 접근이 쉽지 않기 때문에 인적 자원 자체가 제한될 수밖에 없다. 아울러 남북관계가 정권에 따라 단절되거나 부침이 심해서 제대로 된 인재풀을 형성하거나 연속성을 유지하기 힘들다. 관계에 연속성이 없으니 사람도 단절된다. 참 아쉬운 부분이다. 그렇다고 해서 보수정권끼리는 연속성이 있는가 하면, 꼭 그렇지만도 않다.

외교와 안보 그리고 남북관계는 정치적 부침과 별개로 연속성이 반드시 보장되어야 한다. 이어갈 것을 잇고, 혁신할 것은 바꿔나가야 한다. 무조건적 배척은 정권에도, 국익 차원에서도 전혀 도움이 되지 않는다. 윤석열 정권이 서훈 전 국정원장을 감옥에 보낼 것이 아니라 그의 남북관계 관련 경험과 지식을 경청하는 게 국익을 위한 길이었다. 서훈 전 원장만큼 북한을 제대로 알고 있는 사람은 없다. 내가 지켜본바, 그만큼 현장 경험을 바탕으로 대북 분야 지식을 종합적이고 체계적으로 갖춘 인물은 대한민국에서 찾기 힘들다. 따라서 서훈 전 원장이 구속되면 가장 좋아할 사람은 바로 북한 지도부다. 이재명 정부도 최소한 전직 안보실장, 국정원장, 통일부 장관을 만나서 그들의 의견을 들어보시라. 절대 손해 보는 일은 아닐 것이다.

청와대에서 일할 때 평소 존경하는 국정원 간부를 만나 이런저런 이야기를 나누는 중에 나왔던 이야기다. 그는 젊은 여성 요원을 대북 협상 요원으로 키우고 있다고 했다. 다가올 미래를 위해 젊은 여성 중에서도 전문성을 갖춘 요원이 필요하다는 것이었다. 정말 멋진 생각이었다. 남북 접촉을 하다 보면, 폐쇄적이라는 북측에는 김성혜, 최선희 등 대남 파트에서 일하는 고위급 여성 인력이 꽤 있다. 반면 여성의 사회적 참여를 보장한다는 대한민국은 대북 정책을 전담하는 고위급 여성 인력이 거의 없고 전부 남자다. 협상장 그림만 봐도 그렇다. 참 아이러니하다.

한미연합군사훈련과 탈북 여종업원 문제

북한과의 협상 테이블에 늘 올라오는 단골 메뉴가 있다. 바로 한미연합군사훈련과 유경식당 여종업원 탈북 사건이다. 북측 관계 자들은 이 두 사안에 대해서는 양보가 없다. 단호한 어조로 강하게 주장한다. 매번 이야기하는 레퍼토리도 비슷하다. 어느 때는 둘 다 테이블에 올라오기도 하고, 어떤 때는 하나만 올라오기도 한다. 통 상적으로 정치적 과제를 다룰 때면 한미연합군사훈련 문제를 제기 하고, 남북 교류협력 과제를 다룰 때면 유경식당 여종업원 탈북 사 건을 이야기한다.

한미연합훈련이야 익히 알려진 내용이지만 유경식당 여종업원 집단 탈북 사건은 조금 의외다. 2016년 총선 직전에 중국의 북한 식당 종업원 10여 명이 집단으로 탈북한 사건인데, 북측은 남측 정보기관이 기획한 것이라 굳게 믿고 있다. 그래서 대다수 여성 종업원의 의지와는 전혀 상관없는 탈북인 만큼 하루빨리 북으로 송환되어야 한다고 주장한다. 특히 해당 여성 종업원의 부모가 기다리다 심장마비로 사망하는 등 여론이 너무 좋지 않다면서, 북한 내부에서 감정이 있는 문제라고 여러 차례 말했다.

북측은 이 두 사안에 대해 항상 문제를 제기하지만, 정상회담 레벨에서는 달랐다. 김정은 위원장은 예외였다. 물론 아예 언급하지 않은 건 아니지만, 이들 이슈로 인해 정상회담 논의까지 가로막히는 건 아니었다. 사실 내 기억으로 김 위원장도 회담에서 여러 차례 언급한 바 있다. 한미연합훈련에 대해서도 그렇고, 유경식당 여종업원 탈북 사건도 그랬다. 하지만 김 위원장은 통 크게 가자는 입장이었다. 예를 들어 2018년 특사로 방북했을 때, 김정은 위원장은 큰일(한반도 평화 정착)을 도모하는 데 있어 작은 일(한미연합군사훈련)이 걸림돌이 되면 안 된다는 취지로 말한 바 있다. 특히 1차 특사단 방북 시에는 당시 4월 초순으로 예정된 연합훈련을 고려해 해당 시기에 남측 예술단이 방북해 공연하는 아이디어를 제시하기도 했다. 그리고 회담에 배석한 북측 고위급 인사의 유경식당 여종업원 탈북 사건에 대한 강한 항의에도 불구하고 김 위원장은 당장은 문제 삼지 않겠다는 태도를 보여주었다.

반면 고위급 또는 실무급 협상 테이블에서는 완전히 다르다. 북측 관료들은 한미연합훈련과 유경식당 여종업원 탈북 사건 문제를 끈질기게 제기한다. 두 사안은 남북관계 진전에 장애가 된다는 점을 분명히 하면서, 이 문제가 해결되지 않으면 한 발도 나가기 어렵다는 듯이 이야기한다. 북한 최고지도부의 언질이나 지침이 없는 경우 이들 이슈는 매번 걸림돌로 작용했다.

한미연합군사훈련에 대한 북측 관료들의 감정은 크게 두 가지로 추정된다. 첫째는 두려움이다. 북한 주민들은 한국전쟁 당시 미군기에 의한 무차별적인 폭격에 대해 굉장한 트라우마가 있는 것 같았다. 전쟁 당시 평양 시내의 2층 이상 거의 모든 건물이 무너졌다는 말도 들었다. 물론 그들이 직접 겪은 내용은 아니겠지만, 부모 세대에게 들은 것과 북한 당국에 의한 교육의 영향이 큰 듯했다. 2000년대 초반 미국 전투기가 위협용으로 평양 상공을 지나갔다는 소문을 듣기도 했다. 실존하는 두려움인지 가상의 두려움인지 확인할 수는 없지만, 분명한 건 두려움이 존재한다는 사실이다.

둘째는 한미 양국이 비핵화 협상의 기본 조건을 어겼다는 것이다. 북미 비핵화 협상이 시작되면서, 자신들은 핵과 미사일 관련해 일종의 동결 조치를 실천했는데, 한미 양국은 여전히 연합훈련을 한다고 항의한다. 그것도 공격용 훈련을 한다는 것이다. 간단하게 말해 왜 자기들만 손해를 보느냐, 한미 양국이 약속을 지키지 않는다는 이야기다.

유경식당 여종업원 탈북 사건은 좀 다르다. 북측 인사들은 '자발적 탈북'이 아니라 총선을 겨냥해 우리 정보기관이 조작한 '기획 탈북'이라고 주장한다. 다수의 여종업원이 거짓 선동에 속아, 자신들은 전혀 알지 못하는 상황에서 남측으로 왔다는 것이다. 북측 관계자들은 '탈북' 자체를 인정하지 않는다. 또한 인간적인 부분도 많이 거론한다. 대표적인 논거가 평양에 거주하는 탈북 여성의 부모가 충격으로 쓰러졌다는 것이다. 북한 주민들의 공분이 하늘을 찌르는 상황이며, 인간으로서 도저히 못할 일을 저지른 거라고 분개한다.

일각에서는 한미연합군사훈련과 유경식당 여종업원 탈북 사건이 북미 비핵화 대화와 남북관계를 가로막는 결정적 요인이라고 주장한다. 하지만 나는 그렇게 생각하지 않는다. 앞서 언급한 바와 같이, 두 사안은 북한에서 반복적으로 일관되게 주장하는 매우 중요한 이슈임이 분명하다. 그러나 두 사안이 남북관계가 파국에 이르는 데 결정적인 영향을 미친 적은 없다. 특히 연합훈련의 경우, 그 자체가 판을 깨는 결정적 변수라고 생각되지는 않는다. 물론 관계가 틀어지는 상황에서, 또는 판을 엎어야 하는 상황에서 북측이 내세우는 중요한 명분으로는 기능한다. 따라서 남북관계와 비핵화 대화가 잘 진행될 때는 수면 아래 잠복해 있다가 제대로 진행되지 않을 때 암초가 되어 나타나는 식이다. 일종의 바다 수면에 있는 큰 암초와 같아서 만조기가 되어 물이 넘치면 (남북관계와 비핵화 대화가 제대로 진행되면) 수면 아래로 사라지고, 간조기가 되어 물이 빠지면 (잘 진행되지 않으면) 수면 위로 나타나 배의 진로를 막는 것과 같다. 한미연합군사훈련은 그들에게 일종의 명분이지, 그 자체가 절대적 조건은 아니라고 본다.

그렇다면 한미연합군사훈련과 유경식당 여종업원 탈북 사건을 어떻게 해야 할까? 우선 연합훈련은 우리의 주권적 사안임을 지속적으로 설득해야 한다. 그리고 훈련의 목적이 북한 정권을 무너뜨리는 데 있는 것이 아니라, 방어적 차원이라는 점도 알릴 필요가 있다. 가장 중요하게는 남북관계를 단단하게 만들어가야 한다. 2018년 3월의 '봄이 온다' 공연처럼 연합훈련 시기에는 아예 남북 예술단이 교차 방문하는 등 단단한 평화로 연합훈련의 갈등 요소를 해소할 필요가 있다. 다만 2017년 겨울 문 대통령의 연합훈련 잠정 연기 결정처럼 남북관계 또는 비핵화 대화 국면의 중요한 시기에는 '결단'을 내려야 한다.

유경식당 여종업원 탈북 사건은 복잡하다. 우선 이유 여하를 막론하고 그들은 대한민국 국민이다. 따라서 현행 법률에 근거해서 해결 방법을 찾아야 한다. 하지만 솔직히 현행법 체제하에서는 뾰족한 수단을 찾기 어려운 게 현실이다. 이 문제를 해결하기 위해선 국민적 공감대 형성이 중요하다. 그 공감대를 바탕으로 남북관계 진전에 따른 자연스러운 해결 방안을 모색할 필요가 있다. 과거 장기수 송환 사례 또는 제3국을 이용하는 방법 등 상상력을 동원해야 하는 문제다. 그리고 사실 확인을 위한 제3자(유엔 등) 조사 방식도 검토할 필요가 있다.

언제까지 '쨍' 소리를 두려워할 것인가?

한반도 평화 프로세스에서 남북관계와 북미관계는 과연 선순환 구조를 이룰 수 있을까? 만약 한반도 평화 국면에서 남북관계와 한미동맹이 충돌한다면 무엇을 우선시할 것인가? 지난 몇 년간 현장에서 활동하면서 늘 풀리지 않았던 부분이다. 물론 양자 또는 다양한 변수들을 조화롭게 아우르며 추진하는 게 가장 올바른 방향이겠지만 현실에서는 그렇게 할 수 없는 경우가 있기 마련이다. 즉, 선택의 순간이 왔을 때 어떻게 할 것이냐 하는 문제다.

청와대 재직 시에 가끔 이런 질문을 했다. "진실의 순간이 도래한다면 우리는 어떤 선택을 할 것인가?" 직설적으로 표현하면, 한반도 평화 프로세스에서 남북과 한미 이슈가 충돌한다면 어느 쪽을 선택할 것인가 하는 고민이다.

누군가는 '닭이 먼저인가, 알이 먼저인가?'와도 비슷한 문제라고 했다. 혹자는 우리에게 선택할 수 있는 권한이 없다고도 했다. 우리가 주체적으로 선택할 수 있는 역량과 여건이 되느냐 하는 것인데, 이조차도 어렵다고 본 것이다. 솔직하게 확신이 서지 않는다. 선뜻 대한민국의 주도적 선택이 가능하다고 대답하지 못하겠다.

분명한 건 미국은 우리에게 없어서는 안 될 최고의 동맹이자 파트너라는 점이다. 외교에 있어 흔들릴 수 없는 핵심 축이다. 그러나 착각에 빠지면 안 된다. 미국이 항상 정의롭고 선한 국가일 수는 없다. 특히나 한반도 평화 프로세스 추진에 있어 미국이 항상 선한 사마리아인일 수는 없다. 어떤 때는 강력한 힘을 바탕으로 무법자처럼 행동하기도 하고, 어떤 경우에는 둘도 없는 친구가 되어주기도 한다. 지난 문재인 정부에서 방위비 분담금 협상 사례가 있고, 최근 관세 협상 사례를 봐도 그렇다. 오직 힘으로 압박하는, 그래서 미국의 국익을 최우선으로 실현하는 모습을 봤다. 물론 외교는 원래 그런 것이다.

내가 청와대에서 일할 때에는 '진실의 순간'이 오지 않았다. 문재인 정부는 한미동맹을 근간으로 해서, 북한을 대화의 장으로 견인하고 북미 비핵화 대화와 호흡을 맞춰 남북관계를 끌어가고자 했다. 실패했는지 성공했는지는 후대가 평가할 것이다. 혹자는 '진실의 순간'이 있었다면 지금의 상황보다는 나아졌을 것이라고 비판하기도 한다. 만약 '진실의 순간'이 도래해서 문재인 정부가 결단했다면 어떤 결과가 초래되었을까? 모르긴 몰라도 대한민국 경제는 많은 영향을 받았을 것이다.

'진실의 순간'이 오든 말든, 중요한 건 충분한 준비가 필요하다는 것이다. 문재인 정부도 나름대로 충실하게 준비했지만 '진실의 순간'을 맞이할 정도는 아니었던 것 같다. 속된 표현으로 "사고 치는 사람도 그만큼 준비가 되어야 치는 것"이라는 말이 있다. 이재명 대통령 임기 5년 중에 '진실의 순간'이 올 수도 있고 그런 조짐조차 없을 수도 있다. 핵심은 지금부터 그 준비를 착실하게 해두어야 한다는 사실이다.

우리가 철저하게 준비해서 그런 순간을 만들어야 한다. 그래야 한반도 평화 프로세스가 큰 벽을 넘어설 수 있고, 성공할 수 있다. 그러지 않고서는 결코 벽을 넘기 어렵다. 풍부한 상상력과 강고한 의지 그리고 치밀한 준비만이 그 벽을 넘을 수 있다. 국내에서 반대가 심하면 도저히 그런 일을 도모할 수 없다. 국내 여론의 압도적 지지를 받아야 가능한 일이다. 만약 내부로부터 이견이 생긴다면 시작도 못하고 실패할 것이다.

한반도 평화 프로세스를 추진하기 위해서는 무엇보다 한미동맹이 근간이 되어야 한다. 하지만 그에 발이 묶여서는 곤란하다. 애써 무시해서도 안 되지만, 너무 절대적인 기준으로 봐도 안 된다. 미국과의 갈등을 회피해서도 안 된다. 다만 앞에서도 언급했듯이, 정면돌파하기 위해서는 그에 맞는 세심하고 치밀한 준비가 선행되어야 한다. 준비 없이 나서면 모든 게 부질없어진다.

〈한반도의 평화와 번영, 통일을 위한 판문점 선언〉

대한민국 문재인 대통령과 조선민주주의인민공화국 김정은 국무위원장은 평화와 번영, 통일을 염원하는 온 겨레의 한결같은 지향을 담아 한반도에서 역사적인 전환이 일어나고 있는 뜻깊은 시기에 2018년 4월 27일 판문점 평화의 집에서 남북정상회담을 진행하였다.

양 정상은 한반도에 더 이상 전쟁은 없을 것이며 새로운 평화의 시대가 열리었음을 8천만 우리 겨레와 전 세계에 엄숙히 천명하였다.

양 정상은 냉전의 산물인 오랜 분단과 대결을 하루 빨리 종식시키고 민족적 화해와 평화번영의 새로운 시대를 과감하게 열어나가며 남북관계를 보다 적극적으로 개선하고 발전시켜 나가야 한다는 확고한 의지를 담아 역사의 땅 판문점에서 다음과 같이 선언하였다.

1. 남과 북은 남북 관계의 전면적이며 획기적인 개선과 발전을 이

록함으로써 끊어진 민족의 혈맥을 잇고 공동번영과 자주통일의 미래를 앞당겨 나갈 것이다. 남북관계를 개선하고 발전시키는 것은 온 겨레의 한결같은 소망이며 더 이상 미룰 수 없는 시대의 절박한 요구이다.

① 남과 북은 우리 민족의 운명은 우리 스스로 결정한다는 민족 자주의 원칙을 확인하였으며 이미 채택된 남북 선언들과 모든 합의들을 철저히 이행함으로써 관계 개선과 발전의 전환적 국면을 열어나가기로 하였다.

② 남과 북은 고위급 회담을 비롯한 각 분야의 대화와 협상을 빠른 시일 안에 개최하여 정상 회담에서 합의된 문제들을 실천하기 위한 적극적인 대책을 세워나가기로 하였다.

③ 남과 북은 당국 간 협의를 긴밀히 하고 민간교류와 협력을 원만히 보장하기 위하여 쌍방 당국자가 상주하는 남북공동연락사무소를 개성지역에 설치하기로 하였다.

④ 남과 북은 민족적 화해와 단합의 분위기를 고조시켜 나가기 위하여 각계각층의 다방면적인 협력과 교류 왕래와 접촉을 활성화하기로 하였다. 안으로는 6.15를 비롯하여 남과북에 다같이 의의가 있는 날들을 계기로 당국과 국회, 정당, 지방자치단체, 민간단체 등 각계각층이 참가하는 민족공동행사를 적극 추진하여 화해와 협력의 분위기를 고조시키며, 밖으로는 2018년 아시아경기대회를 비롯한 국제경기들에 공동으로 진출하여 민족의 슬기와 재능, 단합된 모습을 전 세계에 과시하기로 하였다.

⑤ 남과 북은 민족 분단으로 발생된 인도적 문제를 시급히 해결하기 위하여 노력하며, 남북 적십자회담을 개최하여 이산가족·친척상봉을 비롯한 제반 문제들을 협의 해결해 나가기로 하였다. 당면하여 오는 8.15를 계기로 이산가족·친척 상봉을 진행하기로 하였다.

⑥ 남과 북은 민족경제의 균형적 발전과 공동번영을 이룩하기 위하여 10.4선언에서 합의된 사업들을 적극 추진해 나가며 1차적으로 동해선 및 경의선 철도와 도로들을 연결하고 현대화하여 활용하기 위한 실천적 대책들을 취해나가기로 하였다.

2. 남과 북은 한반도에서 첨예한 군사적 긴장상태를 완화하고 전쟁위험을 실질적으로 해소하기 위하여 공동으로 노력해나갈 것이다. 한반도의 군사적 긴장상태를 완화하고 전쟁위험을 해소하는 것은 민족의 운명과 관련되는 매우 중대한 문제이며 우리 겨레의 평화롭고 안정된 삶을 보장하기 위한 관건적인 문제이다.

① 남과 북은 지상과 해상, 공중을 비롯한 모든 공간에서 군사적 긴장과 충돌의 근원이 되는 상대방에 대한 일체의 적대행위를 전면 중지하기로 하였다. 당면하여 5월 1일부터 군사분계선 일대에서 확성기 방송과 전단살포를 비롯한 모든 적대 행위들을 중지하고 그 수단을 철폐하며 앞으로 비무장지대를 실질적인 평화지대로 만들어나가기로 하였다.

② 남과 북은 서해 북방한계선 일대를 평화수역으로 만들어 우발적인 군사적 충돌을 방지하고 안전한 어로 활동을 보장하기 위

한 실제적인 대책을 세워나가기로 하였다.

③ 남과 북은 상호협력과 교류, 왕래와 접촉이 활성화 되는 데 따른 여러 가지 군사적 보장대책을 취하기로 하였다. 남과 북은 쌍방 사이에 제기되는 군사적 문제를 지체 없이 협의 해결하기 위하여 국방부장관회담을 비롯한 군사당국자회담을 자주개최하며 5월 중에 먼저 장성급 군사회담을 열기로 하였다.

3. 남과 북은 한반도의 항구적이며 공고한 평화체제 구축을 위하여 적극 협력해 나갈 것이다. 한반도에서 비정상적인 현재의 정전상태를 종식시키고 확고한 평화체제를 수립하는 것은 더 이상 미룰 수 없는 역사적 과제이다.

① 남과 북은 그 어떤 형태의 무력도 서로 사용하지 않을 데 대한 불가침 합의를 재확인하고 엄격히 준수해나가기로 하였다.

② 남과 북은 군사적 긴장이 해소되고 서로의 군사적 신뢰가 실질적으로 구축되는 데 따라 단계적으로 군축을 실현해나가기로 하였다.

③ 남과 북은 정전협정체결 65년이 되는 올해에 종전을 선언하고 정전협정을 평화협정으로 전환하며 항구적이고 공고한 평화체제 구축을 위한 남·북·미 3자 또는 남·북·미·중 4자회담 개최를 적극 추진해나가기로 하였다.

④ 남과 북은 완전한 비핵화를 통해 핵 없는 한반도를 실현한다는 공동의 목표를 확인하였다. 남과 북은 북측이 취하고 있는 주동적인 조치들이 한반도 비핵화를 위해 대단히 의의 있고 중대한

조치라는 데 인식을 같이 하고 앞으로 각기 자기의 책임과 역할을 다하기로 하였다. 남과 북은 한반도 비핵화를 위한 국제사회의 지지와 협력을 위해 적극 노력하기로 하였다.

양 정상은 정기적인 회담과 직통전화를 통하여 민족의 중대사를 수시로 진지하게 논의하고 신뢰를 굳건히 하며, 남북관계의 지속적인 발전과 한반도의 평화와 번영, 통일을 향한 좋은 흐름을 더욱 확대해 나가기 위하여 함께 노력하기로 하였다. 당면하여 문재인 대통령은 올해 가을 평양을 방문하기로 하였다.

2018년 4월 27일

판 문 점

대한민국 대통령 문재인

조선민주주의인민공화국 국무위원회 위원장 김정은

〈9월 평양공동선언〉

대한민국 문재인 대통령과 조선민주주의인민공화국 김정은 국무위원장은 2018년 9월 18일부터 20일까지 평양에서 남북정상회담을 진행하였다.

양 정상은 역사적인 판문점선언 이후 남북 당국간 긴밀한 대화와 소통, 다방면적 민간교류와 협력이 진행되고, 군사적 긴장완화를 위한 획기적인 조치들이 취해지는 등 훌륭한 성과들이 있었다고 평가하였다.

양 정상은 민족자주와 민족자결의 원칙을 재확인하고, 남북관계를 민족적 화해와 협력, 확고한 평화와 공동번영을 위해 일관되고 지속적으로 발전시켜 나가기로 하였으며, 현재의 남북관계 발전을 통일로 이어갈 것을 바라는 온 겨레의 지향과 여망을 정책적으로 실현하기 위하여 노력해나가기로 하였다.

양 정상은 판문점선언을 철저히 이행하여 남북관계를 새로운 높은 단계로 진전시켜 나가기 위한 제반 문제들과 실천적 대책들을 허심탄회하고 심도있게 논의하였으며, 이번 평양정상회담이 중요한 역사적 전기가 될 것이라는 데 인식을 같이 하고 다음과 같이 선언하였다.

1. 남과 북은 비무장지대를 비롯한 대치지역에서의 군사적 적대관계 종식을 한반도 전 지역에서의 실질적인 전쟁위험 제거와 근본적인 적대관계 해소로 이어나가기로 하였다.

① 남과 북은 이번 평양정상회담을 계기로 체결한「판문점선언 군사분야 이행합의서」를 평양 공동선언의 부속합의서로 채택하고 이를 철저히 준수하고 성실히 이행하며, 한반도를 항구적인 평화지대로 만들기 위한 실천적 조치들을 적극 취해나가기로 하였다.

② 남과 북은 남북군사공동위원회를 조속히 가동하여 군사분야 합의서의 이행실태를 점검하고 우발적 무력충돌 방지를 위한 상시적 소통과 긴밀한 협의를 진행하기로 하였다.

2. 남과 북은 상호호혜와 공리공영의 바탕위에서 교류와 협력을 더욱 증대시키고, 민족경제를 균형적으로 발전시키기 위한 실질적인 대책들을 강구해나가기로 하였다.

① 남과 북은 금년내 동, 서해선 철도 및 도로 연결을 위한 착공식을 갖기로 하였다.

② 남과 북은 조건이 마련되는 데 따라 개성공단과 금강산관광 사

업을 우선 정상화하고, 서해경제공동특구 및 동해관광공동특구를 조성하는 문제를 협의해나가기로 하였다.

③ 남과 북은 자연생태계의 보호 및 복원을 위한 남북 환경협력을 적극 추진하기로 하였으며, 우선적으로 현재 진행 중인 산림분야 협력의 실천적 성과를 위해 노력하기로 하였다.

④ 남과 북은 전염성 질병의 유입 및 확산 방지를 위한 긴급조치를 비롯한 방역 및 보건·의료 분야의 협력을 강화하기로 하였다.

3. 남과 북은 이산가족 문제를 근본적으로 해결하기 위한 인도적 협력을 더욱 강화해나가기로 하였다.

① 남과 북은 금강산 지역의 이산가족 상설면회소를 빠른 시일내 개소하기로 하였으며, 이를 위해 면회소 시설을 조속히 복구하기로 하였다.

② 남과 북은 적십자 회담을 통해 이산가족의 화상상봉과 영상편지 교환 문제를 우선적으로 해결해나가기로 하였다.

4. 남과 북은 화해와 단합의 분위기를 고조시키고 우리 민족의 기개를 내외에 과시하기 위해 다양한 분야의 협력과 교류를 적극 추진하기로 하였다.

① 남과 북은 문화 및 예술분야의 교류를 더욱 증진시켜 나가기로 하였으며, 우선적으로 10월 중에 평양예술단의 서울공연을 진행하기로 하였다.

② 남과 북은 2020년 하계올림픽경기대회를 비롯한 국제경기들에 공동으로 적극 진출하며, 2032년 하계올림픽의 남북공동개최

를 유치하는 데 협력하기로 하였다.

③ 남과 북은 10.4 선언 11주년을 뜻깊게 기념하기 위한 행사들을 의의있게 개최하며, 3.1운동 100주년을 남북이 공동으로 기념하기로 하고, 그를 위한 실무적인 방안을 협의해나가기로 하였다.

5. 남과 북은 한반도를 핵무기와 핵위협이 없는 평화의 터전으로 만들어나가야 하며 이를 위해 필요한 실질적인 진전을 조속히 이루어나가야 한다는 데 인식을 같이 하였다.

① 북측은 동창리 엔진시험장과 미사일 발사대를 유관국 전문가들의 참관 하에 우선 영구적으로 폐기하기로 하였다.

② 북측은 미국이 6.12 북미공동성명의 정신에 따라 상응조치를 취하면 영변 핵시설의 영구적 폐기와 같은 추가적인 조치를 계속 취해나갈 용의가 있음을 표명하였다.

③ 남과 북은 한반도의 완전한 비핵화를 추진해나가는 과정에서 함께 긴밀히 협력해나가기로 하였다.

6. 김정은 국무위원장은 문재인 대통령의 초청에 따라 가까운 시일 내로 서울을 방문하기로 하였다.

2018년 9월 19일

대한민국 대통령 문재인

조선민주주의인민공화국 국무위원장 김정은

판|문|점
프|로|젝|트